"十三五"规划教材
13th Five Year Plan University Textbook

播音主持艺术简明教程

杜晓红 ◎ 主编

BOYIN ZHUCHI YISHU JIANMING JIAOCHENG

播音与主持艺术专业『十三五』规划教材

21世纪播音与主持艺术专业简明教材

中国传媒大学出版社·北京

各章作者

主　编　杜晓红

第一章　播音主持概说 / 杜晓红

第二章　普通话语音与发声 / 杜晓红

第三章　语言表达内外部技巧 / 王一婷

第四章　播音员主持人即兴口语表达 / 童肇勤

第五章　播音员主持人的语用策略 / 石艳华

第六章　播音主持的前期准备 / 王一婷

第七章　新闻播音主持 / 王　贞

第八章　现场报道 / 倪琦珺、李海宏

第九章　社教服务节目主持 / 韩　梅

第十章　综艺娱乐节目主持 / 张晓燕、金　叶

第十一章　体育节目主持 / 李　斌

第十二章　电视片解说 / 韩　梅

第十三章　播音主持体态语 / 邱　蔚

第十四章　主持人形象塑造 / 蒋育秀

目 录

前 言

播音主持艺术是时代的产物,随着我国广播电视事业和新媒体应用的飞速发展,广电技术、广电节目形态和播音主持语言传播样态都发生了很大变化,互联网的发展更为播音主持艺术的转型及发展提供了创新平台。当前新闻节目、社教服务节目、真人秀节目、电视纪录片等各类节目的内容和形态发生了很多变化,迫切需要播音主持教学者、研究者思考、梳理、分析、提炼和总结。

特别是近年来,播音主持艺术教育事业急剧扩张,播音主持艺术教育教学层次多样,社会上播音主持艺术爱好者、初学者如雨后春笋。播音主持艺术教育需要与媒体发展相适应、理论与实践相结合、兼具操作性和实用性的教材。

《播音主持艺术简明教程》就是针对播音与主持艺术专业学生及播音主持艺术爱好者、初学者编写的基础教程,共十四章,有播音主持概说、普通话语音与发声、语言表达内外部技巧、播音员主持人即兴口语表达、播音员主持人的语用策略、播音主持的前期准备、新闻播音主持、现场报道、社教服务节目主持、综艺娱乐节目主持、体育节目主持、电视片解说、播音主持体态语、主持人形象塑造等内容。

《播音主持艺术简明教程》各章节概念明晰、案例典型、材料丰富,有较强的系统性、规范性、操作性、实用性。

《播音主持艺术简明教程》由浙江传媒学院播音主持艺术学院教师编写。教师们顺应时代发展的需要，瞄准媒体传播现状，将教学与一线播音主持实践相结合，对近年来广播电视播音主持艺术的发展变化进行梳理，力求体现现代播音主持的艺术特征。在主持人的语用策略、社教服务节目主持、综艺娱乐节目主持等方面提出了一些创新的观点。希望此书为您提供有益的指导和帮助。

主编

2018年4月5日

第一章　播音主持概说

第一节　播音主持的概念

播音主持岗位处于广播电视传播的前沿。从1940年人民广播事业诞生到20世纪80年代初，播音是播音员工作的主要方式。随着广播电视事业的飞速发展，节目形态日益丰富，节目主持这种方式伴随着广播电视发展的需要应运而生。而现在随着互联网和新媒体音视频节目的飞速发展，媒介融合越来越深入，播音主持面临新的发展机遇和挑战。播音员主持人作为广播电视和新媒体有声语言的传播者，认清播音主持的内涵，了解播音主持的语言特征、艺术特征，掌握播音主持的方法，可以在媒体融合的背景下，在播音主持岗位上，进一步提高传播质量，达到更好的传播效果。

一、播音主持的概念

（一）播音的概念

"播"在《现代汉语词典》中是"传播；传扬"[①]的意思，顾名思义"播音"就是传播声音。在广播电视中，"播音"有特定的含义。

姚喜双在《播音学概论》中，对播音作了如下定义："就广义而言，播音是指电台、电视台等电子传媒所进行的一切有声语言和副语言传播信息的活动（包括各种声音、音响、音乐、语言、文字、图像等所进行的传播信息的活动）。就狭义而言，播音是指播音员和节目主持人运用有声语言和副语言，通过广播电视传媒所进行的传播信息的创造性活动。"[②]

这个定义中包含了这样几个要素：其一，播音是一种传播活动；其二，播音的传播手段是有声语言和副语言；其三，播音代表广电媒体；其四，播音是创造性地传播信息（指播音表现方式及手段的多样化）；其五，播音是有声语言传播，其音声性决定了其传播方式的直接性。

---

① 中国社会科学院语言研究所词典编辑室编. 现代汉语词典[M]. 7版. 北京：商务印书馆，2016：99.

② 姚喜双. 播音学概论[M]. 北京：中国传媒大学出版社，1998：1.

(二)主持的概念

“主持”在《现代汉语词典》中是指“负责掌握或管理”①。中国自社会形态出现,有了公众集会和娱乐活动之后,就有人承担组织、安排、主持的任务,完成“主导”的责任。因此,“主持”这个词对中国来说并不是个舶来品。

但20世纪80年代初,中国的广播电视媒体中出现“主持人”一词源于西方。1952年,美国哥伦比亚广播公司的编导唐·休伊特在美国总统大选中首次使用“anchor”这个词。“anchor”原意为“锚”,表示在关键时刻具有稳定和主要支撑力的人,并引申为接力赛中负责冲刺的最后一棒运动员。20世纪50年代初,“anchor”被借用到广播电视节目中,就是要体现在传播过程中起关键作用的人,这个人当时指的就是电视新闻节目的“主持人”。

节目主持人自诞生之日起就因节目性质不同分为不同类型。在美国,anchor是新闻节目主持人,emcee是娱乐节目主持人,host是谈话类节目主持人,commentator是解说员,announcer是宣读员,weatherman是气象节目主持人,showman是演出的主持人,moderator是游戏竞赛类节目主持人。英国和德国对节目主持人也有不同的称谓。

在我国,从20世纪80年代后期,广播电视中出现主持人节目开始,对主持人的研究如雨后春笋,主持人的概念出现了多种表述。到目前为止,笔者比较认同赵玉明、王福顺在《广播电视词典》中,对主持人作出的相对简明扼要的定义:“在广播电视节目中,以个体行为出现,代表群体观念,以有声语言为主干或主线驾驭节目进程,直接面对受众,平等地进行传播的人。”②

这个定义涵盖了广播电视节目主持的几个要素:其一,主持人以个体行为出现,代表群众观念,有有限的话语权;其二,主持人的传播手段是有声语言;其三,主持人要驾驭节目进程;其四,主持人直接面对受众,是最直接的传播者;其五,主持人与受众之间的传播关系是平等的。由此,主持的概念是在广播电视节目中,以个体行为出现,代表群体观念,以有声语言为主干或主线驾驭节目进程,直接面对受众,平等地进行传播的活动。

(三)播音主持工作的异同

1. 相同点

(1)工作性质

播音员主持人是传播的中介,是党的喉舌,是党和人民之间的桥梁,是媒体的代言人,是新闻工作者。

(2)传播手段

播音员主持人都是运用有声语言和副语言进行传播。

(3)传播对象

播音员主持人传播的对象都是社会大众。

---

① 中国社会科学院语言研究所词典编辑室编.现代汉语词典[M].7版.北京:商务印书馆,2016:1710.

② 赵玉明,王福顺.广播电视词典[M].北京:北京广播学院出版社,1999:212.

(4)传播责任

播音员主持人都要承担传播的政治导向责任、道德责任、文化建设责任、审美引导责任、法规责任、行业服务责任。

(5)对自己的节目或栏目负责

播音员主持人都要对自己的节目或栏目负责,因为他们处于传播的最后一道工序,要把握住传播的关口。

(6)运用文本创作

播音员使用文本,主持人在节目中也时常需要进行文稿播读,更有不少主持人需编辑提供文本或提纲来创作。

(7)有自己的创作个性

播音员虽以文稿为依据,但其二度创作在理解感受、声音形式、语言表达等方面是独具个性风格的。像齐越、夏青、铁城、方明、林如,都是具有独特风格的播音艺术家。主持人的创作则在思想观念、声音形式、语言表达等方面表现出其特色,并与其主持的节目或栏目的特性相吻合。

2. 不同点

(1)传播特点

相对于播音员,主持人的传播更为人格化,有人际性、参与性,主持人有一定的话语权。

(2)工作方法

播音员以稿件为依托进行播前准备。主持人播出前要参与节目的构思、策划、案头准备、采访与编辑制作。

二、播音主持工作的性质

(一)传播性

广播电视是宣传工具,播音主持岗位自设立之日起就承担起传播的责任。播音主持是政府与百姓间沟通的桥梁,信息传播是它的常态。传播性是播音主持工作的基本属性。

(二)政治性

广播电视传达党和政府的声音,播音员主持人是党的喉舌。在传播过程中,播音员主持人传达党的方针政策。2015 年 9 月,《新闻出版广播影视从业人员职业道德自律公约》推出的目的就是要求播音员主持人践行社会主义核心价值观,加强职业道德建设,维护党的领导和国家利益,不发表或传播损害党和国家形象的言论等。播音员主持人作为公众人物,必须具备良好的政治素质,自觉维护媒体的公信力。因此,政治性是播音主持工作的重要属性。

（三）新闻性

播音员主持人都是新闻工作者，新闻信息传播是播音员主持人的主要任务。新闻报道具有时效性、真实性、连续性、政策性，播音主持语言有其自身的独特性。因此，新闻性是播音主持工作的本质属性。

（四）创造性

无论是有稿播音还是即兴口语，播音员主持人都要发挥主观能动性去进行创造。没有创造就没有准确、鲜明、生动的充满美学追求和艺术个性的语言。有创造性的播音主持作品才有活力，有生命力。因此，创造性是播音主持工作的必然要求。

（五）艺术性

播音主持作品的声音美、形态美、语言美、画面美、色彩美等构成了其特有的艺术性。播音员主持人的有声语言创作更具个性，蕴涵丰富的形式美。因此，播音主持工作具有艺术性。

（六）服务性

播音员主持人关注社会、关注民生，服务于社会大众。社会生活是播音主持创作的土壤。为社会服务、为人民服务更是播音员主持人的动力和源泉。因此，播音主持工作具有服务性。

（七）时代性

播音主持工作受不同时期政治、经济、文化、科技发展的深刻影响，受不同时期受众需求的影响，其传播内容、创作手段、创作文本及节目形式都具有很强的时代感。不同时期的播音主持作品都带有鲜明的时代特征。比如在媒体融合的背景下，播音主持作品内容精悍、篇幅短小、受众指向明确等特征更为突显。因此，播音主持作品就是伴随时代发展而发展的具有时代特征的精神产品，播音主持工作具有时代性。

三、播音主持工作的地位和作用

（一）传播关口

无论直播还是录播，播音主持工作岗位都处于传播关口的位置，提升传播质量是播音员主持人不可推卸的责任。

（二）桥梁纽带

播音员主持人是党和政府的代言人，他们既要传达党的声音，也要表达人民群众的呼声，起到桥梁纽带的作用。人民群众从播音员主持人的有声语言中了解党的方针政策、国内外大事、社会文化生活、经济发展状况等，从中受到鼓舞、获得教益、受到启发。而广电媒体通过对社会民生的反映、对社会不良现象的监督，对构建文明社会、促进党风廉政建设起到良好的推动作用。

（三）规范语言

播音主持是一项特殊的言语活动。播音员主持人在话筒前将国内外形势的发展变化和人民群众的呼声及时地、高效率地形之于声，及于受众。无论是“播”还是“说”，播音员主持人的语言必须要规范，语音、语法、修辞等都必须严格遵守普通话所规定的标准。这是国家语言政策的要求。播音员主持人承担推广标准的普通话的作用。

第二节　播音主持发展简述

中国广播源于20世纪20年代，由于国民经济发展的需要，在上海和哈尔滨出现一些商业电台，以播送广告为主。人民播音事业的诞生则源于民族解放斗争的需要，从20世纪40年代起发展至今已有70多年的历史。在这70多年中，随着政治、经济、文化和科学技术的发展，广电媒体从传媒技术、内容生产到节目营销模式日新月异。如今，随着互联网的飞速发展，新媒体音视频节目更是不断推陈出新，为播音主持事业提供了前所未有的发展机遇。在播音主持事业不同的发展时期，涌现出很多优秀的、有代表性的播音员和主持人，他们用不同的语言风格反映了时代的特征。

一、陕北延安时期的播音

中国人民播音事业起始于1940年12月30日。在延安王皮湾的窑洞里，当延安新华广播电台的第一位播音员徐瑞璋（麦风）用XNCR为呼号开始播音时，意味着人民的真理之声从陕北延安开始传播。刚开始每天播音两小时，后增至两次3小时和三次4小时。老一辈播音员在延安的窑洞里，用他们的正义之声传达党中央的指示，传达民族解放斗争中中华民族不屈不挠的精神和不断走向胜利的消息。抗战胜利后，1947年3月，延安新华广播电台改名为陕北新华广播电台。在解放战争时期，中国共产党领导的广播事业不断发展壮大，国民党在内地的电台陆续被人民解放军接管，改建为人民广播电台。以新闻为主要内容，还有一些通讯和评论。在对敌人的呐喊声中，在党中央指示的传达中，在胜利捷报的传播中，考验和锻炼了播音队伍，形成了战争年代特有的播音风格，即“展示着时代的风云、人民斗争的烈火、民族解放的巨澜；体现出磅礴的气势，摧枯拉朽、势不可挡的气概；贯穿着憎爱分明、坚定豪迈的情感；同时又显示出沉着从容、真理在握、稳健大度、朴素平易的气派”①。

① 姚喜双. 播音学概论[M]. 北京：中国传媒大学出版社，1998：197.

二、中华人民共和国成立后的和平建设时期的播音

1949 年 10 月 1 日，中华人民共和国成立。北京新华广播电台做实况广播，各地人民广播电台同时转播。这是人民广播史上第一次大规模的全国性实况广播。播音员齐越、丁一岚在天安门城楼西侧，向全国听众报告现场情景。当时，全国大约有 40 座电台和一定数量的播音员。

1949 年 12 月 5 日，北京新华广播电台正式定名为中央人民广播电台。

1949 年至 1956 年，是人民广播事业迅速发展的时期。播音内容丰富、形式多样。播音员在播新闻、评论、通讯的同时，也开始参加录音报道、时事对话、广播大会、剧场实况转播的播音。节目形式和播音的语言形式更为丰富，播音业务范围得到拓展。那个时期的播音代表作《谁是最可爱的人》，深入人心，既给志愿军战士无穷的力量，又教育和鼓舞了全国人民。

1955 年至 1965 年，播音理论研究取得进展，播音员的业务学习及研讨较多，业务能力大大提高，播音队伍成长很快，涌现出一批感人至深的优秀播音作品。如 1966 年 2 月 7 日齐越播出的长篇通讯《县委书记的榜样——焦裕禄》，在全国引起了强烈反响，掀起了学习焦裕禄的热潮。20 世纪 50 年代，除齐越外，还有一批播音员受到听众的喜爱，如夏青、潘捷、费寄平、林田、林如、葛兰、王欢、刘露、陈醇等，20 世纪 60 年代成长起来的铁城、方明、雅坤、徐曼、虹云、赵培、曹山等也成为听众喜爱的著名播音员。

1958 年 5 月，我国第一座电视台——北京电视台开始试播。从中央人民广播电台调来的沈力成为第一任电视播音员。20 世纪 60 年代，赵忠祥成为第一任男播音员。

1954 年，北京广播学院成立，专门培养广播人才。20 世纪 60 年代初，马尔方、徐恒牵头筹建了播音专业。1963 年正式招收播音专业的学生，学制 3 年，从此我国有了培养播音专业人才的正规院校。

三、“文革”时期的播音

1966 年 5 月，“文革”开始，播音队伍被打散，许多优秀播音员被调离岗位，下放劳动。播音理论学习、播音业务培训被迫中断、停止。北京广播学院被迫停办。“文革”时期，大量的播音文稿带有鲜明的政治斗争色彩，播音形式单调，“高、平、空”的大喊大叫充斥广播，缺乏对象感、交流感、亲切感。

四、改革开放初期的播音

1976 年 10 月，党粉碎了“四人帮”。特别是党的十一届三中全会以后，政治上开始拨乱反正，人民播音事业也进入了恢复、发展和创新时期。

1976 年 10 月至 1978 年 12 月十一届三中全会之前，广播的主要内容有揭批“四人帮”的报道，缅怀老一辈无产阶级革命家的报道，关于实践是检验真理唯一标准讨论的报道，学科学、用科学的知识性、服务性节目，电影、戏剧的录音剪辑节目等。那个时期，齐越播的《大地的儿子——周恩来的故事》《在彭总身边》《巍巍昆仑》，林如播的《一封终于发出的信——给我的爸爸陶铸》等作品，歌颂和缅怀老一辈无产阶级革命家，感人至深，催人泪下，成为这一时期最优秀的播音作品。

1978 年元旦，《新闻联播》正式创办，播音员有赵忠祥、李娟、刘佳、邢质斌。1978 年 5 月 1 日，北京电视台改名为中央电视台。中央电视台引进先进设备，播出方式由原始的直播改为录播，节目素材经过编辑、制作，再播出。录播方式保证了节目质量。

1981 年 8 月，在北京召开第二次播音经验交流大会，改革、探索新的播音方法，提出“大胆创新、百花齐放”的口号。播音开始降调，新闻开始提速，传播者和受众向服务与被服务的平等关系转向，有的节目采取“近距离、小音量”的方式。播音语言的对象性、交流感、生动性增强，语言表达样式更为多样。

播音理论和播音业务有了新的进展，一大批论著问世，较为成熟的有《朗读学》《播音创作基础》《播音发声学》《播音文体业务理论》等。

1987 年，中国播音学研究会正式成立，齐越任名誉会长，夏青任会长，张颂、铁城、陈醇、关山任副会长，创办会刊《播音界》。

播音专业高等教育也得到了恢复和发展。1974 年，北京广播学院恢复办学，播音专业开始招生，学制 2 年。1977 年改为本科，学制 4 年。80 年代初由专业扩大为系。1986 年，浙江广播电视高等专科学校开始招收播音专业专科生，2003 年招收本科生。至此全国形成“北有北广，南有浙广”的播音人才培养格局。

五、主持事业的初始阶段

1980 年 7 月 12 日，中央电视台《观察与思考》开播，至此我国广播电视出现了第一位节目主持人。节目结束后，片尾的职员表上打出了这样的字样：“主持人：庞啸”，这是我国电视史上第一次出现“主持人”这一称谓。

1981 年元旦，中央人民广播电台对台广播《空中之友》开播，徐曼以亲切平易、甜美柔和的主持风格赢得大陆及台湾听众的喜爱。

1981 年 4 月，广东人民广播电台推出李一萍、李东主持的《大众信箱》，他们聊天式的主持方式很快被受众认可，一时风靡大江南北。

1981 年 7 月至 11 月，中央电视台推出赵忠祥主持的《北京中学生智力竞赛》，使知识竞赛节目一度掀起高潮。

1983 年元旦，中央电视台推出《为您服务》节目，沈力成为我国第一位固定栏目的专职主持人。她真诚、平等的主持风格给中国电视留下了值得书写的一笔。

1983 年 8 月，中央电视台推出大型电视纪录片《话说长江》，首次在该类节目中设立固定主持人。主持人陈铎、虹云的直接讲解与电视画面相互配合，这一创新在当时形成了“长江热”。

1985 年 6 月 1 日，中央电视台少儿节目《七巧板》开播，鞠萍姐姐成为孩子们的偶像。

六、主持事业的蓄势阶段

1986 年 12 月，珠江经济广播电台成立，迈出了我国广播改革的第一步。这个节目采用的大版块节目、主持人“提纲 + 资料”现场直播、热线电话等播出模式，被称为“珠江模式”。这是我国进行主持人中心制最早的一次探索，对我国主持人的发展有积极意义。这一时期较有影响的广播节目有：中央人民广播电台《午间半小时》《今晚 8 点半》，上海人民广播电台《蔚兰信箱》，北京人民广播电台《听众信箱》，海峡之声《空中立交桥》等。虹云、傅成励、雅坤、蔚兰、钱锋等都是这一时期著名的广播节目主持人。

1987 年 6 月，上海电视台推出了全国第一个社会多视角的杂志型电视新闻专栏节目《新闻透视》。主持人李培红走出演播室，及时捕捉、剖析受众关注的重大新闻、热点新闻和社会问题，反映受众的意见和呼声。该节目成为受众心中的社会窗口。中央电视台《今日世界》、浙江电视台《黄金时间》、山东电视台《今日报道》等是当时的名牌新闻栏目。

1990 年，中央电视台《综艺大观》和《正大综艺》获得亿万观众的喜爱，倪萍和杨澜在主持人史册上留下了灿烂的一页。

1991 年 11 月，纪录片《望长城》在中央电视台开播，该节目采用主持人串联的形式，长镜头始终跟随主持人。焦建成硬朗、自然的主持风格获得人们的一致好评。

1990 年 6 月 16 日，中国广播电视学会主持人节目研究会成立，组织“开拓奖”“金话筒奖”“金笔奖”的评选活动，推动我国节目主持人的队伍建设和理论研究。

七、主持事业的飞跃阶段

1993 年 5 月 1 日，中央电视台早间新闻杂志节目《东方时空》开播，从此中国电视节目主持事业进入一个崭新的发展阶段。其子栏目《东方之子》《焦点时刻》起用一批记者型主持人，有敬一丹、白岩松、水均益等。

1993 年 5 月 10 日，《一丹话题》开播，这是我国首个以主持人名字命名的电视栏目。

1994 年 4 月 1 日，中央电视台新闻评论节目《焦点访谈》开播，张恒主持了第一期。

1996 年 4 月 28 日，中央电视台谈话节目《实话实说》开播。崔永元以特有的幽默、机智、亲和的主持风格令人刮目相看，获得人们的喜爱。《实话实说》也成为具有影响力的观众喜闻乐见的节目。

1996 年 5 月 17 日，中国首个“调查性纪录片”《新闻调查》开播。主持人有白岩松、王志、董倩、长江等。《新闻调查》与《焦点访谈》成为具有政治影响力的节目，起到了舆论监督的作用。

这一时期也涌现出众多优秀的广播节目主持人，广播节目的形式越来越丰富多样，广播节目的社会影响力日益扩大。广播电台的午夜热线节目、交通服务节目在社会上引起较大反响，如上海人民广播电台的《相伴到黎明》、杭州人民广播电台的《孤山夜话》等。

1993 年，中国播音主持界的最高奖项——“金话筒”奖正式设立。

八、主持事业的成熟阶段

随着传播技术和设备的发展，1997 年中央电视台进行了“香港回归”“长江三峡截流”“黄河小浪底工程截流”等大型直播，电视直播的魅力逐渐显现出来。像“汶川地震”这些举国关注的事件无不是通过直播的方式带给人们一次又一次的震撼。从电视直播开始以来，涌现出一批著名记者型主持人，如敬一丹、白岩松、张泉灵等。

1997 年年末至 1998 年就像电视主持的一道分水岭，此后各类型的主持人节目百花齐放，很多节目收视率高，影响力大，明星主持人与节目相伴而生。

2000 年 6 月 18 日，广东电视台推出真人秀节目《生存大挑战》，此后各类型的真人秀节目迅速发展。

1997 年至今，有影响力的新闻类主持人节目有《凤凰早班车》《南京零距离》《元元说话》《新闻 1 + 1》等；谈话及访谈类节目有《面对面》《艺术人生》《小崔说事》《锵锵三人行》《鲁豫有约》《杨澜访谈录》《开讲啦》《半边天》等；娱乐、真人秀节目有《快乐大本营》《幸运 52》《同一首歌》《开心辞典》《非常 6 + 1》《超级女声》《星光大道》《我爱记歌词》《天天向上》《非诚勿扰》《中国达人秀》《我要上春晚》《爱情保卫战》《一站到底》《爸爸去哪儿》《中国梦想秀》《超级演说家》《最强大脑》等；其他类型的节目有《走近科学》《感动中国》《变形计》《看见》《中国汉字听写大会》《谢天谢地，你来啦》《是真的吗》《金星脱口秀》等。

随着主持人节目不断走向新的高度，涌现出一批批优秀的主持人，名栏目造就名主持，名主持带动栏目的收视。著名主持人成了受人关注的公众人物。

如今，网络视频节目非常丰富，网络主持人有虚拟主持人和真实主持人。目前在网络上有影响力的节目都是主持人或嘉宾具有独到观点和见解的谈话节目。有影响力的主持人往往是有思想、有智慧，语言生动幽默，拥有众多粉丝的网上意见领袖。2014 年爱奇艺打造的由马东主持的中国首档说话达人秀《奇葩说》，就是通过来自世界各地的选手们的观点与思想的激烈碰撞，口才与实力的比拼，高情商与高智商的较量，让受众体会什么样的人才是机智、幽默、会说话、有观点、具有人格魅力的人。选手们用幽默的谈吐、丰富的学识、新锐的观点、出众的魅力征服对手，赢得受众。

目前，我国传统媒体与新媒体正在融合之中，内容生产仍然是各类媒体的主要任务。主持人节目与节目主持人仍处于发展变化的过程中，各台铆足了劲儿出新栏目、新形象、新包装。媒体融合将进一步推动主持事业的发展。

第三节 播音主持的语言表达样式

播音主持的语言表达样式与节目样式分不开。播音主持语言表达必须以节目文本为依据,采取不同的语言样式,以达到内容和形式的统一。就目前来看,播音员主持人常用的语言表达样式主要有以下几种:

一、宣读式

宣读式主要用于公报、公告、社论、讣告等文体。宣读式要求播音员用声较坚实,句子表达严整规范,逻辑性强,语气庄重,语言的形式感较强。如《中国共产党第十八届中央委员会第五次全体会议公报》等的播音都宜采用宣读式。

二、播报式

播报式主要用于新闻,如消息、通讯、报告文学、特写、评论等。播音员用声虚实结合,句子表达规范,语言较轻快,流动感强,形象生动。时政新闻、社会新闻、文教新闻、国际新闻通常采取播报式。

三、谈话式

谈话式主要用于谈话类、访谈类节目,主持人运用交谈的方式,用声自然,语言流畅,交流感强。用于谈话类、访谈类节目的谈话方式还有所不同:谈话类节目主持人的语言更轻松、随意一些,大多是聊天式的;而访谈类节目主持人的语言相对正式、准确一些,是提问式的,甚至是质疑式的,针对性强,分寸感强。

四、说话式

说话式主要用于民生新闻、脱口秀等。主持人用声自然,语言生动流畅,交流感强。

五、演播式

演播式主要用于文艺性稿件,如小说、散文、广播剧、广告等。演播者声音弹性变化较大,情感变化丰富,语言表达形象生动,语言创作空间较大,个性特点突出。

六、解说式

解说式主要用于电视片及电视栏目等,如政论片、历史文化片、风光风情片、体育栏目等。解说员声音弹性较大。解说对画面的依附感较强，要与画面相配合，有的浓墨重彩，有的娓娓道来，有的渲染意境，对画面起到补充、丰富的作用。

以上六种语言表达样式是当今广播电视节目中常用的，在播音主持创作中，播音员主持人要根据节目类型和内容选择相应的语言表达样式。

思考题：

1. 播音主持工作的性质和作用。
2. 播音主持的语言表达样式有哪些？

第二章　普通话语音与发声

第一节　普通话语音概说

一、语音

(一)语音的基本概念

语音是人的发音器官发出的具有一定社会意义的声音。它是语言的物质外壳,是语言的外部形式,是直接记录思维活动的符号体系。语音使语言被人们感知,使语言具备了传播的条件。

(二)语音的基本属性

语言具有物理属性、生理属性和社会属性。

1. 物理属性

语音既然是一种声音,那么它同自然界里的其他声音一样是由物体的振动所引起的,振动产生声波。声音可以记录、贮存、转换,还可以被远距离传送,因此,语音具有物理属性。语音物理属性中不可缺少的“四要素”是音高、音强、音长、音色。在普通话中,阴、阳、上、去声调的变化由音高决定。普通话词汇的轻重读主要靠音强来区别。音长则影响到每个音节音程的长短,对两字词、三字词、四字词的轻重格式变化起着重要作用,并影响语言的情感表达。而音色则反映了每个人不同的声音品质和色彩,是一种声音区别于其他声音的基本特征。语音的“四要素”相互联系、相互制约,影响着语音的变化。

2. 生理属性

语音是由人的发音器官发出的,它的形成和变化受生理条件的影响,所以又具有生理属性。人们把与语音发音相关的呼吸器官、发声器官、咬字器官、共鸣器官通称为发音器官。

3. 社会属性

语言是一种社会现象，语音是语言的结构要素之一。语言要表达一定的意义，用什么样的语音形式来代表什么样的意义是全社会约定俗成的，承载着语义的语音是人类交际的工具，所以语音的社会性是它的本质属性。

（三）音节

音节是用听觉可以区分的语音结构的基本单位，它是依据发音时肌肉的松紧划分出来的最小语音片段。

在普通话中，一个汉字一般就是一个音节。如"播音员"就是三个音节，但儿化的时候，三个字音"电影儿"实际读两个音节，"影儿"是一个儿化的音节，念"yiěr"。

普通话的音节一般由声母、韵母、声调三部分构成。有些音节的韵母包含韵头（介音）、韵腹（主要元音）和韵尾三部分。

（四）音素

音素是语音的最小单位。一个普通话音节可以由一个到四个音素组成。比如，"啊"ā 一个音素，"妈"mā 两个音素，"带"dài 三个音素，"狂"kuáng 四个音素（ng 为一个音素）。

二、普通话

（一）普通话的概念

普通话是以北京语音为标准音，以北方方言为基础方言，以典范的现代白话文著作为语法规范的现代汉民族共同语。

在 1955 年 10 月先后召开的全国文字改革会议和现代汉语规范问题学术会议上明确了普通话的概念。1956 年，在国务院发布的《关于推广普通话的指示》中正式确定了普通话是全国通用的语言。

（二）普通话语音的特点

1. 简单易学

普通话有声母 21 个，韵母 39 个，声韵相拼形成 400 多个音节，四个声调加上儿化韵的变化也不过 1 000 多个音节。普通话音节中双音节词占多数，没有特别难发的音节，与古代汉语及某些方言相比简单得多，较容易掌握。

2. 富有音乐性

普通话音节中元音占主导地位，发音响亮、悦耳。辅音中清音占优势。四个声调中高音成分多，变化明显。普通话有抑扬顿挫的音乐色彩，节奏感强。普通话的双音节词、三音节词、四音节词都有约定俗成的轻重格式，节奏明朗，富有韵律。儿化也给普通话带来柔美、细腻的感觉。另外，双声、叠韵、叠音的一些词，更能体现出普通话的音乐性。

三、辅音与声母

(一)辅音

普通话中,辅音声母有21个,依次如下:b、p、m、f、d、t、n、l、z、c、s、zh、ch、sh、r、j、q、x、g、k、h。另有只做韵尾的浊辅音ng。

1. 辅音的发音过程

辅音发音时,从肺部呼出的气流在口腔或咽头受到不同部位不同方式的阻碍,造成阻碍部位的肌肉紧张,气流突破阻碍而成音。辅音发音过程中有成阻、持阻、除阻三个阶段。

2. 辅音的发音特点

发辅音时,气流经过咽头、口腔,会受到不同部位的阻碍。气流只有克服各种阻碍才能成音。

发辅音时,气流较强。

发辅音时,口腔中阻碍气流的部位的肌肉紧张。

发辅音时,大多数声带不颤动,声音不响亮,只有m、n、l、r、ng这五个辅音声带颤动,声音相对响亮。

辅音大部分为声波不规则颤动的噪音,不带乐音成分。如b、p、f、d、t、g、k、h、j、q、x、zh、ch、sh、z、c、s。

3. 辅音的发音部位

发音部位指气流在口腔中受到阻碍的位置,也就是阻碍气流的着力点,按发音部位,普通话声母可以分为七类。

双唇音:上唇与下唇成阻,如b、p、m。

唇齿音:上齿与下唇内缘成阻,如f。

舌尖前音:舌尖与上齿背接触或接近成阻,如z、c、s。

舌尖中音:舌尖与上齿龈成阻,如d、t、n、l。

舌尖后音:舌尖翘起与硬腭前部接触或接近成阻,如zh、ch、sh、r。

舌面音:舌尖轻抵下齿,舌面向上接触或接近硬腭前部成阻,如j、q、x。

舌根音:舌头后缩,舌根与软腭接触或接近成阻,如g、k、h。

4. 辅音的发音方法

发音方法指发音器官构成阻碍和除去阻碍的方式。

塞音:也叫“爆发音”或“破裂音”,如b、p、d、t、g、k。

擦音:也叫“摩擦音”,如f、h、x、sh、s、r。

塞擦音:发音时以“塞音”开始,以“擦音”结束,如j、q、zh、ch、z、c。

鼻音：发音时，发音部位完全闭塞封住口腔通路，同时软腭下垂，打开鼻腔通路，如m、n、ng。

边音：发音时，舌尖与上齿龈接触，阻塞鼻腔的通路，声带颤动，气流从舌头两边的缝隙通过而成音。如l。

普通话辅音根据发音时气流的强弱把塞音和塞擦音区分为送气音和不送气音。

普通话中送气音有6个：p、t、k、q、ch、c。

普通话中不送气音也有6个：b、d、g、j、zh、z。

此外，普通话的辅音根据发音时声带是否颤动有“清音”和“浊音”之分。

普通话有清音17个：b、p、f、d、t、g、k、h、j、q、x、zh、ch、sh、z、c、s。

普通话有浊音5个：m、n、l、r、ng。

（二）声母

普通话音节中起头的辅音就叫声母。如“ben”中b就是声母。普通话有21个声母：b、p、m、f、d、t、n、l、g、k、h、j、q、x、zh、ch、sh、r、z、c、s。辅音中的鼻辅音ng只充当韵尾。

声母的发音部位和发音方法的全面描写如下。

b：双唇阻不送气清塞音；

p：双唇阻送气清塞音；

m：双唇阻浊鼻音；

f：唇齿阻清擦音；

d：舌尖中阻不送气清塞音；

t：舌尖中阻送气清塞音；

n：舌尖中阻浊鼻音；

l：舌尖中阻浊边音；

g：舌根阻不送气清塞音；

k：舌根阻送气清塞音；

h：舌根阻清擦音；

j：舌面阻不送气清塞擦音；

q：舌面阻送气清塞擦音；

x：舌面阻清擦音；

z：舌尖前阻不送气清塞擦音；

c：舌尖前阻送气清塞擦音；

s：舌尖前阻清擦音；

zh：舌尖后阻不送气清塞擦音；

ch：舌尖后阻送气清塞擦音；

sh：舌尖后阻清擦音；

r：舌尖后阻浊擦音。

我们把没有辅音声母的音节称为零声母音节。汉语拼音方案的韵母表中规定了隔音字母 y、w 的用法，把它们当作声母，实际就是在 21 个辅音声母之外加上了零声母。

四、元音与韵母

（一）元音

元音也叫“母音”。在普通话中，元音分单元音和复合元音两种。单元音有 ɑ、o、e、i、u、ü、ê、er、－i（前）、－i（后），共 10 个，其中前面 7 个是舌面元音，后面 3 个是特殊元音。复合元音有 ɑi、ei、ɑo、ou、iɑ、ie、uɑ、uo、üe、iɑo、iou、uɑi、uei，共 13 个。

1. 元音的发音过程

发元音时，从肺里呼出的气流使声带颤动，产生乐音声波，在咽头、口腔等各个部位不受任何阻碍，只受口腔形状、大小变化的影响。单元音的发音过程分三个阶段：紧张阶段、持续阶段和缓和阶段。

2. 元音的发音特点

元音发音时，气流在咽头、口腔不受任何阻碍。

元音发音时，发音器官各部位保持均衡紧张状态。

元音发音时，声带颤动，气流较弱并处于缓和状态。

元音发音时，声音响亮、通畅，音波都是颤动规则的乐音。

3. 元音的发音条件

发音因受口腔开合大小、舌位高低前后、唇形圆展程度的不同而区分出不同的元音。

ɑ：央低不圆唇元音；

o：后半高圆唇元音；

e：后半高不圆唇元音；

i：前高不圆唇元音；

u：后高圆唇元音；

ü：前高圆唇元音；

er：央不圆唇卷舌元音；

ê：前半低不圆唇元音；

－i（前）：舌尖前高不圆唇元音；

－i（后）：舌尖后高不圆唇元音。

（二）韵母

韵母是汉语音节中声母后面的部分。如“bēn 奔”中的 en 就是韵母。普通话中有 39 个韵母。

韵母分为韵头、韵腹、韵尾。其中韵腹是字音中最不可缺少的，是声音最响亮的部分。

1. 韵母的分类

(1)单韵母

由单元音充当的韵母,依次为 ɑ、o、e、ê、i、u、ü、-i(前)、-i(后)、er。除 -i(前)、-i(后)2 个元音外,其余 8 个都能自成音节。

(2)复韵母

由复合元音充当的韵母,依次为 ɑi、ei、ɑo、ou、iɑ、ie、uɑ、uo、üe、iɑo、iou、uɑi、uei。

根据韵腹的位置,又可以把复韵母分为三种类型:前响复韵母、中响复韵母、后响复韵母。

前响复韵母——ɑi、ei、ɑo、ou。

中响复韵母——iɑo、iou、uɑi、uei。

后响复韵母——iɑ、ie、uɑ、uo、üe。

(3)鼻韵母

由一个或两个元音后面带上鼻辅音 n 或 ng 构成的鼻韵母一共有 16 个,其中,带舌尖中鼻音 n 的鼻韵母称前鼻音,有 8 个:ɑn、iɑn、uɑn、üɑn、en、in、uen、ün;带舌根鼻音 ng 的鼻韵母称后鼻音,有 8 个:ɑng、eng、ing、iɑng、ong、iong、uɑng、ueng。

2. 四呼

我国音韵学家根据韵母开头元音的口形特点,将韵母分为四类,也叫"四呼"。

开口呼:有 15 个,ɑ、o、e、ɑi、ei、ɑo、ou、ɑn、en、ɑng、eng、ê、-i(前)、-i(后)、er。

齐齿呼:有 9 个,i、iɑ、ie、iɑo、iou、iɑn、in、iɑng、ing。

合口呼:有 10 个,u、uɑ、uo、uɑi、uei、uɑn、uen、uɑng、ueng、ong。

撮口呼:有 5 个,ü、üe、üɑn、ün、iong。

五、声调

声调:亦称"字调",是汉语音节所固有的声音的高低和升降,主要用来区别音节的意义。

调值和调类是声调的两个方面。

调值,指声音高低、升降、曲直、长短的变化形式,也就是声调的实际读法。普通话中有高平调(55)、高升调(35)、降升调(214)、全降调(51)。

调类,就是声调的类别。普通话有四种调类:阴平、阳平、上声、去声。

六、语流音变

语流音变是语言流动的结果。在语流中,由于受到相邻音节、音素或语言环境的影响,一些音节、音素会发生约定俗成的语音变化,这种变化被称为"语流音变"。

（一）轻声

普通话的每个音节都有声调，可是在词或句子中，有些音节常常失去原来的声调，变成一种既短又轻的调子，叫轻声。如，妈妈、月亮、豆腐、桌上、椅子、舌头。

轻声在语言中可以起到区别意义和区分词性，使语言流畅，富有音乐性的作用。

通常新词、科学术语没有轻声音节。除了具有区别词性、词义作用的轻声外，轻声音节还有：语气词“吧、吗、呢”等，助词“着、了、的”等，名词后缀“子、儿、头”等，重叠名词、动词的后一个音节，表示趋向的动词、方位词或词素等。

（二）变调

音节连续发音时，有些音节的调值会受到后面音节声调的影响，从而发生改变，叫作变调。

1. 上声变调

（1）两个上声相连，前一个上声变得像阳平。如，领导。

（2）在阴平、阳平、去声字前的上声字只念半上。如，祖国。

（3）在原为上声改读轻声的字音前的上声变阳平。如，可以。

（4）在原为非上声改读轻声的字音前的上声（也包括一部分上声）变半上。如，宝贝。

2.“一”的变调

（1）“一”单念或用在词句末尾或序数中，声调不变，念阴平 55 调。如，单一。

（2）“一”在阴平、阳平、上声音前变半去 53 调。如，一天、一条、一尺。

（3）“一”在去声音节前变阳平 35 调。如，一定。

（4）“一”在两个重叠动词之间变轻声。如，洗一洗。

3.“不”的变调

（1）“不”在单念或处在词尾时按原调念去声。如，绝不。

（2）“不”在去声音节前变阳平 35 调。如，不去。

（3）“不”在阴平、阳平、上声音节前变半去 53 调。如，不听、不服、不想。

（4）“不”处在两字中间或肯定、否定连用时变轻声。如，好不好。

（三）儿化

在普通话中，单韵母 er 可以自成音节，但数量很少，它不能与声母相拼，可以与其他韵母结合成一个音节，并使这个韵母发生音变，成为卷舌韵母，叫儿化韵。在句中起到区别词义、区分词性、区分同音词和表达感情色彩的作用。

儿化韵的发音规律：

（1）音节末尾是 ɑ、o、e、u、ê 的韵母直接卷舌。如，山坡儿 por。

（2）韵尾是 i、n（除 in、ün 外）的，丢掉韵尾，主要元音卷舌。如，花篮儿 lɑr。

（3）韵尾是 i、ü 的，主要元音仍由 i、ü 充当，在韵母后加 er。如，小鸡儿 jier。

(4)韵母是 -i(前)、-i(后)的,儿化后韵母 -i(前)、-i(后)完全失去,声母直接与 er 相拼。如,瓜子儿 zer。

(5)鼻韵母 in、ün 儿化后失去 n,加上 er。如,听信儿 xier。

(6)韵尾是 ng 的,失落韵尾,韵腹即主要元音带鼻音,发音时口腔鼻腔要同时共鸣,称作"鼻化音"并加上卷舌动作"r"。如,体形儿 xir。

(四)语气词"啊"

"啊"是一个用来表示语气、增加感情色彩的叹词。"啊"的发音规律:

(1)前一个音节末尾的音素是 a、o(ao、iao 除外)、e、ê、i、ü 时,"啊"变成"ya"。如,要注意啊!

(2)前一个音节的末尾音素是 u 或 ao、iao 中的 o 时,"啊"变成"wa"。如,笑一笑啊!

(3)前一个音节的末尾音素是 n 时,"啊"变成"na"。如,你看啊!

(4)前一个音节的末尾音素是 ng 时,"啊"变成"nga"。如,不行啊!

(5)前一个音节的末尾音素是 -i(前)时,"啊"读成"z(发音为舌尖前浊擦音)a"。如,自私啊!

(6)前一个音节末尾音素是 -i(后)时,"啊"读成"ra"。如,同志啊!

(五)词的轻重格式

在普通话和各方言中,由于词义、词性的不同,或由于感情表达的需要,一个词的几个音节便产生了轻重差异,这就是词的轻重格式。

(1)双音节词有中重、重中格式、重轻格式,以中重格式为多。如,中国(中重)、读者(重中)、月亮(重轻)。

(2)三音节词有中中重格式、中重轻格式、中轻重、重轻轻格式,以中中重格式为多。如,播音员、赞美诗(中中重),命根子、小伙子(中重轻),喇叭花、功夫茶(中轻重),拣起来、放回去(重轻轻)。

(3)四音节词有中重中重格式、中轻中重格式、重中中重格式、中轻重轻格式。如,丰衣足食(中重中重)、整整齐齐(中轻中重)、赤子之心(重中中重)、外甥媳妇(中轻重轻)。

第二节　吐字发声

播音主持对吐字发声的要求是:准确、清晰、圆润、流畅。气息是声音的原动力,喉头和声带是声源,而共鸣腔则用来扩大和美化声音。

一、呼吸器官和呼吸原理

（一）呼吸器官

呼吸器官是发音的动力系统，由肺、气管、胸腔、横膈膜及腹肌组成。

（二）呼吸原理

吸气时，吸气肌肉群收缩，膈肌下降，弓形的肋骨提高和扩展，胸腔扩大，空气经口、鼻、咽、喉、气管、支气管进入肺泡，人们就完成了吸气的过程。呼气时，呼气肌肉群收缩，胸腔缩小，气流排出体外，这就是呼吸的一般原理。

（三）胸腹联合式呼吸

胸腹联合式呼吸是靠肋骨和横膈膜的协同运动来实现的，也叫“胸膈呼吸法”。这种呼吸法使胸腔在吸气肌肉群的作用下，使肋骨提高扩展，扩大了胸腔的前后径和左右径；横膈的收缩、下降又增加了胸腔容积的上下径，气息的呼吸量大，比较稳健，利于控制。胸腹联合式呼吸是播音员主持人从事播音主持工作时较为理想的呼吸方法。

二、气息控制

播音发声要使声音持久、稳劲、富于变化，其核心就是要把握好气息的控制。

（一）吸气的要领

吸气时，全身放松，肩不要耸起来，口鼻同时进气，吸气肌肉群收缩，把气吸到肺的底部，感觉两肋得到充分的扩展，膈肌下降，腰部鼓起来，裤腰渐紧，腹部肌肉向小腹丹田处呈收紧的感觉，腹部保持不凸不凹的状态，腹壁“站定”，为呼气控制做准备。

（二）呼气的要领

呼气是整个气息控制的关键。呼气时，吸气肌肉群不能马上松动回弹，小腹仍保持收缩状态，牵制膈肌和两肋。随着呼气肌肉群回弹式的全面收缩，两肋才缓缓回缩，膈肌缓慢上升。

有声语言是在呼气过程中发出去的，呼气控制的要领，就是保持吸气最后一刻的状态（气沉丹田、腰部撑胀、小腹收紧），使得吸气肌肉群和呼气肌肉群形成对抗，保持腹肌向丹田收缩的力量，牵制膈肌和两肋不迅速回到自然状态，从而“拉住”上行的气息，产生稳劲、持久、变化自如的呼气状态。

（三）气息调节的方法

气息调节的方法有：深浅法、强弱法、疾徐法、补气、气随情动。播音员主持人要表现不同的声音色彩必须要有气息深浅、强弱、疾徐的调节能力。根据语言表达需要，在语句当中或句子之间采取灵活的补气方式，即偷气、抢气、就气。偷气，指短时无声吸气；抢气，指在句中或句子间急促地吸气；就气，指语句虽有停顿，并不进气，而是调动肺内余气进行补充，顿挫后一气呵成，保证语气的连贯和句子意思的完整性。补气时一定要找好气口，不能影响语意的连贯。另外，有声语言表达过程中，情、气、声的完美结合是表达者追求的较高境界。我们要做到“气随情动”。不同的感情色彩，总有不同的气息状态与之相对应。比如，爱的感情色彩，气息徐缓而深长，声音温和；悲的感情色彩，气息沉缓如尽竭，声音迟滞。因此，气息的深浅、强弱、疾徐等变化都可以根据表情达意的需要来调节。

三、共鸣控制

（一）声道共鸣

播音发声采用以口腔共鸣为主、以胸腔共鸣为基础的声道共鸣方式。

声道指由胸腔、喉腔、咽腔、口腔、鼻腔等发音器官构成的通道，其中肺就是一个活动的风箱；气管可看作是管子；声带、双唇、舌、软腭都像是一个个阀门。当作为“风箱”的肺受到挤压时，气流通过气管这个“管子”到达喉头。喉头就像一个可上下活动的“塞子”，喉内的声带就是第一道“阀门”，在气流的作用下振动发声，或者控制气流的强弱。而喉上面咽腔、口腔、鼻腔在双唇、舌、软腭这三道阀门的控制下，分别对喉产生的声音中的某一频率起共鸣加强作用，并形成网络共振体系，使喉原音得到扩大和美化。

（二）口腔共鸣

口腔是人类语言构成的重要场所，是形成语声的最主要的共鸣腔。清晰、圆润的字音是咬字器官吐字后经过口腔共鸣而产生的。口腔主要提供泛音共鸣，如果能够出色地运用它，那么字音的准确、清晰、饱满，音色的明亮、圆润就有了保障。

四、口腔控制

口腔是人类发音吐字的重要器官。口腔中的上下唇、上下齿、舌、软硬腭，被称为咬字器官。口腔控制实际就是讲究吐字。吐字的功力就来自于对咬字器官的灵活控制。要使字音更为清晰、饱满，就应该做到提颧肌、打牙关、挺软腭、松下巴，唇舌力量集中。

（一）提颧肌

提颧肌是抬起上腭的前部动作。当颧肌用力向上提时，口腔前上部有展宽的感觉，鼻孔也微微张开，上唇则紧贴牙齿，唇齿相依，使得唇的运动有了依托。

（二）打牙关

牙关指上下颌之间的关节，打牙关是提上腭的中部动作，就是使上下槽牙在咬字时有一定的距离，上腭的后槽牙有一种始终上提的感觉。这样不仅可以丰富口腔共鸣，还能将咬字的位置调整好，使字音在口中有“立”起来的空间。

（三）挺软腭

挺软腭是提起上腭的后部动作。软腭挺起后可以加大口腔后部的空间，改善共鸣，并缩小鼻腔入口，避免声音过多地进入鼻腔造成鼻音。

（四）松下巴

松下巴打开口腔，比抬上腭更有实际效果。可以用牙疼的感觉来体会松下巴。下巴放松了，口腔也就可以明显地打开了。

（五）唇舌力量集中

唇舌力量集中是声音集中的保证。要加强唇的收撮力，把力量集中用在上唇的中段。舌的力量主要体现在舌的前部和中间。吐字时，要把力量集中在舌的中纵部，舌弹动灵活，出字有力。这样才能保证字音的准确、集中。

五、吐字归音

吐字归音是我国戏曲声乐艺术对吐字方法的概括。吐字归音就是把出字、立字、归音这三个发音阶段落实在音节的发音过程中，使字音准确、纯正，声音清晰、圆润、集中。

（一）出字：对字头的处理，要求叼住弹出

“叼住”是就声母的成阻与持阻阶段而言的。字头是整个字音的着力点，字头的弹发要有力度，部位要准确无误。咬而无力，则字音含混；咬得过狠，则字音笨拙而呆滞。所谓吐字要做到“字正腔圆”，字正即字头的发音要准确。

“弹出”指声母的除阻阶段，也叫吐字阶段。要求字的送出轻捷有力，就像弹出弹丸，干脆利落。

（二）立字：对字腹的处理，要求拉开立起

立字的过程是韵腹的发音过程。一个音节能否发得圆润、响亮、饱满，与韵腹的发音关系紧密。字腹是字音中口腔开度最大的一部分，它的音程长、响度大。出字后，开口音自然就能把口腔打开获取丰富的泛音共鸣；闭口音则要随着字腹的拉开适当地增加开口度，感觉字音随上腭的提起而“立”起来。

（三）归音：对字尾的处理，要求到位弱收

归音时，气渐弱、力渐松、口渐闭、声渐止，要给人字音完整结束的感觉。不能虎头蛇尾，给人说“半截字”的感觉。到位是指尾音归到应有的位置上。弱收是针对强收而言。如果把尾音收得重而紧，字音就会显得僵硬呆板。

说唱艺人把吐字过程形象地描述为“枣核形”。“枣核形”是出字、立字、归音的基本要求，涉及音节各部分口腔的开合度及所占时值的长短。

六、声音弹性

弹性是物理学中的概念，比喻事物可多可少、可大可小的伸缩性和可变性。声音弹性是指声音对于人们变化着的思想感情的适应能力，或者说是声音随着感情变化而出现的伸缩性、可变性。

(一) 声音弹性的作用

(1) 声音弹性是人们表达稿件丰富的思想感情的一种手段。
(2) 在发音过程中，声音弹性起到将气息、用声状态、吐字等各要素结合起来的作用。
(3) 声音弹性的运用使有声语言的创作可以达到艺术表现的高度。

(二) 声音弹性的训练

1. 高与低

(1) 选一个句子，声音有层次地爬高降低。
(2) 句子一句高、一句低交替练习，使气息、声带作跳跃式的调整。
(3) 一个句子中声音有高低交叉变化。

2. 强与弱

(1) 选用句段练习，声音有层次地由弱到强。音高不变，先用弱声，一遍比一遍强，到最强时不能有喊的感觉。
(2) 选用句段练习，逐渐增加由弱到强的中间层次。
(3) 小音量练习，读一个小段子，使字音保持一定的清晰度，不吃字。
(4) 选一段音量两头弱中间强的句段或诗词进行练习。

3. 实与虚

(1) 选用新闻、评论、报告一类的文章练习偏实的声音。声带轻松闭合，声音扎实、响亮。
(2) 选用文学作品中描述虚幻事物、说悄悄话等的段子、语句来练习虚声。声门有一定开度，气息溢出较多，注意控制。

4. 明与暗

(1) 选用内容明快的句段来练习轻松、明快的声音。
(2) 选用内容较为深沉或沉重的句段来练习较暗的声音。

5. 刚与柔

(1) 选用感情激越的稿件练偏刚的声音，胸腔共鸣充分，气息控制和口腔控制较有力。

(2)选用较为柔和的声音练习抒情性稿件或服务性稿件,气息控制和口腔控制较缓和。

6. 厚与薄、粗与细

(1)选用感情深沉的诗词、句段来练习声音的厚度。

(2)选用轻松活泼的知识小品来训练声音的轻巧。

7. 放与收

(1)选用思想感情奔放激越的稿件,使气与声都放开,气息较强,声音具有一定的力度。

(2)选用思想感情处于沉静状态的稿件,使气与声呈一定的收势,气息较沉、较缓,压力较小,声音较沉稳。

第三节　语音发声综合练习

一、声母练习

(一)双唇音 b、p、m

摆布	褒贬	蚌埠	卑鄙	步兵	奔波	败笔	半百	宝贝	不必	北边
搬兵	保镖	报表	百般	背包	标榜	辩白	臂膀	壁报	病变	补白
批判	偏僻	乒乓	评判	平盘	爬坡	澎湃	偏颇	排炮	拼盘	琵琶
埋没	梦寐	美妙	牧民	麻木	美满	麦苗	谩骂	妹妹	眉毛	面目
米面	谋面	木马	木门	苗木	美貌	描摹	密码	瞑目	泯灭	磨灭

(二)唇齿音 f

方法	丰富	芬芳	奋发	非凡	反复	防范	仿佛	肺腑	发放	犯法
吩咐	夫妇	分赴	放风	蜂房	繁复	放飞	发福	芳菲	风范	伏法

(三)舌尖中音 d、t、n、l

担当	带动	电灯	打倒	单调	达到	奠定	等待	打盹	搭档	短刀
顶端	道德	颠倒	掉队	抖动	动荡	抵挡	点滴	导弹	敌对	丢掉
团体	体贴	探讨	推托	贪图	逃脱	铁塔	疼痛	挑剔	淘汰	吞吐
梯田	天体	探听	坦途	唐突	塔台	颓唐	脱胎	妥帖	厅堂	调停
拿捏	恼怒	牛奶	泥泞	忸怩	能耐	农奴	难能	南宁	奶奶	年年
玲珑	褴褛	拉力	老练	联络	来历	拦路	力量	琳琅	伶俐	领略
绿林	履历	绿篱	陆离	嘹亮	里弄	莅临	连累	料理	劳碌	琉璃

(四)舌根音 g、k、h

公共 灌溉 骨骼 梗概 广告 故宫 瓜葛 观光 攻关 故国 公馆
干戈 感官 杠杆 公告 雇工 国歌 果敢 尴尬 更改 挂钩 归公
开垦 宽阔 刻苦 慷慨 困苦 空旷 可靠 坎坷 亏空 口渴 窥看
行会 互换 合伙 祸害 黄昏 红花 海涵 豪华 憨厚 后悔 含糊
行话 怀恨 皇后 昏花 绘画 还魂 惶惑 后患 护航 谎话 汇合

(五)舌面音 j、q、x

交界 夹击 集结 机警 积极 建交 借鉴 间接 讲解 境界 急救
歼击 拮据 精简 京剧 旧居 检举 纠集 简捷 阶级 即将 激进
乞求 秋千 清泉 崎岖 气球 恰巧 前期 全球 铅球 求全 情趣
牵强 凄清 蜷曲 蹊跷 权且 弃权 乔迁 缺勤 求情 氢气 秦腔
形象 学习 休息 湘绣 想象 相信 寻衅 嬉笑 消息 乡下 狭小
凶险 新型 选修 行凶 先行 喧嚣 显现 心胸 欣喜 星系 新兴

(六)舌尖后音 zh、ch、sh、r

主张 证章 追逐 卓著 茁壮 支柱 装帧 真挚 转正 珍重 整治
征兆 招致 正直 针织 纸张 忠贞 专职 转折 斟酌 珍珠 壮志
穿插 长处 乘车 潮虫 拆除 铲除 踌躇 愁肠 船厂 橱窗 赤诚
充斥 城池 传唱 长春 叉车 初创 唇齿 传抄 重唱 出场 戳穿
少数 赏识 闪烁 闪失 顺手 身世 声势 实数 收拾 省时 首饰
硕士 树梢 时事 舍身 上税 伸手 史诗 受伤 熟睡 深山 舒适
柔软 仍然 软弱 忍让 荣辱 容忍 冉冉 扰攘 人肉 柔韧 如若

(七)舌尖前音 z、c、s

自在 总则 罪责 祖宗 自尊 自足 租子 做作 粽子 凿子 栽赃
苍翠 草丛 层次 从此 猜测 草刺 参差 仓促 催促 残存 措辞
思索 洒扫 色素 松散 搜索 四散 三思 三色 琐碎 送死 诉讼

二、韵母练习

(一)单韵母 ɑ、o、e、i、u、ü、-i**(前)**、-i**(后)(**ê、er **除外)**

阿爸 发达 腊八 大厦 大妈 打靶 拉萨 哪怕 哈达 傻瓜 蛤蟆
打岔 砝码 喇叭 袈裟 打杂 发蜡 耷拉 打发 马达 蚂蚱 妈妈
迫害 窝囊 卧室 握手 拨弄 波谷 剥削 泊位 博大 帛画 驳回
迫近 叵测 坡地 涡流 窝头 倭寇 薄弱 驳斥 搏斗 没落 菠萝
客车 合格 隔阂 各个 车辙 哥哥 隔热 割舍 特色 色泽 苛刻

涸辙 这么 折射 可可 舍得 塞责 呵责 可乐 菏泽 折合 特设

地理 笔记 记忆 集体 习题 提议 利益 霹雳 汽笛 毅力 礼仪

体力 激励 比例 机器 稀奇 戏迷 意义 秘密 极其 积极 基地

图书 服务 鼓舞 树木 目录 数数 书橱 著述 出处 输入 突出

读书 祝福 附属 富足 枯骨 辜负 互助 葫芦 入库 粗鲁 瀑布

区域 豫剧 序曲 女婿 旅居 雨具 须臾 曲剧 栩栩 玉女 屈居

自私 此次 孜孜 字词 子嗣 自此 刺字 四次 私自 恣肆 刺死

失时 只是 市尺 试制 指使 食指 直至 智齿 日食 誓师 实施

(二)二合前响复韵母 ai、ei、ao、ou

开采 买卖 海带 买菜 晒台 爱戴 彩排 白菜 采摘 带来 灾害

肥美 配备 北非 黑煤 蓓蕾 娓娓 北美 卑微 飞贼 妹妹 贝类

讨好 高傲 包抄 草包 告饶 劳保 毛糙 高烧 祷告 早稻 招考

欧洲 喉头 抖擞 收购 绸缪 口头 丑陋 守候 口臭 露头 筹谋

(三)二合后响复韵母 ia、ie、ua、uo、üe

加价 假牙 恰恰 加压 下牙 下架 家家 下家 压下 家家 下嫁

娃娃 花袜 画画 挂画 耍滑 呱呱 结业 贴切 姐姐 趔趄 爷爷

谢谢 鞋业 铁屑 揭帖 爹爹 切切 哆嗦 骆驼 火锅 懦弱 阔绰

过错 蹉跎 硕果 罗锅 着落 错落 确切 血液 确实 虐待 决裂

爵位 月夜 攫取 诀窍 绝妙 学业

(四)三合中响复韵母 iao、iou、uai、uei

逍遥 巧妙 教条 笑料 渺小 飘摇 叫嚣 苗条 吊桥 脚镣 疗效

优秀 牛油 绣球 舅舅 悠悠 久留 犹有 流油 悠久 酒友 旧友

摔坏 外踝 怀揣 外快 乖乖 拽坏 踹坏 快拽 甩甩 拽拽 坏坏

追随 归位 吹灰 垂危 回味 追悔 摧毁 水位 汇兑 归队 魁伟

(五)鼻韵母 ian、uan、üan、ang、iang、uang

连绵 电线 变迁 鲜艳 艰险 显现 鲜见 翩跹 检验 浅浅 便笺

酸软 婉转 贯穿 软缎 宽缓 官官 乱窜 转换 专款 还款 传唤

渊源 源泉 全权 圆圈 轩辕 全院 圈圈 全员 远远 涓涓 圆全

沧桑 帮忙 苍茫 上方 账房 方丈 党章 放荡 厂房 当场 彷徨

亮相 两样 将相 踉跄 湘江 洋相 降将 将养 想象 响亮 向阳

闯撞 装潢 闯王 双簧 黄庄 黄光 网状 状况 狂妄 窗框 往往

(六)鼻韵母 en、uen、ün、eng、ueng、in、ing

深沉 门诊 分针 愤恨 本分 神人 粉尘 人参 分身 人文 珍本

昆仑	温存	论文	春笋	馄饨	温顺	混沌	谆谆	滚滚	春困	雯雯
勋章	裙子	驯服	循环	韵律	晕车	蕴藏	孕育	酝酿	迅速	韵母
生成	更正	丰盛	风筝	承蒙	逞能	征程	萌生	声称	成风	升腾
嗡嗡	蓊蓊	拼音	亲近	尽心	辛勤	濒临	民心	临近	贫民	亲信
宁静	明星	姓名	英明	聆听	伶仃	警醒	倾听	晶莹	冰凌	兵营

三、语流音变练习

（一）上声变调

1. 上声与上声

友好、理想、采访、展览、辗转、坎坷

2. 上声与阴平

老师、演说、表彰、纺织、水乡、许多

3. 上声与阳平

典型、美德、小学、总结、主持、好评、表白、解决

4. 上声与去声

坦率、理智、美术、晚会、感谢、美妙、想象、巧计

（二）“一”的变调

1. 在去声前读阳平

一定、一共、一贯、一致

2. 在非去声前读去声

一天、一身、一些、一边、一直、一同、一行、一年、一般

3. 在重叠的动词中读轻声

听一听、说一说、尝一尝、停一停、洗一洗、笑一笑、跑一跑

（三）“不”的变调

1. 单用在词语末尾，在非去声前读去声

不、绝不、偏不、不好、不妨、不知、不凡

2. 在去声前读阳平

不必、不要、不便、不愧、不论、不是、不屑

3. 夹在叠词中间读轻声

多不多、新不新、甜不甜、圆不圆、冷不冷

(四)轻声

1. 词语练习

桌子 山上 哥哥 屋里 玻璃 关系 规矩
爷爷 云彩 功夫 葡萄 咱们 房子 拳头
椅子 我们 比方 粮食 枇杷 娃娃 知识
坐着 这个 大夫 事情 月亮 豆腐 是的

2. 非轻声、轻声词语对比练习

兄弟—兄弟 本事—本事
买卖—买卖 包含—包涵
不分—部分 粒子—栗子
地道—地道 地理—地里
大爷—大爷 大意—大意
东家—东家 大方—大方
电子—垫子 东西—东西
对头—对头 服气—福气
干事—干事 加火—家伙
近来—进来 摆设—摆设
靠山—靠山 莲子—帘子
龙头—龙头 利害—厉害
马头—码头 蛇头—舌头

(五)儿化练习

进了门儿,倒杯水儿,喝了两口儿运运气儿。顺手儿拿起小唱本儿,唱一曲儿,又一曲儿,练完嗓子练嘴皮儿。绕口令儿,练字音儿,还有单弦儿、牌子曲儿、小快板儿、大鼓词儿,越说越唱越带劲儿。

鸡叫三声儿咯儿咯儿咯儿,刘老汉和伙伴儿出了小山村儿。辛辛苦苦到地头儿干活儿。村里头留下了玉宝儿和伙伴儿们。玉宝儿心里很纳闷儿,天没亮儿怎会有鸡叫声儿,玉宝儿和伙伴儿们悄悄儿靠近鸡窝边儿,原来是周扒皮趴在鸡窝里捣蛋,他们愤怒地拿起木棒儿打了周扒皮的屁股蛋儿。

(六)语气词“啊”的音变练习

今年中秋月圆啊,学校食堂的伙食多丰富啊,什么鸡啊、肉啊、糖啊、饼啊、苹果啊、梨啊、海参啊、鸡翅啊、萝卜丝啊,还有一块块诱人的月饼啊,一定要多吃一点啊。

幼儿园的孩子们啊,真可爱啊。你看啊,他们多高兴啊,又是玩积木啊,又是画图啊,又是唱啊,又是跳啊。啊! 他们是多么幸福啊!

(七)词的轻重格式练习

1. 中重格式

爱国 雷锋 火车 被告 唱歌 全身 造福 草鞋
出版 放心 年轻 自愿 认命 体育 失常 电灯
得体 把关 更衣 寒流 说明 民兵 满意 史诗

2. 重中格式

人物 质量 教员 春天 昂然 跋涉 百般 读者
光明 伟大 敦促 认为 矛盾 丢掉 作家 消极
语言 传授 教育 干部 性质 部位 知识 父亲

3. 重轻格式

萝卜 石头 豆腐 行李 灯笼 妹妹 说说 妈妈
房子 木头 认得 镜子 帘子 福气 熟悉 苗头

4. 中中重格式

播音员 红领巾 展览会 东方红 天安门 收音机
电视剧 讲习班 木乃伊 党支部 居委会 共产党

5. 中重轻格式

命根子 锄把子 老头子 拿架子 卖关子 洋鬼子
小伙子 菜篮子 儿媳妇 犯迷糊 抻面的 同志们

6. 重轻轻格式

拣起来 放回去 降下去 爬进去 跑出去 听见过
看见过 拿过去 跳起来 朋友们

7. 中重中重格式

江山如画 一脉相承 丰衣足食 日积月累 五光十色
天灾人祸 枪林弹雨 独断专行 锦绣河山 兴高采烈

8. 中轻中重格式

整整齐齐 大大方方 清清楚楚 迫不及待 说不过去

9. 重中中重格式

不约而同 耐人寻味 刻不容缓 身不由己 前所未有

10. 中轻重轻格式

外甥媳妇

四、绕口令练习

(1)巴巴爸爸比爬坡，巴巴胖爬不上坡，爸爸帮巴巴练爬坡，巴巴比爸爸更快爬上坡。

(2)妈妈嬷嬷磨坊拉石磨，嬷嬷把芝麻放在石磨中磨，妈妈把磨好的芝麻放簸箩(bǒluo)，妈妈嬷嬷带着磨好的芝麻出了石磨坊。

(3)黄瓦房、灰瓦房、粉瓦房，瓦匠瓦房顶上刷瓦房。冯瓦匠刷黄瓦房、粉瓦房，黄瓦匠刷灰瓦房、黄瓦房。黄、冯瓦匠刷好黄瓦房、灰瓦房、粉瓦房。

(4)风吹灰飞，灰飞花上花堆灰。风吹花灰灰飞去，灰在风里灰飞灰。

(5)牛良蓝衣布履扛楠木，刘妞绿衣挎篓买蓝布。牛良的楠木上房梁，刘妞的蓝布做衣裳。

(6)四只石狮子加十只石狮子，十只石狮子加四只石狮子，四只石狮子乘四只石狮子，一共是四十四只石狮子。

(7)人是人，银是银，人银要分清。银不是人，人不是银，人去银行，银行里有人，发不清人银就弄不清语音。

(8)床身长，船身长，床身要比船身短那个船身要比床身长，床身船身不一样长。

(9)同姓通信，不同姓也能互相通信。殷英和殷音同姓互相通信，应茵和尹莹不同姓也能互相通信。同姓可以互相通信，通信可不一定同姓。

(10)真冷，真正冷，冷冰冰，冰冷冷，人人都说冷。猛的一阵风，更冷。

(11)长扁担，短扁担，长扁担比短扁担长半扁担。长扁担捆在短板凳上，短扁担捆在长板凳上。长板凳不能捆比短扁担长半扁担的长扁担，短板凳也不能捆比长扁担短半扁担的短扁担。

(12)夫新的父亲叫福清，福清就是夫新的父亲。福清要夫新叫他父亲，不要夫新叫他福清。

(13)姓陈不姓程，姓程不姓陈。禾呈是程，耳东是陈，陈程不分就会认错人。

(14)牙刷能刷牙，刷牙用牙刷。小贾有牙刷不刷牙，佳佳有牙刷会刷牙，佳佳教小贾学会用牙刷刷牙。

(15)刘留牵牛过宽沟，牛背驮着一篓豆。沟宽牛蹦篓滚沟，篓滚沟里撒了豆。刘留拴牛下沟扶篓捡豆，捡了豆装了篓提篓上沟，上沟牵牛朝前走。

(16)人有小人有老，老爱小，小敬老。老别老笑人小，小别老笑人老。

(17)贝贝背肥又背水，种花施肥又浇水。光浇水不施肥，土不肥花不美，光施肥不浇水花也不美。浇水施肥，施肥浇水，土肥花美，环境更美。

(18)小白揣球拍，跑来抬球台。球拍碰球台，球台碰球拍。

(19)两个棋迷，一个姓米，一个姓齐。米棋迷齐棋迷一起下棋。米棋迷要吃齐棋迷的士，齐棋迷不让米棋迷吃士。从早起下棋下到日偏西，不知是米棋迷胜了齐棋迷，还是齐棋迷胜了米棋迷。

(20)这天天下雨，体育运动委员会穿绿雨衣的女小吕，去找计划生育委员会不穿绿雨衣的女老李。体育运动委员会穿绿雨衣的女小吕没找到计划生育委员会不穿绿雨衣的女老李，计划生育委员会不穿绿雨衣的女老李也没有找到体育运动委员会穿绿雨衣的女小吕。

五、发声综合练习

(一)气息练习

(1)发 ü 音练习：先放松吸气，感到两肋开，腰鼓起来，小腹微收。然后发 ü 音并延长，时间可从 10 秒到 30 秒。

(2)发 a 或者 ba 音练习：先找好发 a 音的位置，声音不要太高或太低，用中声区发音，并延长至 20 秒或 30 秒。

(3)数数练习 1：发 1、2、3、4、5、6、7 来练习气息的持久和稳定。先一口气连续发 1 到 7，再换口气发 7 到 1。

(4)数数练习 2：一口气用中速从 1 数到 20 或更多。

(5)数葫芦练习："长葫芦、圆葫芦，一口气能数几个葫芦。一个葫芦、两个葫芦……"要求一口气数 20 个以上的葫芦。

(6)数枣练习："你们瞧，大娘家的院里有一树枣。一个枣、两个枣、三个枣……"要求一口气数 20 个以上的枣。

(7)用发"嘿"和 1 至 7 来锻炼体会小腹控制膈肌弹动的感觉，提高对膈肌和小腹丹田处的控制能力。

①单发"嘿"或连发"嘿哈"，先慢后快，体会膈肌、小腹弹动的感觉。

②吸好气把 1、2、3、4、5、6、7 每个音分开来弹发，先慢后快，反复练习，再倒过来弹发 7、6、5、4、3、2、1。

(8)发开口音的人名，如"阿毛"，调节呼吸肌肉群的能力，使气息和声音自然结合起来。

①先近距离跟对方打招呼。

②远距离答应或打招呼。

③近距离、远距离变化着呼喊。

(9)用报山名、报花名体会气息的控制。

①报山名：河北狼牙山、山西太行山、内蒙古阴山、黑龙江黑山、吉林长白山、辽宁千山、山东泰山、江苏紫金山、安徽黄山、浙江雁荡山、江西庐山、福建黄岗山、河南嵩山、湖北大巴山、湖南衡山、广东南岭、广西阳朔山、陕西华山、宁夏六盘山、甘肃祁连山、青海昆仑山、新疆天山、四川峨眉山、贵州苗岭山、云南横断山、西藏喜马拉雅山。

②报花名：红牡丹、白牡丹、粉红牡丹、芍药、玫瑰、蔷薇、朱槿、米兰、昙花、樱花、桂花、金银花、金芙蓉、金鸟花、月光花、鸡冠花、凤仙花、杜鹃花、喇叭花、玉簪花、玉兰花、玉

蝉花、燕子花、蝴蝶花、天女花、八仙花、海棠花、海桐花、腊梅花、石榴花、石楠花、石菖蒲、十样锦、夹竹桃、美人蕉、虞美人、洋绣球、晚香玉、百里香、满天星。

(二)口腔控制练习

1. 唇舌练习

(1)撮唇。先提颧肌,嘴唇微张,唇齿相依,唇沿齿向中间撮合,再展开,反复练习。

(2)合口把唇噘起来,向上、下、左、右运动,增强唇的力量。

(3)合口噘唇沿上、左、下、右转唇。

(4)双唇快速发 ba,闭口提颧,上唇向中间缩,感觉力量集中在上唇中部,唇上肌向两侧斜上方牵动。

(5)发 ba 音打响,感觉声音由于提颧及唇的中纵线着力越发集中、响亮。

(6)练习双唇音、唇齿音的绕口令及韵母的“四呼”,体会双唇在吐字中的整体感觉。

(7)弹舌。舌尖上翘快速来回弹上齿下缘,增加舌的灵活性。

(8)刮舌。舌头抵住下齿背,上齿缘接触舌叶;舌前部逐渐挺起,上齿边缓沿舌的中纵线往后刮,口腔被舌撑开,直至不能再张大,然后上下颌咬舌,体会舌收拢上挺的感觉。

(9)伸卷。用力将舌伸出口外,舌前端呈尖形;再向上卷,体会舌向中间收并向下伸的力量。

(10)立舌。让舌在口内翻转 90°,舌左边缘向上立起,再翻 180°,舌右边缘向上立起,体会舌在口中转动的灵活性。

(11)闭唇,舌顶左、右腮,左、上、右、下,或右、上、左、下,反复来回,体会舌尖用力顶的感觉。

(12)快速弹发 d 音,体会舌的力度和灵活度。

(13)练习舌尖中音的绕口令。

2. 吐字归音练习

要求:吐字准确、清晰、圆润、流畅。

琵琶行(节选)

〔唐〕白居易

浔阳江头夜送客,枫叶荻花秋瑟瑟。主人下马客在船,举酒欲饮无管弦。醉不成欢惨将别,别时茫茫江浸月。忽闻水上琵琶声,主人忘归客不发。寻声暗问弹者谁?琵琶声停欲语迟。移船相近邀相见,添酒回灯重开宴。千呼万唤始出来,犹抱琵琶半遮面。转轴拨弦三两声,未成曲调先有情。弦弦掩抑声声思,似诉平生不得志。低眉信手续续弹,说尽心中无限事。轻拢慢捻抹复挑,初为《霓裳》后《六幺》。大弦嘈嘈如急雨,小弦切切如私语。嘈嘈切切错杂弹,大珠小珠落玉盘。间关莺语花底滑,幽咽泉流冰下难。冰泉冷涩弦凝绝，凝绝不通声渐歇。别有幽愁暗恨生，此时无声胜有声。银瓶乍破水浆迸，铁骑突出刀枪鸣。曲终收拨当心画，四弦一声如裂帛。东船西舫悄无言，唯见江心秋月白。

春江花月夜

〔唐〕张若虚

春江潮水连海平，海上明月共潮生。滟滟随波千万里，何处春江无月明！江流宛转绕芳甸，月照花林皆似霰。空里流霜不觉飞，汀上白沙看不见。江天一色无纤尘，皎皎空中孤月轮。江畔何人初见月？江月何年初照人？人生代代无穷已，江月年年只相似。不知江月待何人，但见长江送流水。白云一片去悠悠，青枫浦上不胜愁。谁家今夜扁舟子？何处相思明月楼？可怜楼上月徘徊，应照离人妆镜台。玉户帘中卷不去，捣衣砧上拂还来。此时相望不相闻，愿逐月华流照君。鸿雁长飞光不度，鱼龙潜跃水成文。昨夜闲潭梦落花，可怜春半不还家。江水流春去欲尽，江潭落月复西斜。斜月沉沉藏海雾，碣石潇湘无限路。不知乘月几人归，落月摇情满江树。

(三)声音弹性练习

沁园春　雪

毛泽东

北国风光，千里冰封，万里雪飘。望长城内外，惟余莽莽；大河上下，顿失滔滔。山舞银蛇，原驰蜡象，欲与天公试比高。须晴日，看红装素裹，分外妖娆。

江山如此多娇，引无数英雄竞折腰。惜秦皇汉武，略输文采；唐宗宋祖，稍逊风骚。一代天骄，成吉思汗，只识弯弓射大雕。俱往矣，数风流人物，还看今朝。

青玉案　元夕

〔宋〕辛弃疾

东风夜放花千树，更吹落、星如雨。宝马雕车香满路。凤箫声动，玉壶光转，一夜鱼龙舞。

蛾儿雪柳黄金缕，笑语盈盈暗香去，众里寻他千百度。蓦然回首，那人却在，灯火阑珊处。

江城子
(乙卯正月二十日夜记梦)

〔宋〕苏　轼

十年生死两茫茫，不思量，自难忘。千里孤坟，无处话凄凉。纵使相逢应不识，尘满面，鬓如霜。

夜来幽梦忽还乡，小轩窗，正梳妆。相顾无言，惟有泪千行。料得年年肠断处，明月夜，短松冈。

蝶恋花

〔宋〕欧阳修

庭院深深深几许？杨柳堆烟，帘幕无重数。玉勒雕鞍游冶处，楼高不见章台路。

雨横风狂三月暮，门掩黄昏，无计留春住。泪眼问花花不语，乱红飞过秋千去。

清平乐　村居

〔宋〕辛弃疾

茅檐低小，溪上青青草。醉里吴音相媚好，白发谁家翁媪？

大儿锄豆溪东，中儿正织鸡笼。最喜小儿无赖，溪头卧剥莲蓬。

四季（节选）

高长虹

冬爱花，春爱狂风，夏爱雪，秋爱露。

冬占有了世界，那是多么美富的世界啊！然而它很烦闷，因为它看不见一朵花。

到不可忍耐的时候，冬把它的所有让给了春。于是，春开始看见那些它所在梦想着的都变了。

绝望的春终于又把它的所有让给了夏，而夏又让给了秋。

它们在相互交替中绝望着，梦想着，永没有疲倦的时候。

火柴

你的身躯那么细小，你的生命那么短暂，但是，你却没有一丁点儿的自卑。

你排着整齐的队伍，信心百倍，时刻等待着人们的挑选。你的全部理想就是：燃掉自己，为人类牺牲，为世界做一点贡献。

你的小小火苗，可以化作冲天大火，燃尽茫茫辽原。但是，只要人类需要，你愿用自己的全部青春，为黑夜里的人点起一盏灯，为辛勤的劳动者燃起一支烟。

小小火柴，说明了朴素的真理：符合人民的需要，生命就有价值。

胡萝卜（节选）

胡萝卜是冬春季的主要蔬菜，同时又是珍贵的多汁饲料。许多国家都大面积栽培胡萝卜，它是根菜类蔬菜里分布最广的一种。胡萝卜也是一种很古老的蔬菜作物。根据文献记载，胡萝卜是古希腊人和古罗马人很熟悉的一种蔬菜。14 世纪的时候（我国元代），胡萝卜从欧洲辗转传入我国。

春（节选）

朱自清

盼望着，盼望着，东风来了，春天的脚步近了。

一切都像刚睡醒的样子，欣欣然张开了眼。山朗润起来了，水涨起来了，太阳的脸红起来了。

小草偷偷地从土里钻出来，嫩嫩的，绿绿的。园子里，田野里，瞧去，一大片一大片满是的。坐着，躺着，打两个滚，踢几脚球，赛几趟跑，捉几回迷藏。风轻悄悄的，草软绵绵的。

海燕（节选）

〔苏联〕高尔基

暴风雨！暴风雨就要来啦！

这是勇敢的海燕，在怒吼的大海上，在闪电中间，高傲地飞翔；这是胜利的预言家在叫喊：

——让暴风雨来得更猛烈些吧！

秋夜（节选）

鲁迅

在我的后园，可以看见墙外有两株树，一株是枣树，还有一株也是枣树。

这上面的夜的天空，奇怪而高，我生平没有见过这样的奇怪而高的天空。他仿佛要离开人间而去，使人们仰面不再看见。然而现在却非常之蓝，闪闪地䀹着几十个星星的眼，冷眼。他的口角上现出微笑，似乎自以为大有深意，而将繁霜洒在我的园里的野花草上。

白杨礼赞（节选）

茅盾

白杨树是不平凡的树。它在西北极普遍，不被人重视，就跟北方的农民相似；它有极强的生命力，磨折不了，压迫不倒，也跟北方的农民相似。我赞美白杨树，就因为它不但象征了北方的农民，尤其象征了今天我们民族解放斗争中所不可缺的朴质、坚强，以及力求上进的精神。让那些看不起民众、贱视民众、顽固的倒退的人们去赞美那贵族化的楠木，去鄙视这极常见、极易生长的白杨吧，我要高声赞美白杨树！

思考题：

1. 语音的基本概念有哪些？
2. 播音发声的呼吸方式是什么？
3. 吐字归音的要求是什么？
4. 如何把握声音弹性？

第三章 语言表达内外部技巧

第一节 情景再现

播音员主持人要善于运用一定的方法调动自己的思想感情,产生积极的播讲愿望。情景再现是播音员主持人在播音创作过程中调动思想感情,使之处于运动状态的重要手段,是播音主持创作的内部技巧之一。

一、理论概述

情景再现是指在符合稿件需要的前提下,以稿件提供的材料为原型,使稿件中的人物、事件、情节、场面、景物、情绪等在播音员主持人的脑海里不断浮现,形成连续活动的画面,并不断地引发相应的态度、感情,这个过程就是情景再现。

那么如何实现情景再现呢?大致有以下四步:

首先,理清头绪。想一想呈现在我们脑海中的活动画面开头是什么,怎么变化,怎么发展,结果怎样。还要想一想哪里是“特写镜头”,哪里是“远景”“全景”,哪个“镜头”大笔勾勒,哪个“镜头”工笔细描。

其次,设身处地。把稿件中所叙述、描写的一切,作为亲身所见、亲耳所闻,进入具体的事件、场面中去。置身其中,主要是为了获得现场感,产生“我就在”的感觉。

再次,触景生情。触景生情是情景再现的核心。当生活图景在脑海中浮现,我们一定要作出积极的反应。一个具体的“景”的刺激,马上就要引发我们具体的情。

最后,现身说法。即把稿件中的情景转述出来。播音员头脑中再现了稿件情景,经过自己的消化吸收,加工制作,使受众产生某种情景的再现,从中受到感染,达到共鸣。

这里需要注意的是:一方面,情景再现一定要以稿件为依据;另一方面,情景再现中感受是关键,情景再现一定要产生于具体感受之中。

二、实战演练

难以想象的抉择

巴尼·罗伯格是美国缅因州的一个伐木工人。一天早晨，巴尼像平时一样驾着吉普车去森林干活。由于下过一场暴雨，路上到处坑坑洼洼，好不容易把车开到路的尽头。他走下车，拿了斧子和电锯，朝着林子深处又走了大约两英里路。

巴尼打量了一下周围的树木，决定把一棵直径超过两英尺的松树锯倒。出人意料的是：松树倒下时，上端猛地撞在附近的一棵树上，一下子松树弯成了一张弓，旋即又反弹回来，重重地压在巴尼的右腿上。

剧烈的疼痛使巴尼只觉得眼前一片漆黑。但他知道，自己首先要做的事是保持清醒。他试图把腿抽回来，可是办不到。腿给压得死死的，一点也动弹不得。巴尼很清楚要是等到同伴们下工后发现他不见了再来找的话，他很可能会因流血过多而死去。他只能靠自己。

巴尼拿起手边的斧子，狠命朝树身砍去。可是，由于用力过猛，砍了三四下后，斧子柄便断了。巴尼觉得自己真的完了。他喘了口气，朝四周望了望。还好，电锯就在不远处躺着。他用手里的断斧柄，一点一点地拨动着电锯，把它移到自己手够得着的地方，然后拿起电锯开始锯树。但他发现，由于倒下的松树成45度角，巨大的压力随时会把锯条卡住，如果电锯出了故障，那么他只能“束手待毙”了。左思右想，巴尼终于认定，只有唯一一条路可以走了。他狠了狠心，拿起电锯，对准自己的右腿，进行截肢……

巴尼把腿简单包扎了一下，他决定爬回去。一路上巴尼忍着剧痛，一寸一寸地爬着；他一次次地昏迷过去，又一次次地苏醒过来，心中只有一个念头：一定要活着回去！

训练提示：注意对场景、情绪的描写。

集中营里的课堂

纳粹德国攻占波兰后，牢牢控制着华沙。沙宁是刚来学校的新老师，这一天，她给孩子们上课，几个纳粹兵骑着摩托来到学校，他们狞笑着看着沙宁，大声地对她说：“嗨，沙宁，跟我们走一趟吧，你还要藏到什么时候？”说完，他们便涌上来，将沙宁摁到了车上。

孩子们都吓哭了，只有谢达快速跑回家，告诉爸爸赛夫，沙宁老师被抓走了。赛夫听到这个消息，不禁一惊，焦急地在屋里来回走着……

第二天早上，谢达悄悄地来到集中营门口，他不知从哪里找到了一枚手雷，然后大叫着冲向纳粹看守，可弱小的他很快被制服，被投进了集中营。

谢达很坚强，始终咬定手雷是捡来的，纳粹只好把他关起来。在这个充满残酷的世界里，纳粹看守每天鞭打他，让他干着与年龄不相称的活，可他似乎能承受一切，他只想知道，沙宁老师是否还在这里，是否还活着。

这天早上，谢达被惊醒，几个纳粹将一个全身血肉模糊的女人扔了进来，谢达一看，那不是沙宁老师吗？他突然一阵狂喜，和几位妇女一起把沙宁老师扶到板子上，沙宁伤得太重，一直在昏迷。

纳粹没有从沙宁口中得到任何有价值的消息，还不想让她死，便给她医治。这一天，沙宁醒来，第一眼便看见了谢达。她有些激动，想问谢达怎么进来的，可她极度虚弱，说不出话，聪明的谢达急忙小声对沙宁说："沙宁老师，我来上课。"沙宁一怔……

沙宁成了集中营里的老师。她凭着对课本的记忆教孩子。纳粹没有阻止她，因为他们正在严密监视着她的动向，希望能从沙宁的讲课中找到破绽。另外，沙宁教的这十几个孩子让他们伤透了脑筋，光是每天不停地哭叫便让他们受不了。可沙宁上课的时候，孩子们却很安静。为了让他们安静些，纳粹还假装慈悲地给孩子们买了画笔。沙宁对谢达非常好，除了给他教课，有时还教他画画……

这一天，几名想逃跑的战俘又被他们抓回来折磨而死，然后再被吊起来，暴露在阳光下……一直以来，纳粹就是这样没有人性，凡是想逃跑的人，都会被处死并吊在营门外。每每看到这种场景，谢达心中充满了仇恨。

这一天早上，天还没亮，谢达偷偷地走出房间，悄悄爬向纳粹士兵的油库，可就在他准备点燃火柴时，被纳粹哨兵发现，一颗罪恶的子弹穿透了他的胸膛，谢达当即倒下，然后被拖出门外吊起来示众。

第二天中午，赛夫打通了关节，把谢达抱回家。他要给谢达穿上新衣服再埋葬，为此，他几度昏厥。

四天后，盟军报纸大幅报道了赛夫送出的情报，盟军侦察部队按情报成功偷袭纳粹在波兰贮存毒气弹据点的消息。消息一出，让所有人大吃一惊，如果再晚几天，这些毒气就会被运往前线，到时，将会有成千上万盟军士兵中毒而亡。半个月后，赛夫又引领苏联红军攻克集中营，沙宁被解救出来。她和赛夫都成了大英雄，一个令人落泪的故事也被披露出来。

原来，沙宁掌握毒气弹据点的情报后，来到华沙想与赛夫接头，可不想，不知谁泄了秘，她被提前抓走。焦急的赛夫本想自己进集中营和沙宁接头，可他是地下组织的负责人，不能离开。他便想出了让谢达攻击哨兵而进入集中营与沙宁接头的办法。沙宁的情报图一直记在脑海里，她便偷偷地教谢达画画，不久，谢达便能把地图完整地画出来了。可地图会画了，该怎样把情报送出呢？沙宁告诉谢达，半个月后，这批毒气将被运往一线。就在这时，谢达见到逃跑的人都会被处死吊在营门外，于是，他便想到了这个慷慨赴死的办法。实施前，他悄悄地把地图画在了衣服里面……他知道，爸爸赛夫肯定会想办法把他抱回家，肯定会给他换套新衣服再埋葬，肯定会发现画在衣服里面的地图……

谢达消逝在天堂里，但他用稚嫩的肩膀扛起的惊天壮举却深深地感染了我们，那个集中营的课堂里，上的是这世界上最感人的一课。

训练提示：总体把握事件、场景、情绪、氛围。

第二节　内在语

一、理论概述

内在语是指稿件文字语言不便表露、不能表露或没有完全显露出来的语句关系和语句本质。内在语是使感情处于运动状态的重要方法，是播音主持创作的内部技巧之一。

内在语的作用是：揭示语句本质，揭示语言链条。语句本质是指语句的内在含意、感情态度。语言链条是指语句间的逻辑关系。

内在语基本类型简单介绍如下：

发语性内在语是指句段开始之前加适当用语；

寓意性内在语是指此含义下的另一层寓意；

关联性内在语是指没有用文字表示出来的关联词；

提示性内在语是指设问呼应、提醒关注；

回味性内在语是指段落层次结尾处，表明语已尽，情尚存；

反语性内在语是指表层意义与深层意义之间的对比关系。

在具体表达时，应从播出目的、主题思想、整体基调和上下文语言环境的角度来分析内在语。

二、实战演练

（一）语句练习

新战士看到连长四十米内，左右开弓，弹不虚发的过硬本领，对连长发出由衷的赞叹，连长的两次回答都用了同样一句话："没啥，咱连的老同志都会！（这事不值一提）"

新战士看到连长四十米内，左右开弓，弹不虚发的过硬本领，对连长发出由衷的赞叹，连长的两次回答都用了同样一句话："没啥，咱连的老同志都会！（你也试试这个办法）"

这哪是我孙子，是我邻居家的孩子啊！（你弄错了）

这哪是我孙子，是我邻居家的孩子啊！（我的邻居可好了）

这哪是我孙子，是我邻居家的孩子啊！（简直是胡闹）

（二）段落练习

从前，有个皇帝喜欢弹琴，弹琴成了他唯一的嗜好，可是他弹得不成调，听得人简直无法忍受。他在皇宫里找不到一个知音，十分苦恼。有一天，皇帝忽然想出了一个主意。他叫太监找来一个等待处死的犯人，对他说："只要你说我的琴弹得好，我就免你一死。"皇帝开始弹琴，犯人站在一旁听着。一曲未尽，犯人便跪在地上请求："圣君！求您别再弹了，奴才宁愿早死！"

训练提示：（发语性内在语——听众朋友）从前，有个皇帝喜欢弹琴，弹琴成了他唯一的嗜好，可是他弹的不成调，听得人简直无法忍受。他在皇宫里找不到一个知音，十分苦恼（寓意性内在语——没有人爱听他弹琴）。有一天，皇帝忽然想出了一个主意（设问呼应——什么主意呢？）。他叫太监找来一个等待处死的犯人，对他说："只要你说我的琴弹得好，我就免你一死（寓意性内在语——相当于给犯人格外开恩）。"皇帝开始弹琴，犯人站在一旁听着（展示过程——谁能想到）。一曲未尽，犯人便跪在地上请求："圣君！求您别再弹了，奴才宁愿早死（寓意性内在语——听他弹琴还不如死了呢）！"

负责区里判语文卷子的组长N先生刚从区里回来，就把判卷子的老师召集到一块，略思片刻，说："这次判卷，上面的原则是'合情合理，严防过严'八个字。上山下乡的小青年荒废了十年学业，能参加这次招工考试已经很不容易了。我们判卷子要从这一实际情况出发。判卷还要判得合理，就拿判作文来说，小青年作文，内容一般不会有什么问题，主要应看条理是否清楚，语言是否通顺。什么叫条理清楚呢？收入语文课本的范文条理性很强，老师们写文章未必都能做到。既然如此，学生的作文只要不颠三倒四、不乱七八糟，就算条理清楚了。大作家的语言相当通顺，在座的几位能做到？大家都做不到，何况这些小青年！我看，作文能让人读懂就叫语言通顺。这就叫合情合理，防止过严。老师们听懂了我的意思没有？啊，听懂了就好，下面开始判卷。"

训练提示：负责区里判语文卷子的组长N先生刚从区里回来，就把判卷子的老师召集到一块，略思片刻（寓意性内在语——怎么说呢），说："这次判卷，上面的原则是'合情合理，严防过严'八个字（设问呼应——什么意思呢）。上山下乡的小青年荒废了十年学业，能参加这次招工考试已经很不容易了。我们判卷子要从这一实际情况出发（寓意性内在语——不要偏离实际）。判卷还要判得合理，就拿判作文来说，小青年作文，内容一般不会有什么问题，主要应看条理是否清楚，语言是否通顺。什么叫条理清楚呢？收入语文课本的范文条理性很强，老师们写文章未必都能做到。既然如此，学生的作文只要不颠三倒四、不乱七八糟，就算条理清楚了。大作家的语言相当通顺，在座的几位能做到？大家都做不到，何况这些小青年（提示性内在语——你们说对不对）！我看，作文能让人读懂就叫语言通顺。这就叫合情合理，防止过严。老师们听懂了我的意思没有？啊，听懂了就好，下面开始判卷。"

（三）篇章练习

假如给我三天光明（节选）

〔美〕海伦·凯勒

（朋友们）我们谁都知道自己难免一死。但是这一天的到来，似乎遥遥无期。当然人们要是健康无恙，谁又会想到它，谁又会整日去惦念它。于是饱食终日，无所事事。（这样好吗？）

…………

我们对待生命如此倦怠，在对待自己的各种天赋及使用自己的器官上又何尝不是如此？（因为）只有那些瞎了的人才更加珍惜光明，只有那些聋了的人才更能体会到声音的美妙。（而）那些成年后失明、失聪的人就更是如此。然而，那些耳聪目明的正常人却从来不好好地去利用他们这些天赋。他们视而不见，充耳不闻，无任何鉴赏之心。（真是太可惜了！）事情往往就是这样，一旦失去了的东西，人们才会留恋它，人得了病才想到健康的幸福。

我有过这样的想法：如果让每一个人在他成年后的某个阶段瞎上几天、聋上几天该有多好。（因为）黑暗将使他更加珍惜光明，寂静将教会他们真正领略喧哗的欢乐。

我多么渴望看看这世上的一切，如果说我凭我的触觉能得到如此大的乐趣，那么能让我亲眼目睹一下该有多好。（然而）奇怪的是，明眼人对这一切却如此淡漠！那点缀世界的五彩缤纷和千姿百态在他们看来是那么地平庸。也许人就是这样，有了的东西不知道欣赏，没有的东西又一味追求（这是多么矛盾和愚蠢呢）……

假如我是一位大学校长，我要设一门必修课程："如何使用眼睛。"教授应该让他的学生知道，看清他们面前一闪而过的东西会给他们的生活带来多大的乐趣，从而唤醒人们那麻木、呆滞的心灵。

（朋友）请你思考一下这个问题：假如你只有三天的光明，你将如何使用你的眼睛？想到三天以后，太阳再也不会从你眼前升起，你又将如何度过这宝贵的三日？你又会让你的眼睛停留在何处？

训练提示：本文是19世纪美国盲聋哑作家海伦·凯勒的一段自序，她设想如果有三天光明她会做什么，以此警示人们要珍惜生命，珍爱生活。播音创作时，要注意内在语的处理，包括发语性内在语、关联性内在语、警示性内在语、寓意性内在语和反语性内在语等。文中括号内为内在语示例，在练习时可以参考。内在语的处理可以结合个人创作体会有所不同。

第三节　对象感

一、理论概述

对象感是播音主持创作的内部技巧之一。对象感是指在播音主持过程中意识到对象的存在并与之进行交流、呼应。播音员主持人在创作时，如果面前没有实在的传播对象，就要做到"心中有人"。要让传播对象始终在脑海里浮现，不仅意识到对象的存在，还要意识到他们的"反应"，与之进行思想感情上的交流和呼应。有的创作活动，有嘉宾在场或嘉宾和受众同时在场，这时主播人播音员既要同现场的嘉宾、观众交流，又要同收音机或电视机前的广大受众交流，使交流具有多向性。但真正的受众仍是收音机或电视机前的广大受众。现场的嘉宾和受众的参与，是为了和主持人共同完成为收音机或电视机前受众服务的任务。无论在什么情况下，播音员主持人都要牢牢把握对象感。

对象感的重要性主要表现在：一是影响播讲愿望。从根本上说，播讲愿望是一种企图告知人、说服人、感染人、影响人的愿望。了解体会对象的需要，就会使播讲愿望更加强烈；反之，对象不明、需要不清，播讲愿望肯定不会强烈。二是影响思想感情的运动状态。对象感可以使创作者的思想感情更加强烈、充沛、具体，自始至终处于积极的运动状态。三是影响播音的亲切感。亲切感主要来自对象感。如果播音员主持人心中无对象，没有与对象的交流呼应，就会产生距离感。四是影响表达方式。同一内容对不同的对象播讲应该采用不同的表达方式。敬一丹在采访养猪专业户时，把记者写的书面化的语言转换成口语化的语言，并采用农民朋友更容易理解的表达方式，与农民朋友进行了深入有效的沟通。

二、实战演练

我们祖国的语言

小朋友，我现在说话，用的是什么语言？对了，是汉语，是汉民族的语言。汉语的历史很长，在三千多年前，咱们中国就有了汉字。汉语产生在汉字以前，汉语被广大人民使用了这么多年，真是经过了千锤百炼，使它成了更丰富、更优美的语言。

汉语从来就是世界上最重要的语言之一。新中国成立以后，我们国家在国际上的地位一天天提高了，汉语在世界上的地位也更高了。在国外，有很多人都在学习汉语。国际上开大会的时候，汉语是被规定为大会运用的五种语言当中的一种。

我们的汉语是十分丰富、十分优美的，就拿声音来说吧，苏联诗人吉洪诺夫说："只有用音乐才能传达汉语的声音。"意思是说，汉语的声音好像音乐那样好听，这话很对，比如拿 ba 的音来说吧，可以念成"八、拔、把、爸"四个音，声音高低不同，这叫四声，有了四声，读起来就好听了。像"今天的红领巾，明天的红旗手！"，多好的一句话，要是没有四声，念成"今——天——的——红——领——巾，明——天——的——红——旗——手！"（全念平声）小朋友，你们说，这样好听吗？（略停）对了，不光是不好听，还觉得挺别扭。

你们再听听这几个词："英雄好汉""钻研苦干""山河美丽""资源满地"，多好听啊！你们爱读诗歌吧！诗歌常常是押韵的，念起来又顺口又好记。比如《杨靖宇将军的故事》那篇课文里，提到当时游击队员爱唱的一支歌，那歌里有这样的词："……没有吃，没有穿，自有敌人送上前，没有枪，没有炮，敌人给我们造……"

小朋友，你们读过《送牛入社》这篇课文吗？那里面有一段关于大黄牛的描写，书里说："在董村西街里，只要一提起长波喂的那头大黄牛，人们都会跷起大拇指称赞说：'那真是百里不挑一的好牛！'这头牛个儿大，膘肥，一迈步，大腿裆里的厚肉膘子就哆哩哆嗦的，四条腿像木头柱子一样，淡黄色的毛油光光地发亮；一对黑眼睛滴溜溜圆，两只不很长的犄角，微微向里弯着，虎头虎脑的，实在招人爱。"这段话总共不过一百二十多个字，可是对这头大黄牛描写得多具体多生动啊！说到大家称赞大黄牛，就说"大家跷起大拇指称赞:‘是百里不挑一的好牛。’”在一百个当中只能挑出一个,那已经是了不起了,这头牛呢,连一百个里边也挑不出一个来,这么一说,就显得这牛确实好。再说得具体点儿,怎么好法呢?“个儿大、膘肥……四条腿像木头柱子一样。”小朋友,你们听,腿像柱子一样,那站在地上是稳稳的啰。这牛一定是又高又大又粗壮。在这段描写里又说,这牛长得“虎头虎脑的,实在招人爱”。可不是吗?牛长得像老虎那么壮,干活一定很棒,这怎么能不招人喜欢呐?

汉语里的词多极了,丰富得很。差别很小的意思,也可以用不同的词表示出来。你们好好推敲一下,挺有意思。比如用眼睛看,汉语里就能用不同的词来表示不同的看法。比如《二虎子》那篇课文写二虎子怎样在日本鬼子面前,用计策救出了区干部老王,里面写二虎子在日本鬼子面前,“瞪着一对黑溜溜的小眼睛”,“瞪”表现了二虎子对日本鬼子的恨。鬼子呢,他一边说话,一边用眼光“往男的一边溜,想看出谁是干部来”,“溜”是斜着眼睛看,写出了鬼子贼头贼脑的样子。后来一个小孩认走了他的爹妈,鬼子又“把他们打量了一番”,“打量”就是上上下下地看,就像要看出什么问题似的。“瞪眼睛”“用眼光溜”“打量”,都是看,可是看法不同,所以用的字眼儿也不一样。用在这三个地方,就很恰当地表示了不同的意思。

小朋友们,我们祖国的语言,是多么优美、丰富啊。小朋友,你们在写作文的时候,能生动、细致、恰当地运用祖国的语言表达任何意思吗?

小朋友,要想掌握和运用我们祖国优美、丰富的语言,就要学好语文,学懂、学透,一点儿也不能含糊。

训练提示:这篇稿件的交流对象是小学高年级学生。播音员主持人要设想播给他们听,语气语调上既要避免生硬说教,又要防止声音“幼童化”。引用课文中的片段是表达写作者遣词造句的优美、准确,不可沉浸于课文内容的情景再现。

第四节　停连

一、理论概述

停连是播音主持创作的外部技巧之一。停连就是停顿和连接。在语言表达中,那些为表情达意所需要的声音的中断和休止就是停顿;那些声音不中断、不休止,特别是文字稿件上有标点符号而在语流中却不需要中断、休止的地方就是连接。

停连的作用表现在:组织区分,使语意明晰;造成转折呼应,使逻辑严密;强调重点,使目的鲜明;并列分合,使内容完整;体现思考判断,使传情更加生动;令人回味想象,创造意境。

那么,怎样确定停连的位置呢?

首先,要准确理解语句含义。任何一句话都有它特定的意思,在语言表达中,由于停连位置选择不当而造成歧义往往是由播音员对稿件语句的理解问题造成的。例如：

正确：哥白尼认为/日月星辰围绕地球转动这种学说是错误的。

错误：哥白尼认为日月星辰围绕地球转动/这种学说是错误的。

其次，要正确分析语句结构。在准确理解语句意思的基础上，有时还可能出现因为停连不当而使意思表达不清楚的问题。例如：

正确：车身猛一摇晃，碰到了一根/连队战士用来晒衣服的方木杆子。

错误：车身猛一摇晃，碰到了一根连队战士/用来晒衣服的方木杆子。

再次，要恰当体会情景神态。有些语句按一般的语句关系来确定停连位置仅仅可以使语意清楚，不发生错误，而不能使语句中所蕴含的生动、丰富的情景神态得以充分表达。例如：

张大娘好像认不出他了，眯缝着眼睛边打量边试探着问："你/是王福吧？"（你后面停顿，表现迟疑）

最后，要合理处置标点符号。在语言表达中，我们要按照稿件的意思，合理处置标点符号。有标点符号的地方可能要连接，没有标点符号的地方也可能要特意停顿。例如：

福建省厦门市今天举行/民族英雄郑成功纪念像奠基典礼。

停顿的方式有两种：落停——停顿时间较长，停时声止气也用尽；扬停——停顿时间较短，停时声停气未尽，停之前的声音稍向上扬或是平拉开。

连接的表达方式也有两种：直连（——）这种方式一般用于有标点符号而内容又联系紧密的地方。特点是顺势连带，不露接点。例如：

听了他的话，我快走几步，紧紧地跟着他，但是不一会儿，我又落下了一大段。

曲连（⌒）：这种方式一般用于标点符号两边既需要连接又需要有所区别的地方。特点是连环相接，连而不断，游荡向前。例如：

北京⌒、天津⌒、上海⌒、武汉⌒、长沙等地也都下了雨。

二、实战演练

停连的类型一般有以下十个类型，下面按照十个类型分别演练。用下列符号表示停连的处理情况：▲挫号，停顿时间短。∧停顿号，停顿时间稍长。⩓间歇号，停顿时间更长。①

① 张颂. 播音创作基础：第三版[M]. 北京：中国传媒大学出版社，2011：96.

(一)区分性停连

(1)最贵的一张值八百美元。

(2)最贵的∧一张∧值∧八百∧美元。

(3)最贵的一张∧值八百美元。

(4)最贵的∧一张值八百美元。

(二)呼应性停连

现在,我向大家介绍∧唐代大诗人杜甫▲揭露统治阶级横征暴敛的诗篇。

他理论知识∧丰富、坚实、系统。

(三)并列性停连

一个夏天,太阳∧暖暖地照着,海∧在很远的地方奔腾怒吼,绿叶∧在树枝上飒飒地响。

(四)分合性停连

不能∧完成计划▲与不完成计划一个样。

我读过的鲁迅著作∧有▲《呐喊》《热风》……

(五)强调性停连

语言这东西,不是随便可以学好的,非下∧苦功不可。

森林爷爷的脚伸在很深很深的泥土里,任凭风魔王怎么摇,他还是▲稳稳地站着。

(六)判断性停连

我跑过去捡起手榴弹,哎呀,怎么这样沉?∧原来弹柄是铁的,那周围已经磨出了亮光。

(七)转换性停连

风筝花花绿绿、各式各样,有"鹞鹰",有"鹦鹉",有"仙鹤",有"蜈蚣"……⩕可没有"大蜻蜓"。

(八)生理性停连

这时候,他用力把我往上一顶,一下子把我甩在一边,大声说:"快离开我,咱们两个不能都牺牲!……要……要记住∧革命!"

(九)回味性停连

然后他待在那儿,头靠着墙壁,话也不说,只向我们做了一个手势:"散学了∧——你们∧走吧。"

(十)灵活性停连

《红楼梦》∧一百一十万字,《三国演义》七十二万字,∧《战争与和平》∧一百三十九万字,《约翰·克利斯朵夫》一百零九万字,都很长。

第五节 重音

一、理论概述

(一)定义

重音,是指那些最能体现语句目的,而在播音中需要着意强调的词或词组。它解决的是播音中语句内部各词或词组之间的主次关系的问题。

例句:

旧社会把人变成鬼,新社会把鬼变成人。

(二)重音的选择

那么如何选择重音呢?主要有三种类型:

1. 突出语句目的的中心词

突出语句目的的中心词是指那些在语句中占主导地位和最能解释语句本质意义的词或词组。

从昨夜23时起,黑龙江省西部地区发生了历史上罕见的春季暴风雪。

2. 体现逻辑关系的对应词

体现逻辑关系的对应词是指那些具有转折、呼应、对比、并列、递进等作用的词语。

我们要改变文艺界的作风,首先要改变干部作风,改变干部作风首先要改变领导干部作风,改变领导干部作风首先从我们几个人改变。

3. 点染感情色彩的关键词

点染感情色彩的关键词是指那些对显露丰富的感情色彩、描写情景和神态以及烘托气氛等有重要作用的形容性的词或词组。

他对这一切毫不在意,把它们当作蛛丝一样轻轻抹去,只是在万分必要的时候才予以答复。

(三)重音的强调

如何强调重音呢?一般重音是在语流中对比凸显的,所以常采用对比方法来表达。如强弱法:这是一种用声音的轻重、高低变化来强调重音的方法;快慢法:这是一种用声音的急缓、长短、顿连等变化来强调重音的方法;虚实法:这是一种通过声音的虚实变化来强调重音的方法。

二、实战演练

重音一般有以下十个类型，下面按照十个类型分别演练。

（一）并列性重音

山朗润起来了，水涨起来了，太阳的脸红起来了。

如果没有太阳，地球上将到处是黑暗，到处是寒冷，没有风、雪、雨、露，没有草、木、鸟、兽，自然也不会有人。

（二）对比性重音

骆驼很高，羊很矮。骆驼说："长得高多好啊！"羊说："不对，长得矮才好呢。"

（三）呼应性重音

1. 问答式呼应性重音

他还有一个美名，叫什么呢，叫"老顽童"。

2. 领起式呼应性重音

人生有三种面最难吃：人面、情面、场面。

（四）递进性重音

1. 联珠性重音

决心上阵不利则守城，守城不利则巷战，巷战不利则短兵相接，短兵相接不利则自尽以殉国。

2. 连续性重音

您坐过乌篷船吗？……窄窄的船身，低低的船篷，船篷是用竹片夹着箬壳编成的。篷上用烟囱灰和着桐油漆成黑色，绍兴人把黑色叫成乌，它就叫乌篷船。

（五）转折性重音

情有可原，理无可饶。

夕阳无限好，只是近黄昏。

（六）肯定性重音

不要开枪，大伯，是我。

最近几天，没有雷雨，天气以晴为主。

可要给我送礼，好事就变成了坏事。羊肉我不能收。

（七）强调性重音

老遛为了护林，硬是把烟瘾往肚里憋，一直憋了十年。

不该得的钱,一分钱也不要。

战斗进行了很久,敌人始终不能前进一步。

(八)比喻性重音

大运河穿过威尼斯,像反写的"S",这就是大街。另有小河道418条,这些就是小胡同。轮船像公共汽车,在大街上走。

(九)拟声性重音

风,呼呼地刮着;雨,哗哗地下着。黑暗笼罩着大地。

屋瓦上响起了哗哗哗的声音,击打在人的心上。

(十)反义性重音

你们把困难全都要走了,一点都不给我们剩,可真够"自私的"。

第六节　语气

一、理论概述

语气是在具体的思想感情支配下语句的具体声音形式。思想感情不同导致声音形式的变化多样,而恰当的声音形式将准确体现思想感情的运动状态,不恰当的声音形式将影响思想感情的具体体现。

如何正确把握语气呢?一是,具体的思想感情是语气的灵魂。要有适当的语气,必须要把握感情色彩的分量,另外,要把握语境、对象、时代背景,从上下文寻找联系。二是,声音形式是语气的躯体。这里又有一个新的概念——语势。语势是指一个句子在具体思想感情运动下声音的态势或者说有声语言的发展趋向。语势的种类有:波峰类、波谷类、上山类、下山类和半起类。

语气是体现表达者立场、态度、个性、情感、心境等起伏变化的语音形式,它是思想感情、词句篇章、语音形式的统一体。有了恰当的语气,才能生动、准确地反映表达者的本意。语气具有综合性,既包括声调、句调,还包括语势。语气的表达方法需要注意,要变声音先变状态,抓住语势变化的关键部位。

以下是感情色彩与声音形式的对应,建议大家结合例句进行表达。

例句:你可真是个好人啊!

感情色彩　　**声音形式**

由衷赞扬 —— 气徐声柔

憎恨厌恶 —— 气足声硬

冷漠敷衍 —— 气少声平

讥讽嘲弄 —— 气浮声跳

献媚讨好　——　气虚声假
害怕恐惧　——　气提声凝
愤怒斥责　——　气粗声重

二、实战演练

(1)春是活泼的,春是狂热的,春是恣意生长的,春是年青旺盛的。春天到处是人们辛勤的影子,人们用自己的双手播种着他们坚定的信念和永远不变的希望,播种着真挚的情和无私的爱。

(2)啊!黄河长江,奔腾万里,你们哺育了一个多么辉煌的民族!五千年的辉煌历史,饮誉四海的华夏文明,足以让人叹为观止。哦,祖国,涓涓流贯的河川是你飘逸的长发,绵亘悠长的山岳是你硬朗的脊梁。你有满山遍野的宝藏,你有秀丽多姿的山水,你有金碧辉煌的故宫,你有蜿蜒伸展的万里长城,纵有千古,横有八荒。你还有很多很多,在你辽阔的土地上,一代又一代的炎黄子孙用自己的双手创造了灿烂的东方文明。

(3)哼,我的眼泪早哭干了,我没有委屈,我有的是恨,是悔,是三十年一天一天我自己受的苦。你大概已经忘了你做的事了!三十年前,过年三十的晚上我生下你的第二个儿子才三天,你为了要赶紧娶那位有钱有门第的小姐,你们逼着我冒着大雪出去。要我离开你们周家的门。

(4)她是个下等人,不很守本分的。听说她跟那时周公馆的少爷有点不清白,生了两个儿子。生了第二个,才过三天,忽然周少爷不要她了。大孩子就放在周公馆,刚生的孩子她抱在怀里,在年三十夜里投河死的。

(5)那一刻,忽然就记起了娘打我的那两次,心中顿时恍然。就觉得曾被娘打过的地方,又开始疼起来,直疼到心里,我的眼泪落下来。以后的生活中,对娘的思念已成了一种习惯,常常于不觉中满眼泪水。我在每一条路上观望,朦胧的目光中再也寻不见那个蹒跚的背影。娘当初的泪水如今都汇集到我的眼中,而那背影已是远到隔世。我最亲的娘,她的眼泪与背影,竟成了我今生今世永远都化不开的心痛。

(6)每当我看到别的孩子撒娇地扑到妈妈的怀抱,妈妈用亲切的话语嗔怪时;每当我听到别家的妈妈搂着孩子哼着催眠曲或讲着神秘离奇的传说时,我羡慕得直掉眼泪。我多想有一个这样的妈妈呀!

(7)此刻他脸色煞白如死尸,比死尸更骇人。宽大的额头痛苦地紧抽,两条眉毛拧成一条灰白的直线,眼睛充血,目光狂乱,颤抖的唇边挂着白色的口水,浑身激动得抖个不停,就连处于压倒一切的羞辱之中,也竭尽自尊想镇定下来。

(8)

桂林山水歌

贺敬之

云中的神啊,雾中的仙,
神姿仙态桂林的山!

情一样深啊,梦一样美,
如情似梦漓江的水!

水几重啊，山几重？
水绕山环桂林城……
是山城啊，是水城？
都在青山绿水中……
啊！此山此水入胸怀，
此时此身何处来？
……黄河的浪涛塞外的风。
此来关山千万重。
马鞍上梦见沙盘上画：
“桂林山水甲天下”……
啊！是梦境啊，是仙境？
此时身在独秀峰！
心是醉啊，还是醒？
水迎山接入画屏！
画中画——漓江照我身千影，
歌中歌——山山应我响回声……
招手相问老人山，
云罩江山几万年？
——伏波山下还珠洞，
宝珠久等叩门声……
鸡笼山一唱屏风开，
绿水白帆红旗来！
大地的愁容春雨洗，
请看穿山明镜里——
啊！桂林的山来漓江的水——
祖国的笑容这样美！
桂林山水入胸襟，
此景此情战士的心——
是诗情啊，是爱情？
都在漓江春水中！
三花酒掺一份漓江水，
祖国啊，对你的爱情百年醉……
江山多娇人多情，
使我白发永不生！
对此江山人自豪，
使我青春永不老！
七星岩去赴神仙会，
招呼刘三姐啊打从天上回……
人间天上大路开，
要唱新歌随我来！
三姐的山歌十万八千箩，
战士呵，指点江山唱祖国……
红旗万梭织锦绣，
海北天南一望收！
塞外的风沙呵黄河的浪，
春光万里到故乡。
红旗下：少年英雄遍地生——
望不尽：千姿万态“独秀峰”！
——意满怀呵，情满胸，
恰似漓江春水浓！
呵！汗雨挥洒彩笔画：
桂林山水——满天下！……

第七节　节奏

一、理论概述

播音中的节奏是由全篇稿件生发出来的，播音员的思想感情的波澜起伏所造成的抑扬顿挫、轻重缓急的回环往复。

节奏主要有六种类型：

(1)轻快型。多扬少抑，声轻不着力，语流中顿挫少，且顿挫时间短，语速较快，轻巧明丽，有一定的跳跃感。全篇重点处的基本语气、基本转换都比较轻快。

(2)凝重型。多抑少扬，多重少轻，音强而着力，色彩多浓重，语势较平稳，顿挫较多，且时间长，语速偏慢。重点处的基本语气、基本转换都显得较沉重。

(3)低沉型。声音偏暗偏沉，语势多为落潮类，句尾落点多显沉重，语速较缓。重点处的基本语气、基本转换多偏于沉缓。

(4)高亢型。声多明亮高昂，语势多为起潮类，峰峰紧连，扬而更扬，势不可遏，语速偏快。重点处的基本语气、基本转换都带有昂扬积极的特点。

(5)舒缓型。声多轻松明朗，略高但不着力，语势有跌宕但多轻柔舒展、语速徐缓。重点处的基本语气、基本转换都显得舒展、徐缓。

(6)紧张型。声多扬少抑，多重少轻，语速快，气较促，顿挫短暂，语言密度大。重点处的基本语气、基本转换都较急促、紧张。

节奏如何运动呢？

(1)欲扬先抑，欲抑先扬。“扬”一般指声音的趋势向上发展；“抑”一般指声音的趋势向低发展。如果重点要“扬”，“扬”前要“抑”；如果重点要“抑”，“抑”前要“扬”。扬、抑二者本身是对比而言的，并没有什么绝对的标准。

(2)欲停先连，欲连先停。在播音中，连要连得顺畅，停要停得恰当。在连接时，要同时考虑停顿；在停顿中，要注意连接。停连的运用不能生搬硬套，要依文意、合文气、顺文势。

(3)欲轻先重，欲重先轻。轻重相间，虚实相间，也是形成节奏的重要方法。语流推进过程中，由于色彩和分量的需要，在加重声音之前，要先弱化声音；在弱化声音之前，要先强化声音。

(4)欲快先慢，欲慢先快。快慢是节奏的一个重要方面。“慢”是指字音稍长，停顿多而时间长；“快”是指字音短促，停顿少而时间短，连接较多。重点句需要慢时，前面句子则需适当加快；重点句需要快时，前面句子则需要适当减慢。

在实际运用中，四种方法交错、重叠使用。只有综合使用它们，才能使节奏更为灵活多样。四种方法的核心：加强对比，控纵有节。我们从四个方面作具体分析。首先，播音节奏是以思想感情运动为依据的声音运动形式。其次，播音节奏的外部形式表现为有声语言语流的抑扬顿挫、轻重缓急。再次，节奏的核心是具有一定特点的声音形式的回环往复。最后，播音节奏的基本要求要立足于全篇和整体。

二、实战演练

（一）分类练习

1. 轻快型

美丽的小兴安岭

春天，树木抽出新的枝条，长出嫩绿的叶子。山上的积雪融化了，雪水汇成小溪，淙淙地流着。溪里涨满了春水，小鹿在溪边散步，它们有的俯下身子喝水，有的侧着脑袋欣赏自己映在水里的影子。

夏天，树木长得葱葱茏茏，密密层层的枝叶把森林封得严严实实的，挡住了人们的视线，遮住了蓝蓝的天空。早晨，雾从山谷里升起来，整个森林浸在乳白色的浓雾里。太阳出来了，千万缕像利剑一样的金光，穿过树梢，照射在工人宿舍门前的草地上。草地上盛开着各种各样的野花，红的、白的、黄的、紫的，真像个美丽的大花坛。

秋天，白桦和栎树的叶子变黄了，松柏显得更苍翠了。秋风吹来，落叶在林间飞舞。这时候，森林向人们献出了酸甜可口的山葡萄，又香又脆的榛子，鲜嫩的蘑菇和木耳，还有人参等名贵药材。

冬天，雪花在空中飞舞。树上积满了白雪，地上的雪厚厚的，又松又软的，常常没过膝盖。西北风呼呼地刮过树梢，紫貂和黑熊不得不躲进各自的洞里。紫貂捕到一只野兔当美餐，黑熊只好用舌头舔着自己又肥又厚的脚掌。松鼠靠秋天收藏在树洞里的松子过日子，有时候还到枝头散散步，看看春天是不是快要来临。

2. 凝重型

三斤珍贵的水（节选）

后来，牛的主人寻来了，恼怒的主人扬起长鞭狠狠地抽打在瘦骨嶙峋的牛背上，牛被打得皮开肉绽、哀哀叫唤，但还是不肯让开。鲜血沁了出来，染红了鞭子，老牛的凄厉哞叫，和着沙漠中阴冷的酷风，显得分外悲壮。一旁的运水战士哭了，司机也哭了，最后，运水的战士说："就让我违反一次规定吧，我愿意接受一次处分。"他从水车上取出半盆水放在牛面前。

出人意料的是，老牛没有喝以死抗争得来的水，而是对着夕阳，仰天长哞，似乎在呼唤什么。不远的沙堆背后跑来一头小牛，受伤的老牛慈爱地看着小牛贪婪地喝完水，伸出舌头舔舔小牛的眼睛，小牛也舔舔老牛的眼睛。静默中，人们看到了母子眼中的泪水。没等主人吆喝，在一片寂静无语中，它们掉转头，慢慢往回走去。

3. 低沉型

包身工（节选）

在这千万被饲养者中间，没有光，没有热，没有温情，没有希望……没有法律，没有人道。这儿有的是20世纪的烂熟了的技术、机械、体制和对这种体制忠实服役的16世纪封建制度下的奴隶!

黑夜,静寂得像死一般的黑夜,但是,黎明的到来,是无法抗拒的。索洛警告美国人当心枕木下的尸首,我也想警告某一些人,当心呻吟着的那些锭子上的冤魂!

4. 高亢型

珠峰火炬队(把圣火送上最高的地方)

2008年5月8日上午9时17分,中国登山队19名队员成功登上峰之巅并进行了奥运火炬接力,首次实现了奥运圣火在世界之巅的传递。2008北京奥运圣火终于在海拔8,844.43的世界之巅珠穆朗玛峰点燃!来自奥林匹亚的圣火终于登上了世界最高峰!圣火耀珠峰的盛景终于呈现在世人面前!中国兑现了7年前的诺言,书写了奥运史上的一个奇迹!

那一刻,全世界的中国人都感到无比骄傲和自豪,而这五名英雄和他们所在的珠峰火炬队克服了重重困难,实现了所有中国人的梦想。

5. 舒缓型

桂林山水

人们都说:"桂林山水甲天下。"我们乘着木船荡漾在漓江上,来观赏桂林的山水。

我看见过波澜壮阔的大海,玩赏过水平如镜的西湖,却从没看见过漓江这样的水。漓江的水真静啊,静得让你感觉不到它在流动;漓江的水真清啊,清得可以看见江底的沙石;漓江的水真绿啊,绿得仿佛那是一块无瑕的翡翠。船桨激起的微波扩散出一道道水纹,才让你感觉到船在前进,岸在后移。

我攀登过峰峦雄伟的泰山,游览过红叶似火的香山,却从没看见过桂林这一带的山。桂林的山真奇啊,一座座拔地而起,各不相连,像老人,像巨象,像骆驼,奇峰罗列,形态万千;桂林的山真秀啊,像翠绿的屏障,像新生的竹笋,色彩明丽,倒映水中;桂林的山真险啊,危峰兀立,怪石嶙峋,好像一不小心就会栽倒下来。

这样的山围绕着这样的水,这样的水倒映着这样的山,再加上空中云雾迷蒙,山间绿树红花,江上竹筏小舟,让你感到像是走进了连绵不断的画卷,真是"舟行碧波上,人在画中游"。

6. 紧张型

跳水(节选)

孩子气极了,他的手放开了绳子和桅杆,张开胳膊,摇摇晃晃地走上横木去取帽子。这时候,甲板上的水手全都吓呆了。孩子只要一失足,直摔到甲板上就没有命了。即使他走到横木头上拿到了帽子,也难以回转身来。有个人吓得大叫了一声。孩子听到叫声往下一望,两条腿不由得发起抖来。

正在这个时候，船长从船舱里出来，手里拿着一支枪。他本来是想找海鸥的，看见儿子在桅杆顶端的横木上，就立刻瞄准儿子喊：“向海里跳！快！不跳我就开枪了！”孩子心惊胆战，站在横木上摇摇晃晃的，没听明白他爸爸的话。船长又喊：“向海里跳！不然我就开枪了！一！二！”刚喊出“三！”孩子往下一纵身，从横木上跳了下来。

（二）篇章分析练习

秋天的怀念

史铁生

原　文	分　析
①双腿瘫痪后，我的脾气变得暴躁无常。②望着望着窗外天上北归的雁阵，我会突然把面前的玻璃砸碎；听着听着李谷一甜美的歌声，我会猛地把手边的东西摔向四周的墙壁。③母亲这时就会悄悄地躲出去，在我看不见的地方偷偷地听着我的动静。④当一切恢复沉寂时，她又悄悄地进来，眼圈红红的，看着我。⑤“听说北海的花儿都开了，我推着你去走走。”⑥她总是这么说。⑦母亲喜欢花，可自从我的腿瘫痪以后，她侍弄的那些花都死了。⑧“不，我不去！”⑨我狠命地捶打这两条可恨的腿，喊着，“我活着有什么劲！”⑩母亲扑过来抓住我的手，忍住哭声说：“咱娘儿俩在一块儿，好好儿活，好好儿活……”	第①句确定了全文的基调和节奏，我的生活突生变故，前途一片灰暗。第②句语气色彩加重，突出情绪的消沉。第③句开始描写母亲的细心和隐忍的爱，与“我”的焦躁形成对比。第⑧句、第⑨句将“我”的情绪推向高潮。第⑩句与结尾有线索式呼应，要留有回味。
①可我却一直都不知道，她的病已经到了那步田地。②后来妹妹告诉我，母亲常常肝疼得整宿整宿翻来覆去地睡不了觉。	本段两句是情节转折的伏笔，情绪略舒缓，但依然低沉。
①那天我又独自坐在屋里，看着窗外的树叶“唰唰啦啦”地飘落。②母亲进来了，挡在窗前：“北海的菊花开了，我推着你去看看吧。”③她憔悴的脸上现出央求般的神色。“什么时候？”“你要是愿意，就明天？”她说。④我的回答已经让她喜出望外了。“好吧，就明天。”我说。⑤她高兴得一会坐下，一会站起：“那就赶紧准备准备。”⑥“哎呀，烦不烦？几步路，有什么好准备的！”⑦她也笑了，坐在我身边，絮絮叨叨地说着：“看完菊花，咱们就去‘仿膳’，你小时候最爱吃那儿的豌豆黄儿。还记得那回我带你去北海吗？你偏说那杨树花是毛毛虫，跑着，一脚踩扁一个……”⑧她忽然不说了。对于“跑”和“踩”一类的字眼，她比我还敏感。⑨她又悄悄地出去了。	第①句平缓，第②句开始的对话注意母亲与“我”不同的语气的细节处理。第⑦句在表达时注意母亲在一种欣慰的心情下沉浸在往事的美好回忆中又戛然而止的节奏。
①她出去了，就再也没回来。	哀痛的语气色彩。
①邻居们把她抬上车时，她还在大口大口地吐着鲜血。②我没想到她已经病成那样。③看着三轮车远去，也绝没有想到那竟是永远的诀别。	第①句的描述要注意是从“我”的视角出发，从第②句、第③句可以分析得出“我”的意料之外，“我”的懊悔不迭。
①邻居的小伙子背着我去看她的时候，她正艰难地呼吸着，像她那一生艰难的生活。②别人告诉我，她昏迷前的最后一句话是：“我那个有病的儿子和我那个还未成年的女儿……”	这是令人潸然泪下的一段文字，母亲在弥留之际，心中记挂着自己的一双儿女。语气暗沉，透出深深的不舍。
①又是秋天，妹妹推着我去北海看了菊花。②黄色的花淡雅，白色的花高洁，紫红色的花热烈而深沉，泼泼洒洒，秋风中正开得烂漫。③我懂得母亲没有说完的话。妹妹也懂。我俩在一块儿，要好好儿活……	呼应开篇，第②句借景抒情、睹物思人，作者的情绪已经从悲观消极的状态中调整出来，语气突出怀念之情而不悲痛。第③句结尾再加入坚强、坚定的色彩。

思考题：

1. 为什么我们在语言表达创作时要保持的是一种“我就在”的感觉，而不同于表演理论中的“我就是”的感觉？

2. 请结合理论和实践，谈谈思想感情运动的外部技巧——停连、重音、语气、节奏之间的内在关系。

3. 请结合理论和实践，谈谈如何理解播音表达技巧中提出的“语气中心论”。

第四章　播音员主持人即兴口语表达

第一节　概说

人类在传播信息的过程中不可缺少的工具之一便是语言。对播音员主持人来说，语言所起的作用是无可替代的。在广播这一大众传播媒介中，播音员主持人利用这一特殊的传播符号与受众建立了直接的交流关系。无论播音员主持人前期是否进行过现场采访、写稿、制作，但最终诉诸受众的总是播音员主持人的有声语言。语言的交流为播音员主持人与受众之间架起了理解和沟通的桥梁，并使文化得以传播，可以说，播音员主持人就是通过语言这个工具，让受众认识并了解自己，同时形成自我独特的风格。

广播电视即兴口语表达可以分为以下几类。

一、新闻评论类节目即兴口语表达

新闻评论类节目主要进行新闻发布、现场报道或事实评论，有很强的信息传播功能和舆论引导功能。新闻评论类节目的即兴口语表达呈现出简洁明快、准确严谨的特点，其书面语色彩稍浓于其他类型的节目，表达时爱憎分明、刚柔相济、严谨生动、亲切朴实。同时，语气郑重大方、新鲜感突出，感情饱满而质朴。

二、综艺娱乐类节目即兴口语表达

综艺娱乐类节目即兴口语表达的特点是热情真诚、幽默风趣，同时语调要亲切自然，不能矫揉造作，避免庸俗化的倾向。

三、社教服务类节目即兴口语表达

社教服务类节目即兴口语表达的特点是深入浅出、耐心细致，富有生活气息，播讲自然亲切、平易近人、轻松平和、娓娓道来。

四、交流谈话类节目即兴口语表达

交流谈话类节目围绕各种问题讨论的形式，传达在竞争日益激烈的现实中，人们对沟通、交流、理解的渴望和追求。主持人要为参与者营造一个开放、平等的交流空间，并善于在倾听中寻找谈话和询问的切入点。交流谈话类节目即兴口语表达的特点是坦率真诚、以情感人、轻松幽默、自然平易，随意而不拖沓。

总而言之，口语表达能力是一项综合能力，包括倾听、表达和应对能力。下面重点讲解播音员主持人即兴口语表达的基本能力：复述、描述和评述。

第二节　复述

一、复述的定义

复述是将读过、听过的语言材料重新叙述一遍的口语表达技能。

复述材料的基本要求是：

(1)忠实于原材料的内容或要点。

(2)完整准确地体现原材料的中心和重点。

(3)条理清楚，反映各部分内容的内在联系。

(4)口语化，尤其要将书面化的句式、词语转换为口语。

复述可以分为：详细复述、概要复述、扩展复述和变式复述四种。

二、详细复述

详细复述是严格遵照原来材料的内容、顺序、结构，用自己的话完整、准确、清楚地将原材料的内容叙述出来。做详细复述，要语脉清晰、细而不乱、通俗易懂。

(一)示例

请对下面这则新闻进行详细复述。

新华网沈阳6月17日电（记者王莹、黄芳）记者从沈阳召开的辽宁2007年全省普通高校毕业生就业工作会议上了解到，师范类毕业生就业困难已成为辽宁高校毕业生就业的主要难题之一。据调查，辽宁师范大学、沈阳师范大学、渤海大学（原锦州师范学院）、鞍山师范学院4所院校2006年毕业生总数为5,088人，截至目前签约率仅为11.9%。

辽宁省教育厅相关负责人表示，学校超编、县级财政投入不足、县级农村中小学大量使用代课教师以致高校毕业生进不去等，是造成师范类毕业生就业困难的主要原因。

首先,要正确解读原新闻。这则新闻的结构可以大致分为两部分:一是师范类毕业生就业困难已成为辽宁高校毕业生就业的主要难题之一,在第一部分引用了相关数据说明问题。二是分析师范毕业生就业困难的主要原因。

其次,语言形式要注意书面语向口语的转换。第一,词汇的转换。像"截至目前"之类比较书面的词语要转换为口语词汇。第二,长句转换成短句。这则新闻中有三个句子,第一句和第三句都很长,需要改短。第三,数字的转换。口语表达中一般不讲求数据的精确,会用约数代替确数,便于记忆。第四,标点符号的转换。有一些标点符号在视觉上可以理解,听觉上就容易引起误解,需要转换表达形式,补充说明。

这则新闻可以详细复述为:

6月17日,辽宁省2007年全省普通高校毕业生就业工作会议在沈阳召开。记者从会上了解到:师范类毕业生就业困难已成为辽宁高校毕业生就业的主要难题之一。据调查,辽宁师范大学、沈阳师范大学、鞍山师范学院和前身是锦州师范学院的渤海大学这4所院校2006年毕业生总共有近5 100人,到目前为止,签约率仅为12%左右。

辽宁省教育厅相关负责人表示:师范类毕业生就业困难主要有以下几方面原因:第一,学校超编;第二,县级财政投入不足;第三,县级农村中小学大量使用代课教师而高校毕业生却进不去等。

(二)练习

请以下面这则新闻为原材料进行详细复述。

据新华社电,全国老龄办副主任阎青春21日在接受记者采访时表示,我国城市老年人"空巢家庭"比例已达49.7%,接近一半。探索多种模式的养老服务,呵护"银发族"安享晚年迫在眉睫。

据阎青春介绍,随着农民外出务工人员数量的增加,我国农村老年人"空巢家庭"比例也达到38.3%,上升速度比城市更快。

阎青春认为,作为一种新兴的养老模式,实行异地互动养老可以将家庭养老与机构养老两种模式融合在一起,让老年人享受到更加专业的服务,填补"空巢家庭"老人感情上的缺失,提升老年人的生活质量和幸福感。

据介绍,"异地互动养老"是指老年人离开其所居住的城市,到外地养老院居住,享受特色养生、医疗保健、旅游观光等服务的一种养老方式。在这种"候鸟式"养老模式中,老年人每年可以在全国几个不同城市的"连锁养老机构"中享受养老服务,既能节省费用,又能实现走遍祖国大好河山的梦想。

三、概要复述

概要复述的要领是把握整体、紧扣中心、舍去枝叶、保留主干、缩减篇幅、反映原貌。即在总体把握原始材料的基础上,经过分析、综合,概括出中心、主干、要点,略去铺陈性的、解释性的、修饰性的次要成分，简明扼要地复述出原始材料的基本内容。

概要复述的训练要领是：

(1)仔细阅读。留意能提示自己记忆的重点语句，做到既有框架记忆，又有细节记忆。必要时先试述一遍。

(2)复述记叙性材料，讲清过程，围绕过程讲清人物、事件、时间、地点、原因、结果等。

复述议论性材料，要突出论点、论据、推论过程和结论。

复述说明性材料，要讲清事物的形状、方位、结构、性能、特征。

(3)防止取舍不当，偏离中心。

(4)口语力求规范、通俗、清晰、流畅。

(一)示列

概要复述下面这则新闻《美国女子登整版广告向男友求婚》。

现年33岁的纽约女子玛丽娜·迈尤里和41岁男友西恩·史密斯已经恋爱18个月，但西恩却一直没有向她求婚。深爱西恩的玛丽娜想起一个源自爱尔兰的古老传统，即陷入恋爱的女人可以在2月29日这天主动向心上人求婚。于是她决定在2月29日这天通过一个浪漫的方法主动向男友求婚。玛丽娜向纽约新闻记者求助，并于2月29日那天在《纽约每日新闻》上刊出了一个占据整版面积的“求婚”报道，报纸版面上硕大的标题写道：“嗨，西恩：你愿意娶我吗?”当男友西恩早晨看到报纸上女友的求婚时，他彻底惊呆了，又惊又喜地答应了女友的求婚。西恩称，女友主动向他求婚，让他感到自己是世界上“最幸运的男人”。

对其进行概要复述时，首先，理清原新闻的结构和内容。这则新闻讲的是美国女子登整版广告向男友求婚这一事件以及事件的起因和结果。其次，将原新闻书面语的表达改为口语化的表达。最后，按照原新闻的顺序，分别择要复述这三个部分。要注意复述中人称的一致，不要出现混乱。这则新闻概要复述如下：

纽约女子玛丽娜·迈尤里相恋一年半的男友一直没有向自己求婚，玛丽娜于2月29号在《纽约每日新闻》上刊出了一个占据整版面积的报道，向男友求婚。她的男友惊喜地答应了她的求婚。

(二)练习

1. 记叙性材料概要复述

男子用消字笔写借条借30万 字迹消失后赖账

明明是白纸黑字写好的借条，怎么仅仅时隔两天就变成一张白纸，而借出的30万元也被对方拒不承认。近日，江阴法院审结了这样一起诈骗案。被告人颜某通过在网上购买的消字笔写借条借款，待字迹消失后，他就开始耍赖不承认打借条这回事，并将借款挥霍一空。

祸端——借钱被拒起歪念 买来消字笔打算诈骗

2011年10月中旬,江阴市民颜某通过私人关系为朋友姚某经营的一家公司成功申请到500万元贷款,解了姚某燃眉之急。自此,他便认为自己有功于姚某,姚某应当回报,于是手头一缺钱便去找姚某借。然而,姚某并不信任他,多次拒绝了他的借款要求。为此颜某怀恨在心。

颜某交代,自己在网上偶然间发现了一种消字笔,具有自动消除字迹的功能,遂心生一计,打算用消字笔骗取姚某钱财。

行骗——等到借条变白纸 他就不承认借过30万了

2011年11月11日,颜某到姚某公司找到姚某,说能帮姚某向一位欠账人王某讨要欠款,但需要30万元人民币先用一下。姚某考虑到王某欠钱已久,确实难要,就同意让颜某去讨要,但要求颜某写下借款30万的借条,颜某一口答应。颜某掏出几日前从网上买来的消字笔,当场写下借条一份作为借款30万元的凭据。接着,姚某便汇了30万元到颜某账上。然而,仅过了2天,姚某忽然发现借条上的字迹凭空消失了。心知不妙的姚某立即向颜某讨要借款,狡猾的颜某心中得意,拒不承认,并将借来的30万元挥霍一空。姚某随后报了案。

惩罚——归案后供认不讳 退赔30万还被处罚5万

不久后,颜某被公安机关抓获。归案后,颜某如实供述了自己的罪行,在法院庭审中,公安机关也出具了颜某通过网站购买该消字笔的网上交易记录。颜某也将违法所得的30万元退赔给姚某。经法院审理,被告人颜某犯诈骗罪,判处有期徒刑三年,缓刑四年,并处罚金人民币五万元。

法官告诉记者,事实上,这种利用消字笔与人签订合同或者借款协议的诈骗,在南京、广州、镇江、徐州等地发生过。

案件延伸——

解惑:消字笔本是用于变魔术

法官在审理此案过程中发现,颜某使用的消字笔就是自动褪色笔,发源于日本,原本是魔术师在进行魔术表演之时使用的道具。法官呼吁工商、公安部门,对于自动褪色笔的生产和销售进行严格监管,防止相关产品轻易流入社会,被不法分子所利用。

警示:签合同按手印盖章更可靠

为了防止此类案件发生,办案法官支招,在签订合同或书写借款协议时,最好使用打印稿或者将手写签订后的合同或字据进行复印,并要求双方按上手印或盖章。此外,最好找第三方人士在场见证,也可进行录像或者拍照,将初始的合同固定下来,留下电子证据和人证,防止以后发生纠纷。

(2012年9月23日《扬子晚报》)

2. 说明性材料概要复述

对于军人来说,身上的迷彩服不光可以为他们挡风遮雨,甚至可以挽救他们的生命。

世界各国研制了各式各样的迷彩，有的适合丛林，有的适合草原，有的适合沙漠，但是在被钢筋水泥包围的都市丛林里，什么样的迷彩合适呢？

早期的迷彩都是采用比较大的色块，这样远距离的伪装效果好，但是近距离就容易暴露。现在日军和德军采用了一种"斑点迷彩"，由小的色块组成，这些小色块你中有我，我中有你，近距离可以模仿碎石、土块、小树叶，远距离这些混在一起的小色块就会被人眼认为是一组大色块，这样使得"斑点迷彩"远近距离的伪装效果都比较好。而美军近两年装备了一款"ACU（全地形）数码迷彩"，它把图案变成了细小的马赛克，这样近距离的伪装效果就更好了，可以满足美军近期反恐战争巷战、近战比较多的特点。

迷彩服图案并不是大的就好，也不是小的好，它要根据人的目标大小和需要伪装的距离决定，一般现在近战武器的有效射程在50至200米之间，迷彩服在这个距离里能达到效果就可以。而关于颜色设计，要选出背景中的优势颜色。观察城市中的柏油路、建筑物、墙体，多是深灰色和灰色，所以城市迷彩的底色应该以这种颜色为主。

3. 议论性材料进行概要复述

有钱就任性，网民从仇富到涮富

"有钱就任性"的说法近日走红互联网。唐山超豪华的婚礼、一位大学生优秀创业者宣称要拿出1亿发奖金、上海著名收藏家刘益谦花3.48亿买唐卡，这些取向上截然不同的一掷千金都被网民送出这样的评价。"有钱任性"似乎包罗万象，它让中国社会对"有钱"现象大幅摆动的态度又多了个管窥点。

有钱任性，这不太像是个"仇富"的表述。它有很强的调侃意味，赞成或反对的价值评价不是它唯一的内容。它的感情色彩是打了折的，加入了对社会财富鸿沟的客观认识。它不失为一段时间以来互联网流行的对富人现象最温和的表述。

贫富差距在对公平有着执着追求的中国社会永远都是敏感的。一方面缩小这个差距至关重要，一方面富人与社会沟通、互动的方式是否健康同样重要。中国贫富问题的失衡来源于这两个方面的情况都不理想，中国虽然不是贫富差距最大的国家，但这个问题的影响却相当突出。

人们通常的印象是，中国互联网舆论场的"仇富"像"仇官"一样不留余地，然而"有钱任性"的说法，有点像公众严厉表情中浮现出的一抹诙谐。它让人相信，中国草根对有钱人的态度远非都是敌视。

在上述几个"有钱任性"的例子中，当属唐山的那场奢侈婚礼遭恶评最多。因为当事人炫富的场景是婚礼，而那是每一个人都要经历的，最容易产生对比，当事人的张狂和"任性"带给普通人的不平衡感也最多。

对后两位要给员工发1亿奖金和花3个多亿买一张唐卡的"任性"，公众就明显"宽容"多了。舆论反应的差异显示，有钱人怎么花钱，并不像一些人想的那样"自由"。公众"仇"的未必是富，更多是"为富不仁"以及"不正确的炫富方式"。

正如中国官员仍有很多改善集体形象的机会和空间,中国富人的集体形象更是可以塑造的。其实今天有正面形象的中国富人已经比比皆是,他们是中国网络时代年轻人的偶像,他们的言行被追捧和效仿。

中国传统文化对精英阶层的道德要求历来很高,当富人群体逐渐与精英的范畴变得错综交织时,前者必然要承担越来越多的道德义务。有钱人的任性很难再是“没有边界”的,他们的任性需要能被公众接受,甚至欣赏。

(《环球时报》2014 年 11 月 29 日)

四、扩展复述

扩展复述是对原材料作适当扩充的叙述。在理解原材料的基础上,通过合理的联想和想象,丰富细节,扩展情节,续编结尾,增加修饰性、说明性的内容等。

记叙性材料的扩展复述要合理联想,补充细节,使内容更充实、完整、生动;议论性材料的扩展复述要增加论证层次,补充论据,做深入剖析;说明性材料的扩展复述要增加细节说明。

扩展复述的训练要领是:

(1)合理想象,但不背离原意及其基本框架。切不可违背原来的思想、内容、风格。

(2)根据中心内容确定重点扩展的部分。

(3)根据表达需要运用描述、渲染等手法,切不可任意发挥、胡编滥造。

(一)示例

请将下面的小诗进行扩展复述。

古池

〔日〕松尾芭蕉

古池畔　青蛙一轻跃　水叮咚

注意扩展复述时要充分尊重原文的意境。这首诗就是一幅画,不必另行假想故事。扩展如下:

一个夏日的正午,太阳炙烤着大地。没有一丝风,也没有一丁点声响。一个废弃的池塘里,水平如镜,没有半点涟漪,几茎荷花独自开着,池畔生长着齐膝深的杂草。杂草丛里,一只青蛙圆瞪着双眼,盯着水面。突然,青蛙似乎发现了食物,纵身一跃,跳过池边杂草,在空中画了一道优美的弧线,落入水中,叮咚一声,水花四溅,荷花荷叶便随着水波儿一齐摇晃起来。那溅在荷叶上的水珠,像粒粒在碧玉盘中打着转儿的玉珠儿,煞是可爱。

（二）练习

1. 古诗扩展训练

根据下列古诗提供的意境，展开想象的翅膀，合情合理地扩展成一段话。

蚕妇

〔宋〕张俞

昨日入城市，归来泪满巾。遍身罗绮者，不是养蚕人。

寻隐者不遇

〔唐〕贾岛

松下问童子，言师采药去。只在此山中，云深不知处。

池上

〔唐〕白居易

小娃撑小艇，偷采白莲回。不解藏踪迹，浮萍一道开。

2. 成语扩展训练

（1）狐假虎威

（2）完璧归赵

（3）洛阳纸贵

（4）滥竽充数

3. 句子扩展训练

（1）她的主持一次比一次好。

（提示：既然是一次比一次好，那显然是说她主持过很多次。说出她每次都有所进步的具体表现。）

（2）这场球赛真有意思。

（提示：从哪些地方可以看出来，可以说最令你难忘的细节。）

（3）我必须努力提高自己的英语水平。

（提示：既然是“必须”，则一定有其具体原因，是什么呢？想得越具体越好。）

五、变式复述

变式复述是将原有材料的人称、结构、体裁、语体等加以变换的复述，类似改写。例如把原材料的体裁从戏剧变换成故事，或者把文言文变换成白话文进行讲述。把原材料的人称从第三人称变换成第一人称，给人以亲切感；或者把第一人称变换成第三人称，使表述比较客观。从顺序上来说，议论性材料可以变换论证结构；说明性材料可以改变解说的角度;记叙性材料可以把顺叙改为倒叙,用悬念引起注意,或者安排插叙。插叙可以展开情节,刻画人物,或者插入必要的说明。

变式复述的训练要领是:

(1)用第一人称复述是“自叙”。原材料中有“我”未见未闻的内容应改为他人转述,其景物描绘也应该改为“我”之所见来叙述。

(2)变换顺序的复述,要注意衔接,用适当的词汇或语句表达前后的照应。复述议论文时要注意表达其中的内在逻辑关系。

(一)示例

做新闻也是在讲故事,要想做出好新闻,首先要把自己培养成一个讲故事的高手。讲故事的高手往往会制造各种各样的戏剧冲突,请看下面这个例子:

在美国密苏里州有位老兄抢起了商店,他抢了50美元拔腿就跑,一名店员冲上去,正好抓住了他的一条腿,这回可把店员吓着了,他不光扯下了强盗的裤子,还把他的腿给拽了下来。店员一愣神,那个抢钱的老兄竟然穿着裤衩一蹦一跳地逃上了汽车。店员这时才发现,自己拽下来的是条假腿。抢钱的这回算是赔大了,据说那个假肢挺昂贵,远不止50美元,还外加一条裤子。

这则新闻一开始并没有将强盗带着假肢这个细节告诉受众,而是说店员一使劲,把强盗的腿给拽了下来,这就让人觉得吃惊:再大的劲也不能把人家的腿给拽下来呀。后来再告诉受众,强盗的腿是条假腿。哪些情节先讲,哪些情节后讲,对一则新闻来说是非常重要的。

(二)练习

1. 成语变式复述

四人一组,每组从扩展复述的训练题中选择一个成语故事进行变角度、变语体复述。第一人用顺序的方式讲述;第二人用倒叙的方式重讲一遍;第三人用第三人称讲述;第四人再把第二人的讲述用倒叙的方式重讲一遍。

2. 寓言故事变式复述

要求:绘声绘色,情节生动,描述具体,角色言行与心理形象吻合,同时注意语言的口语化、对象感、交流感。

为狼举行洗礼

在一个村庄里,人们决定为狼举行洗礼,要它改恶从善,不再咬死绵羊。狼勉勉强强地同意了,还以他的名誉担保,承诺受洗礼之后,绝不再吃羊了。

神父被请来了,开始念祷文。突然,狼跳起身来,竖起耳朵,凝神细听。神父一愣,问它干什么。

狼回答说:“我听出来了,好像什么地方有绵羊在叫唤!”

3. 新闻变式复述

女子家人遇车祸，已滑行 5 公里的飞机返回接人（有改动）

昨天，萧山国际机场收到了一封特殊的挂号信。

白色的信纸、朴素的笔迹，这封手写的表扬信来自长沙，落款是“陈静”。

信里讲述了一份感激之情、一次不多见的返航、一个不多见的特例。

9 月 15 日，陈静正在杭州出差，突然接到家里打来的电话，称她家中的女儿和婆婆出了车祸，女儿当场就走了。接到家里面的电话后，心急如焚的她急于从杭州赶回长沙，马上安排人帮忙订好机票。原定起飞时间是 9 月 16 日 0 点 05 分，但她从杭州市区往机场赶时已是晚上 10 点，只有不到两个小时。她赶到机场时，错过了办理登机牌的时间。

赶不上飞机的焦急，加上失去亲人的痛苦，走投无路的陈静在候机室里失声痛哭，这引起了机场工作人员的注意。

开始，工作人员只是把陈静当作一位普通的误机旅客。

陈静要坐的航班是 CZ6490，杭州直飞长沙，当天晚上 23 点 25 分已停止办理登机牌，但工作人员发现一个名叫陈静的旅客还未登机。“这种情况平时也经常出现，一般情况下，我们会通过旅客购票时登记的联系方式去联系乘客，然后再通过机场广播寻找旅客。”

连续拨打了 8 次陈静的手机，都无法接通，机场广播也没消息。工作人员还分组到登机口、安检口等多处寻找，均无旅客身影。

23 点 45 分，CZ6490 航班关闭舱门，并开始滑向指定跑道，等待起飞命令。机场塔台指挥中心给 CZ6490 航班的起飞时间是 9 月 16 日 0 点 05 分。

“值班人员问了我的情况后，立即说替我想想办法。十几分钟后，他们告诉我，飞机返航，叫我准备登机。”

“下令”让飞机返航的李惠敏是南方航空杭州站站长。说起 9 月 15 日晚上的那一幕，李惠敏也感叹，这样的情况在南航杭州地区还是第一次。“主要是因为这位乘客的情况太特殊了。”

23 点 50 分左右，陈静终于出现在了登机口。此时，飞机已经在离登机口 5 公里之外的跑道上，即将起飞。“我当时也只能试一试，先是联系机组，让机组人员说服飞机上的乘客，然后立即向机场报告此事。”

众所周知，飞机返航不是闹着玩的，更不比班车可以多等几分钟。机上 133 名乘客需要说服，机场涉及地服调度、配载等 7 个部门，需要一一沟通……20 分钟后，CZ6490 航班返航。由于跑道上不能开行接送车辆，飞机再次滑回登机口，接上本已经迟到的陈静。

最终，飞机在 9 月 16 日 0 点 54 分从杭州起飞。

为迟到的旅客返航，在萧山国际机场的历史上也不多见。而这一次，不是为了某个明星，也不因特权，只是因为一位母亲家逢意外时想要“回家”的迫切之情。

“千言万语，就像信里写的一样，归结起来只有两个字：谢谢。”

机场表示，这是特例，很巧合

为迟到的乘客返航，不仅是南航杭州站第一次，在萧山国际机场的历史上也不多见。

采访中，相关负责人也坦言，CZ6490 航班返航成功也存在一些巧合因素，其中重要一点就是晚间萧山的航班数很少，没有对其他航班造成影响，安全性上有保证。“机场的跑道有限，如果把已经安排好的时间改变，很有可能会影响其他航班的升降，那就不是一个航班一个乘客的事情了，但好在 CZ6490 航班原定起飞时间是凌晨，没有其他航班在时间上与其冲突。”

而对于航空公司来说，虽然飞机还没有起飞，这样的返航成本还是不小的，最直接的就是燃油消耗。“以杭州飞长沙为例，单趟燃油耗费在 6 吨左右，但从登机口驶向跑道起飞就要耗费大量燃油，道理很简单，就像汽车发动的时候最费油一样，等到飞上天后匀速飞行了反而最省油。”南航杭州站的相关负责人介绍说。

另一方面，对航空公司来说比金钱更贵的就是晚点率。因为重新返航接上旅客陈静，CZ6490 航班比原定的时间晚了整整一个小时。

不过，机场方面也表示，虽然不可能为每一位晚点旅客返航，但只要有可能，机场就会尽最大努力，确保服务以人为本。

（《钱江晚报》2013 年 9 月 22 日）

第三节　描述

一、描述的定义

描述，是通过观察，将人、事、物、景等表达对象的特征及形态，用形象的语言描绘给人听的一种口语表达方式。[①] 描述是对人物、事物、景物、场面等进行细致的描绘和刻画，要抓住特点进行描述。

广播电视领域中，描述的运用令话语更加生动、更加活泼、更具有感染力。

二、描述的特征

描述的特征包括直观性、具体性、形象性。要做到直观、具体、形象，就必须善于观察、捕捉细节，用形象生动的语言描述出来。

某年元月，大连沙河口一栋居民楼发生了火灾，处理这样的新闻一般都是表现消防队员的舍己为人、奋不顾身。记者在看这则新闻的素材时，通过消防队长接受采访时说的话，了解到这场火灾有不少与众不同的地方。消防队长说，这些居民在面对大火时保

① 鲁景超. 广播电视即兴口语表达[M]. 北京：北京广播学院出版社，2000：110.

持理智和清醒是他们能获救的重要原因,他们中先觉察到着火的人第一反应是把熟睡中的亲人和邻居叫醒,然后向外面呼救,所有居民没有一个从楼道跑出来。消防员介绍,遇到火灾最危险的就是开门从楼道出逃,应该关紧房门,打开窗户,等人从外面救援。所以,记者在处理这则新闻的时候就以居民面对火灾时的勇敢作为主题。

记者还发现一些非常能表现主题的细节:第一个细节,在消防员救险的时候,现场除了高压水枪喷出的水声和碎玻璃声,几乎听不到楼里被困居民的哭叫声;第二个细节,被救的人非常礼让,他们按照老人、孩子、妇女优先的次序,一个个很有秩序地从梯子爬下来;第三个细节,被救者的装束,发生火灾的时间是夜里 3 点 10 分左右,当时人们都在睡觉,而第一个被救出来的是位七十多岁的老太太,可老太太知道夜里天气凉,被救下来的时候里三层外三层地穿着,这么危急的时候,老太太还沉着地穿上毛衣、毛裤。这么大岁数,从三楼被人用绳子吊下来,消防队的小伙子想,这老人家肯定得受到惊吓,想把她背走,没想到老人好像没怎么把这场火灾当回事儿,推开小伙子照样自己走。临危不惧的不仅是老太太,所有被救出的人都穿好了外衣。这些细节虽然画面上有,但一般观众很难注意到,记者就要用语言将这些细节强调出来。

这则新闻的结尾是这样处理的:在高昂的音乐中展现的是一个个获救居民坚定自信的脸,有白发苍苍的老人,有一脸稚气的孩子,一个个普通人在一场灾难中变成了一个个英雄。

细节的捕捉和运用,使这则新闻跳出了火灾事故报道的常规,给受众留下了深刻印象。

三、描述的要领

观察是描述的基础和起点。观察能力对播音员主持人都非常重要。它不仅可以帮助播音员主持人积累生活、发现生活,还可以帮助播音员主持人深刻认识生活和及时反映生活。播音员主持人要做热心人、有心人,养成观察的习惯,学会观察的方法,抱着强烈的社会责任感,以敏锐的眼睛观察社会、观察周围的人和事。

观察要具体。一要全面,要多方位、多角度地了解全貌;二要细腻,要细致入微地观察,才能用形象生动的语言作逼真的描绘。

观察要深入。要能够透过现象看本质。要善于透过人物的服饰、表情、动作等细节,发现人物的内心世界;要善于透过事件的个别现象,发现内在联系;要善于透过实物的表象,发现本质的特征;要善于透过画面的背景、色调,捕捉其深邃寓意等。

描述训练既可以描绘物,也可以描绘人;既可以作静态描绘,也可以作动态描绘。最常见的方式有看图说话和临场描绘两种。

看图说话要求先对一幅图画或多幅图画进行短暂观察,然后说出看到的和想到的内容。训练时应遵循由简到繁、由易到难的原则:先练习解说单幅画面上的直观内容,然后练习描述多幅画面中的人物和景物,多幅画面的关联或情节变化,再练习提示画面的含义和阐述自己的想法。观察画面的时间也应逐步缩短。

临场描述就是直接用口语描述眼前所见的事物。比如描述教室的布置,校园的景色,人物的肖像、神情、动作等。要求抓住特点,边看边说。

人物描述要运用白描的手法,抓住细节,把介绍的对象生动地表现出来。贵在朴实真诚,捕捉细节;再现自己感知过的人或事物时,应该注入丰富、真实的情感。

景物描述要善于透过画面的背景、色调,捕捉其深邃寓意等。

事件描述要善于透过事件的个别现象,发现内在联系

四、描述的训练

(一)观察力训练

猜猜他是谁?描述一位同学或老师,让其他同学猜。

(二)近义词描摹训练

近义词描摹训练是用不同的词或短语去描摹事物的同一状态的训练。选择同义的、近义的词语或短语来表现事物的细微差别。例如"说'冷'"。

说"冷"

北风打着刺耳的忽哨,冷气直钻衣领,彻骨地寒。玉屑似的雪末飘洒在脸上,冰冷冰冷的。屋檐上挂着一尺多长的冰锥,闪着寒光。我一脚踩在硬邦邦的冰凌子上,滑进了雪坑,像泡进了水池,浑身打着寒战……

(三)不说特定词语训练

试用"说 X 偏不说 X"的方式说一段话,例如:

(1)说热不说热

(2)说好不说好

(3)说苦不说苦

(四)命题描述训练

例如:

(1)描述令你印象深刻的一则广告

(2)描述你记忆深刻的一个感人场面

(3)描述校园的早晨

(4)描述你家乡的春天

(5)描述你最尊敬的老师

(6)描述你最喜爱的一幅画

第四节 评述

一、评述的定义

评述是一种评论和叙述相结合的表达方式。

评述不仅要述所见所闻,还要谈出所感。比如《水浒传》中武松在景阳冈下饭店,他自恃勇武,无视“三碗不过冈”的提示和店家善意的劝说,拍桌子骂人,催着上酒,扬言要“把你这鸟店子翻转来!”店家只得忍着侍候他喝了十五碗酒。有人对这一场景中商家和顾客的关系做了如下评述:

像武松这样的顾客比较少见,可态度这么好的店家也不多见。尽管不少商店饭馆挂着“高兴而来,满意而去”的招牌,可真要碰上武松这样的顾客,我真担心双方会打得头破血流。

这段评述借古讽今,引人深思。

(一)“评”是目的,“述”是手段

叙述在新闻评述中的作用:一是作为由头,挑起话题;二是作为论据;三是作为评论的对象。评述以新闻事实为基础。评是对新闻事实的分析。述是评的基础,评是述的目的,二者有机结合。

(二)“述”有选择,“评”有针对

述就是摆事实,评就是讲道理。评述的事实是评的依据,所以选择事实是有针对性的,并非随意取用。对事的叙述,要言简意赅,有时是用十几个字概括出几百字的新闻。评的目的是弄清客观事物的本质,阐明新闻事实所包含的带有普遍意义的新经验、新问题,不能就事论事。

(三)“评”中有“述”,“述”中有“评”

许多评述采取夹叙夹议、边叙边议的方式,评中有述,述中有评,有助于从理论和实践的结合上,从事物之间的共同规律的高度上提出问题和解决问题。评与述的结合,体现由个别到一般、由具体到抽象、由现象到本质的认识规律。

二、评述的种类

根据评和述的结合形式,评述可分为三类。

(一)先述后评

先述后评,即先用复述和描述将要评的内容表述出来,然后集中作全面的或突出某一点的评论。一般说来，先述后评这种形式“述”的比重大些，“评”的比重小些，观点相对集中而单一。结构上截然分为“述”和“评”两部分，尤其是由两个人来完成评述，更易看出二者的界线。先述后评是评述最简单、最基本的一种方式，常用于评述人物、事件、见闻、讲话等。

（二）边述边评

边述边评，即在复述或描述的进行过程中，随时予以评论，也就是作文中所谓的“夹叙夹议”。

进行边述边评，要求评述者熟悉“述”的内容，并有独特见解和深切感受，反应敏捷，出口成章，这才能在“述”的过程中随时、及时地予以点评，使“述”与“评”成为一个整体。这种方式在串讲课文、评点文章、评价人物事件时经常使用。

（三）先评后述

先评后述，即先立论，提出相关论点以后，再用复述和描述方式将要评的内容表述出来。复述和描述的内容作为论据而出现。这种评述方式在节目中用得较少。

三、评述的要求

评述是一种以“评”为主的表达方式，评述者心中要有一个原则：评述要有说服力。要使评述有说服力，具体要做到以下三点。

（一）事实准确，叙述清楚

述是评的基础，如果所述的内容失去真实性，评就会脱离实际。因此，评述的首要任务就是掌握真实的材料，确保事实的准确无误。而且要理清叙述的线索，确定叙述的顺序，抓住叙述的中心。

（二）观点鲜明，论据充实

做评述，关键在一个“评”，赞成什么，反对什么，爱什么，恨什么，都要通过“评”表达出来，没有价值上的判断也就不是评了。所以评述要观点明确、旗帜鲜明、立场坚定。切忌含糊其辞、模棱两可、左右摇摆、前后矛盾。有了正确的观点，还要找充分可靠的论据，让事实说服人比说空泛的大道理要有效得多。

（三）语言生动，逻辑严密

述的语言要准确、简练、生动、活泼，“评”的语言要条理清晰、层次分明、符合逻辑。

四、立论的要求

（一）实事求是

实事求是，即论点应该建立在事实的基础上，结论应该产生在调查研究之后。

在进行事实判断时，必须坚持从实际出发，提出社会生活中确实存在、亟待解决的问题，排除任何主观臆断。不可否认，在现实生活中确实存在着种种问题、矛盾，一些问题、矛盾还具有普遍性。这些普遍存在的社会问题影响着人们的社会认知，使人们在认识上形成某种成见，这些成见并不符合客观实际，但评论者却难免受其影响。

2011年一家长带新生儿到深圳儿童医院就医，医生诊断称需花数万元做手术，家长拒绝后将孩子转到另一家医院治疗，并声称花八毛钱就治好了病。这使得深圳市儿童医院和当事医生一时成为众矢之的，不少评论作出了"医院乱诊断乱收费"的论断。可不久后，孩子病情再度恶化，家长将孩子带到武汉的医院，诊断结果与深圳儿童医院完全一致，处置方法也基本相同。家长因此向此前受到舆论冲击的医院公开道歉。事实的真相与之前媒体作出的判断相去甚远。

围绕"八毛门"的大量评论之所以在事实判断上"失真"，与评论者先入为主地选择站在某一方立场上不无关系。在当下医疗卫生领域的公共服务水平和质量尚不那么令人满意的情况下，评论者带着"抨击医疗乱象"的预设，未付诸任何调查和专业评判，将"乱诊断乱收费"的主观臆测等同于客观事实。结果是，错误的判断使本已脆弱的医患关系进一步恶化。

"成见"对认识活动的影响是普遍存在的，评论者要充分认识并尽可能地避免"成见"在"事实判断"中的消极作用，力求对事实作出实事求是的判断，以免造成对舆论的误导和对当事人的伤害。

（二）由表及里，由浅入深

人们对于真理的认识，有一个由表及里、由浅入深、由现象到本质的过程，对客观事物内在规律的分析、理解、认识越深入，论点建立的基础越扎实，对论点的开掘也会越有深度。《庖丁解牛》给我们的启示是：通过反复实践，掌握事物的客观规律。

（三）见解独到

明代文学家冯梦龙的好友在为他的小品文集《古今谭概》所作的序中说："然则谈何容易？不有学也，不足谈；不有识也，不能谈；不有胆也，不敢谈；不有牢骚而积于中而无路发摅，亦不欲谈。"有人用"知识爆炸"来形容我们所处的这个时代知识更新的范围和速度，有学、有识，就要不断学习，接受新事物，了解新生活，既了解党和政府的大政方针，也了解老百姓的愿望和需求。除此之外，还要有胆、有情，敢于爱憎分明地坚持真理，敢于说真话。只有这几者全部具备，才有可能获得真知灼见，确立的论点才可能有新意、有独到之处。请看下面这段评论。

张艺谋的影片《一个都不能少》的女主角魏敏芝，原本是一位普通的非职业演员，电影的成功使她一夜成名。她的个人理想也随之改变，不情愿只做一位山村教师，希望成为一位电影演员。这种想法原属正常，无可厚非。而我们的各种媒体却大加挞伐，有位电视节目主持人在节目中把魏的愿望大大嘲讽一番，认为其好高骛远，不知天高地厚。殊不知这种贵族式的态度刺伤了屏幕前多少农村少女的心，粉碎了她们憧憬中的梦想。“电影明星宁有种乎”，难道只允许小燕子赵薇做明星梦？只允许城市的女孩做明星梦吗？

五、论证的方法

论证，就是用论据来证明论点的过程和方法，即从论据的真实性推出论点的真实性的推理形式的总和。

熟悉和掌握论证的方法并能够恰当地运用这些方法将论点和论据有机地联系在一起，是即兴评述实践必须完成的任务。

(一)演绎论证

演绎论证是引用众所周知的普遍原理或用公认的科学原理与道理推断出一个论点的论证方法，它是从一般到个别的论证方法。在《触龙说赵太后》的第四段中，触龙从诸侯之子孙没有三世而侯说起，分析其原因：“位尊而无功，奉厚而无劳，而挟重器多也。”接着，自然而然地从这里将话题一转，推导出：

今媪尊长安君之位，而封之以膏腴之地，多予之重器，而不及今令有功于国，一旦山陵崩，长安君何以自托于赵？老臣以媪为长安君计短也，故以为其爱不若燕后。

触龙在这里运用的就是演绎论证的方法，由一般(诸侯之子孙没有三世而侯的原因)到个别(推导出“为长安君计短”的过失)，循序渐进、循循善诱，具有说服力。

(二)归纳论证

归纳论证是通过一些个别的事例(论据)，归纳其共同的属性，综合它们的共同本质，得出一个带有普遍性的结论(论点)。

李斯的《谏逐客书》为说明逐客到底错在哪里，李斯按时间的先后，历数了秦穆公、秦孝公、秦惠文王、秦昭襄王四位秦国君主任用客卿的事例，摆事实，无非是为了讲道理，目的是要一步步归纳出如下结论：

此四君者，皆以客之功。
由此观之，客保负于秦哉？
向使四君却客而不内，疏土而不用，
是使国无富利之实，而秦无疆大之名也。

在这里李斯运用的就是归纳论证的方法。归纳论证以事实为论证的基础，因此事实要真实，具有典型性；归纳要准确，具有概括性。

（三）比喻论证

比喻论证是两事物有一类似之点，即可用一事物比喻另一事物，从而论证一个比较抽象的事理。

孟子的《鱼，我所欲也》其论题在于“舍生取义”。孟子主张“性善说”，“义”是“性善说”的主要内容之一，所以孟子把“义”看得比“生”还重要。而“生”与“义”是抽象的概念，为了便于理解，孟子用“鱼”喻“生”（因为鱼是美味，人人得而食之），用“熊掌”喻“义”（因为熊掌也是美味，其美味远甚于鱼，且不易得）。孟子用比喻论证的方法，形象地说明了“生”与“义”的价值的高下，使人对他所提出的“舍生取义”的主线有了更深刻的理解。

中央电视台曾播出《医生们的困惑》的报道，主持人水均益就是运用比喻论证，将极其复杂的波黑局势概括论述得既准确透彻，又形象可感。他说：

波黑冲突像一个久治不愈的病人，后来来了好多医生给病人会诊。但是，病未见好转，人们却对医生们的处方和动机产生了怀疑，医生之间也产生了分歧和争论。

用“医生和病人”的比喻做基础展开论证，简洁明了、通俗易懂。这种论证方式将逻辑思维与形象思维融为一体，充满趣味，寓理于具体、可感的形象之中，便于人们理解、接受。

（四）类比论证

类比论证是将两种具有某些相同或相似属性的事物进行比较，用一事物的属性来论证另一事物也应具有的属性，从而确立论题的真实性。例如《晏子使楚》中写了一段楚国君臣预谋诬陷齐人为盗的故事：

晏子至，楚王赐晏子酒，酒酣，吏二缚一人诣王。王曰：“缚者曷为者也？”对曰：“齐人也，坐盗。”王视晏子曰：“齐人固善盗乎？”晏子避席对曰：“婴闻之，橘生淮南则为橘，生于淮北则为枳，叶徒相似，其实味不同。所以然者何？水土异也。今民生长于齐不盗，入楚则盗，得无楚之水土使民善盗耶？”王笑曰：“圣人非所与熙也，寡人反取病焉。”

面对楚王咄咄逼人的进攻，晏子没有正面反驳，而是运用类比论证的方法，将橘树生长在淮河以南是橘树，生长在淮河以北就成枳树，原因是水土不同这一自然现象，联系到人在不同环境的不同表现，这一机智的类比，使晏子变被动为主动，反置楚王于尴尬的境地。

类比论证不强加于人，是在类比中自然而然地推导出结论，常能体现出一种寓刚于柔的说服力。

类比论证中经常会用到数据，怎样让数字不枯燥，变得神奇？最有效的办法就是将一个很大的数字分解了，再拿它和咱们生活中常用的数字作类比，这就会让人觉得亲切而形象。例如：上海磁悬浮列车开通时，老百姓最关心的就是票价，150 元钱的票价高不高呢？一算账就知道了：

30公里的路程一来一回就是60公里，往返票是150元一张，这么一算，每公里合两元多，比打车稍微贵一点儿。

有篇文章叫《男人的标准身高》，如果进行下面的类比，得出的效果特别有意思：

男人的标准身高应该是这样计算的：当他拥抱女人时，女人的下巴可以微搁在他的肩膀上，这样他的身高就很标准；当女人投入他的怀抱时，一张脸刚好贴在他的胸前，听到他的呼吸声；当他蹲下来的时候，刚好可以让女人踏在他的肩膀上越过横在前面的一堵墙；当有了孩子之后，男人要变得和孩子一样高，让孩子能轻松地骑在他的背上，把他当成一匹听话的马。忘记所有的数字吧！男人可大可小、能高能矮、能屈能伸。

（五）因果论证

因果论证，通过论证事物发展的因果关系，来揭示事物发展的必然规律。

王充的《订鬼》，其论题在于："凡天地之间，有鬼，非人死精神为之也，皆人思念存想之所致也。"也就是说，世上本没有鬼，所谓"鬼"，不过是产生于人的畏惧心理，而不是人死后精神变鬼。为了讲清道理，王充运用因果推理，来论证"鬼"的由来：

致之何由？由于疾病。人病则忧惧，忧惧见鬼出。凡人不病则不畏惧。故得病寝衽，畏惧鬼至。畏惧则存想，存想则目虚见。

因为"病"所以"畏惧"，因为"畏惧"所以"存想"，因为在病中胡思乱想，才会出现幻视，这就是见"鬼"的原因。通过这环环紧扣的推理过程，"鬼"的虚假性就被揭穿了。

（六）反驳论证

反驳论证，用自己的论证推翻他人的论证，包括直接反驳和间接反驳。直接反驳，短兵相接，一针见血。例如李斯的《谏逐客书》精心挑选了一系列最能说明"客何负于秦战"这一道理的典型材料，针锋相对地反驳秦国宗室大臣就"郑国事件"借题发挥来攻击客卿的言论，从而维护了自己的主张。间接反驳包括归谬法与反证法。毛泽东在《反对党八股》一文中说：

我们有些同志欢喜写长文章，但是没有什么内容，真是"懒婆娘的裹脚，又长又臭"。为什么一定要写得那么长，又那么空空洞洞的呢？只有一种解释，就是下决心不让群众看。因为长而且空，群众见了就摇头，那里还肯看下去呢？

在这里，毛泽东运用的就是归谬法。即，先假设被反驳的对象是真实的，然后再将被反驳的对象（一种论点或是一种做法）进行合乎逻辑的引申，引出其结论或结果的荒谬，其错误的结论或结果也就不攻自破了。

反证法是通过证明与被反驳对象相矛盾或相对立之处，证明与被反驳对象对立的论点的正确性，根据排中律的原则，也就指出了被反驳对象论点的荒谬和错误。

《史记·滑稽列传》中有这样一个故事,说楚庄王非常钟爱的一匹马死后,楚庄王居然让群臣为马服丧,听到对此不满的议论,他竟然下令:“谁再阻止,判死罪!”宫中有个戏子跑到楚庄王面前大哭,楚庄王问他为什么哭,他答道:“这匹马是大王最心爱的。以楚国之大,什么东西弄不到,现在以大夫礼埋葬这匹马,太寒酸了!我要求用君王礼来埋葬。”楚庄王问他怎么个埋葬法,戏子又回答:“我请求雕玉作棺,刻梓为椁,……齐、赵王走在送殡队伍之前,韩、魏王担任后卫。……这样,各诸侯知道了,就晓得大王贱人而贵马的事了。”

这个戏子运用的就是反证法。有人这样分析“戏子”论证的高明之处,要证明“不该用重礼葬马”,又不能直接触犯“龙颜”,戏子机智地先提出了一个反论题:“该用重礼葬马。”提出这一反论题的目的是引出下面的判断:各诸侯会晓得大王贱人而贵马。而引出这一对楚王非常危险的判断,目的在于用间接论证,证明“不该用重礼葬马”的正确性,也就反驳了“该用重礼葬马”的荒谬性。

我们当然不可能要求即兴口语表达成为名垂青史的经典之作,但作为语言工作者,应该树立精品意识,应该有“语不惊人死不休”的追求。前人为我们留下了极其丰富的文学创作的宝藏,在这一节中大量以这些名篇佳作为例,无非是为了更好地学习和借鉴。在掌握论证方法的练习阶段,对于这些名篇佳作,不仅要求熟读,还要求能够背诵,如果学会熟练地运用以上论证方法,无疑会使即兴评述条理更清晰,论证的逻辑性更强。

六、评述的训练

(一)新闻评述

新闻评述可以从不同角度切入,注意观点的正确性,语言表达的准确性。首先要保证对新闻的理解是正确的、到位的。对新闻的复述要实事求是,新闻中没有的事实不可妄加推测或想当然。请针对下面这些新闻确定中心,进行评述。

(1)家住北京市昌平区的史某因觉得院子里广场舞噪音过大,同邻居发生争执,竟拿出家中的双筒猎枪朝天鸣枪,并将三只藏獒放出来冲进人群。最近,史某因涉嫌非法持有枪支罪已被批准逮捕。

(2)来自中大医院整形美容外科中心的消息说,该中心这两天接到了大量高考学生打来的求美咨询电话,一个上午的专家门诊中,高考学生猛增至20多人。更让人惊叹的是,每一个学生旁边几乎都有家长陪同,家长支持率几乎达100%。记者在中大医院整形美容外科中心看到,一位刚刚做完双眼皮的女生正在向医生咨询回去后的注意事项,她兴奋地对记者说:“我爸妈答应等高考一结束,就奖励我来做双眼皮,今天终于实现了。”

(3)教育部门调查显示,如今中小学生作文不写真话,学生们文字功底普遍不错,遣词造句颇具章法,各种修辞手段也大都运用得体,段落灵气十足。但却很少在文章中坦露心声,很难透过文章看到一个个活生生的人。总而言之,作文的普遍问题是:假。写的是假事,抒的是假情,发的是假议论。

(二)漫画评述

对漫画的观察要细致,立论紧扣漫画的主题。没有文字材料,用生动、准确的语言把漫画内容描述出来。请仔细观察以下漫画,确定中心,进行评述。

1. 局部小雨

2. 秘诀

3. 最高明的处世术不是妥协而是适应

（三）命题评述

认真审题，快速理顺评述思路，论点正确，论据充分，论证有力。

(1)谈谈知识与能力

(2)创新与继承

(3)媒体对文化的影响

(4)谈自由与规范

(5)谈谈家庭责任与社会责任

（四）话题评述

组织学生进行辩论，在辩论中练习语言的严密、观点的客观、论证的生动形象。

(1)肥要怎么减？

瘦身是现代人的热门话题，所有的摩登男女不管胖瘦对于这项“运动”都乐此不疲。人们为了自己能瘦点儿，再瘦点儿，可谓使出浑身解数，用上各种方法。面对减肥这个话题，你怎么看？

(2)爷爷奶奶们，你们赶个什么早儿？

上班族大多抱怨，大量老年人在上班高峰期乘车出行，使交通挤上加挤，延长了上班族花在路上的时间。针对老年人高峰时段乘坐公交车的问题，化龙巷网站进行了一项调查。截至发稿时的调查结果显示，有63.45%的人认为“老年人乘坐公交车应该避开上班高峰期”；有16%的人认为“老人也有自由坐车的权利，凭什么要被劝退？”；另有21.38%的人选择了“更要从公交建设上找原因”。尽管这项调查所代表民意的广泛性受到质疑，老人高峰挤公交车的话题还是被推上了舆论的风口浪尖。面对这个话题，你怎么看?

思考题：

1. 做复述练习时，将书面语向口语转换需要注意哪些问题?
2. 结合训练实际谈谈怎样抓住特征进行细节描述?
3. 评述中“述”的作用是什么？怎样处理好“评”和“述”的关系?

第五章　播音员主持人的语用策略

播音员主持人除了要掌握正确的普通话语音知识、发声方法、内外部技巧和具备即兴表达的能力之外,还要学会一些基本的语用策略。如果能够熟练掌握并且灵活运用这些语用策略,你在广播电视节目中的语言表达将更加得体、切境、适听。

第一节　播音员主持人话语角色认知

一、社会角色和话语角色

在日常生活或者学习工作中,人们总是以特定的社会角色参与交际活动。在这个过程中,交际者需要在各种社会角色的基础上建立一种话语角色来协调交际活动。播音员主持人是通过言语来主持广播电视节目的,所以理解社会角色和话语角色两个概念十分重要。这就是业内常说的,播音员主持人在主持节目之前一定要弄明白“我是谁”。

“角色”也称“社会角色”,是社会心理学中的一个重要概念。角色原指演员在戏剧舞台上按照剧本的规定所扮演的某一特定人物。社会心理学家发现,现实社会和戏剧舞台之间有内在的联系,社会中的人与舞台上的演员之间有着惊人的相似。因此,社会心理学家将角色概念从戏剧学中借用过来并改称为社会角色,指那些占据不同地位、承担相应义务并运用角色扮演能力去适应不同类型期望的个体。也就是说,一个人的社会角色取决于他在社会关系中的地位,每个角色都代表着一系列有关行为的社会标准,这些社会标准决定了个体在社会中应有的权利与义务。例如,播音员主持人在工作岗位上获得了播音员主持人的角色和地位,那么在受众面前就应该以传播者的职业规范要求自己,在公众场合以公众人物的行为规范约束自己。

社会是个大舞台,每个人在这个舞台上形成不同的社会关系,从而获得多种社会角色。以一位主持人为例,面对观众和听众,他是主持人;面对台长,他是下属;面对同一个频道的其他主持人,他是同事;一旦回到家中,他又成为自己父母的儿子、儿子的父亲、妻子的丈夫,等等。只要生活的舞台不同,他扮演的角色就可能不一样。社会心理学家林顿认为,个体作为社会中的一个成员,需要扮演多种多样的社会角色,但是在每一时刻,他只能扮演一种角色,这种社会角色称为活跃性角色,他所扮演的其他角色在此刻便成为潜隐性角色。例如,主持人在节目制作和播出的过程中,主持人这一角色就是活跃性角色。

话语角色指说话人在进行言语交际活动时所扮演的活跃性社会角色,它也是由说话人和受众之间的社会关系决定的。说话人对话语角色的认知在人际传播或大众传播活动中非常重要,它是言语交际活动的起点和基础。话语角色认知包括对话语角色内涵的认知、说话人对受众的认知以及对双方角色关系的认知。播音员主持人要清楚自身话语角色特点,同时还要潜心研究栏目和节目受众,准确把握传受关系,用它们来指导自己的言语行为。

二、播音员主持人话语角色内涵

播音员主持人的话语角色就是他们在主持节目时的活跃性角色,是他们的社会角色在言语交际活动中的具体化。播音员主持人是一种职业角色,是人们在后天获得的一种稳定的社会角色。播音员主持人话语角色内涵比较丰富,我们着重从两个角度来阐述:一是从职业属性来看,播音员主持人是大众传播者;二是从岗位职责来看,播音员主持人是节目的主导者。前者宏观,比较概括;后者微观,相对具体。

(一)播音员主持人是大众传播者

大众传播通常是指职业传播者和传播机构通过大众传播媒介(如报纸、广播、电视、互联网)向大众提供信息、知识、观念、娱乐等的过程。职业传播者指记者、编辑、摄像、录音、播音员主持人等媒体从业人员,他们是大众传播活动的发起者和传播内容的制作者;传播机构指报社、广播台、电视台和网站等媒体机构,他们是大众传播活动的组织者和经营者。职业传播者和传播机构都是大众传播的主体。

作为职业传播者中的一员,播音员主持人在节目中是直面受众的信息传播者,处于大众传播链条的最末端,位置非常重要,常常被比喻为接力赛的“最后一棒”,可以说,他们在节目中的表现影响,甚至决定着节目质量和传播效果。

当播音员主持人面对受众时,已经不只是节目创作团队中的一员,还是节目的代言人。在节目中传播的话语,不管是来自记者编辑,还是由自己撰写,都要代表栏目宗旨、集体观念。因此,在认知话语角色中,播音员主持人要处理好“大我”和“小我”的关系,做到“大我”和“小我”的融合和统一,在行使媒介机构赋予的话语权的同时,承担好大众传播者的社会责任,实现媒介机构的传播功能。

媒体的传播功能是多方面的,包括政治功能、经济功能、教育功能、文化功能、告知功能、引导功能和监督功能,等等。相应地,播音员主持人就是喉舌,是社会守望者,是新闻报道者,是文化传播者,是历史记录者,是教育服务者,是娱乐提供者,等等。由于媒体的传播功能不是彼此割裂、毫无关联的,而是相互联系、相互渗透、彼此作用的,所以播音员主持人的众多角色也是交织在一起的,只是在不同节目中有主次显隐的差别。比如说,政治功能在新闻节目中比较明显，在娱乐节目和生活服务节目中比较隐蔽，则前者中的播音员主持人以喉舌角色为主，后者中的播音员主持人以娱乐提供者和服务者为主。不过，广播电视作为“党、政府和人民的喉舌”的性质并不因节目形态而改变，媒体应该成为党、政府联系人民群众的纽带。播音员主持人要传达党和政府的声音，引导人民正确认识国家的政策方针和发展方向，反映人民群众的普遍愿望和正义呼声，维护党和人民群众的根本利益。

下面是主持人侯丰在中央电视台《焦点访谈》一期节目《国家安全 筑牢底线》中的开场语和结束语。

开场语：网络遭到黑客攻击，网站瘫痪了，网页被篡改了，或者说是网络账号被盗，钱被偷了，这些事我们听说过甚至遇到过，它们都属于违法行为，情节严重的还可能会被追究刑事责任。我们今天要说的这件事，也是涉及网络安全的案件，它与我们熟悉的有线电视机顶盒相关，案件的性质关系国家安全。

结束语：网络安全关系国家安全，也关系我们每个人。在今年 7 月 1 号开始实施的《国家安全法》中，明确维护国家安全的任务之一就是“防范、制止和依法惩治网络攻击、网络入侵、网络窃密、散布违法有害信息等网络违法犯罪行为”。危害国家安全，违法必被究。国家安全，也需要人人维护，才能创造一个稳定的生活和发展环境。

主持人侯丰在节目中没有空洞的说辞，而是以案说法来宣传《国家安全法》，引导受众遵守法规，维护网络和国家安全，这涉及国家利益，也涉及人民利益和个人利益，在简短的话语中实现了媒体的告知、教育、引导和政治等多项传播功能。

（二）播音员主持人是节目主导者

随着节目形态的发展，播音员主持人在节目中的作用越来越大，对其素质的要求也越来越高。他们既要深度介入节目内容的生产，还要掌控节目的播出过程，甚至要负责节目的剪辑和包装。播音员主持人与节目的关系越来越紧密，不仅是节目的品牌形象，是节目的代言人，更是节目的主导者。要扮演好节目主导者的话语角色，播音员主持人就要承担好节目的衔接职能、叙事职能、评论职能、沟通职能和掌控职能。

（1）衔接职能。这是播音员主持人最基本的职能，即根据节目形态及节目内容的实际需要，将各类资讯、节目环节或节目版块串联衔接起来。如新闻主播串联各类资讯，综艺娱乐主持人串联不同环节，等等。

（2）沟通职能。沟通是节目“人际性”传播的重要特色，是播音员主持人更好地达到传播目的的重要途径和方式。沟通的主要形式有主持人与嘉宾的交流，通过短信、QQ、微信、热线电话与受众交流，与现场观众互动，与外景记者连线，以及主持人之间的互动。互动的内容包括观点沟通、情感沟通和心理沟通。主持人应善于与嘉宾、受众及同事进行沟通，既要能答，也要善问，以积极的互动、真诚的交流，实现信息共通。

中央电视台在 2015 年 9 月 3 日“抗战胜利日”当天，策划了一档特别节目《胜利日》，由康辉担任主持人，下面是康辉话语节选。

观众朋友，大家早上好！这里是中国中央电视台正在直播的特别节目《胜利日》。今天是2015年的9月3日，在这个初秋的早晨，我们和您，和天安门广场上的那些可能是几代同堂的北京市民，和长安街上那些铁甲铮铮列队待命的战士，还有那些胸佩勋章的老兵们一起迎来了我们的胜利日……

此时此刻身在广场的人又有怎样特殊的感受和心情呢？现在我来连线我的一位同事刚强，他此时此刻正在天安门城楼上。刚强，你好！给我们介绍一下今天的天安门城楼有什么特别的地方？另外，从你这个角度看整个天安门广场是个什么样的场景？

中央电视台我们所有的同事都已经准备好了，在今天要给大家呈现阅兵大会和纪念仪式的每一个细节，今天我们特别节目当中除了要给大家展示这样一个过程之外，我们也特别希望在今天这个胜利日和大家共同来探讨、来思考一下，今天纪念这个胜利对我们来说到底意味着什么？所以在今天演播室里，我邀请到了本台特约评论员周庆安和大家一起来关注今天的纪念大会，还有稍后的阅兵仪式。庆安好，从你的角度来看，对于稍后的纪念活动，你会最关注哪个部分？会关注哪些细节？

康辉第一段采用开门见山的方式开场，告知观众本次节目的内容，激发观众的收视兴趣。第二段和第三段的段首都有承上启下的句子，将前后环节串联起来。主持人运用这些话语来实现他在节目中的衔接职能。

第二段康辉和现场记者刚强连线，第三段康辉采访演播室嘉宾周庆安，这两个环节都体现了主持人的沟通职能。

(3)叙事职能。叙述是媒体传递信息的最主要方式，因此，不管在何种节目类型中，播音员主持人都需要具备足够的叙事能力。在新闻类节目中，叙事占有较高的比例和较大的篇幅，对主持人的叙事能力要求更高。

(4)评论职能。在众多节目类型中，新闻评论类节目主持人最应当具备评论能力，当然在其他类型的节目里，评论能力也同样重要，如在访谈节目中，主持人与嘉宾、受众之间的问答应和，都少不了对事情的分析、判断，以及理念的交流等。

2013年10月，受台风“菲特”影响，浙江余姚遭受了中华人民共和国成立以来最严重的水灾。在干部下乡视察灾情时，有一位乡镇干部让村支书背进受灾户家中。2013年10月14日中央电视台在《新闻1+1》节目中报道了该新闻，下面是主持人白岩松的述评。

昨天呢，余姚三七镇的一位中层干部，下乡去视察台风所影响的一个重灾户。结果因为他穿的鞋比较贵，他就让60多岁的村支书把他背进这个重灾户的家里头，结果被人拍了这样一张照片，给曝光了。这属于鞋没进水，脑子进水了。

但是当地反应非常快，今天下午1点多的时候，三七镇就说已经查清了，要对他进行严肃批评，接下来由组织处分。而到下午5点多的时候，就已经把他主任的职位罢免掉了。我想这样一个快速的举动,也体现了一种执行力,而且反映出,不管你是哪一级领导干部,你只要是脱离群众,都是"零容忍"。

在一分钟的述评中,除了"这属于鞋没进水,脑子进水了"和"我想这样一个快速的举动,也体现了一种执行力,而且反映出,不管你是哪一级领导干部,你只要是脱离群众,都是"零容忍"是评论之外,其余的话语都是叙事。全篇形成夹叙夹议、边述边评的结构形式,发挥了主持人的叙事和评论职能。

(5)掌控职能。在直播或现场互动形态的各类节目中,节目环节的推进、话题讨论的展开、采访对象的平衡、现场气氛的调动和控制、报道对象的动态变化、突发情况的应变处置等,主要由主持人来主导和掌控。控场是综艺娱乐节目、访谈类节目主持艺术的核心,也是主持人在新闻事件动态直播中的重要职能。

主持人的掌控职能主要表现在两个方面:一方面是准确熟练地体现节目意图,确保预定方案正常进行;另一方面是灵活机智、迅速得体地处置现场发生的意外,保证节目顺利播出。如果播音员主持人不能及时妥善地处理好节目中出现的意外情况,那么轻则失职、重则失业,将给个人和节目造成难以消除的负面影响。

《吉米鸡毛秀》是美国广播公司一档比较受当地民众欢迎的娱乐节目,脱口秀的一张王牌就是借儿童之口调侃许多热点问题。2013 年 10 月 1 日,美国联邦政府因国会预算僵局而出现 17 年来的首次"关门",加上 10 月 17 日债务上限将至,国会如不提高债务上限,美国可能会出现历史上罕见的债务违约,一时间政府"关门"和债务违约问题成为美国上下关注的焦点。

2013 年 10 月 16 日,吉米在其脱口秀节目的"儿童圆桌会议"环节调侃美国政府"关门"及与美国债务违约风险问题。当吉米问 4 名 6—7 岁的儿童嘉宾:"我们欠中国 1.3 万亿美元债务,怎样才能还完?"其中一名 6 岁男孩回答道:"杀光中国人。"面对儿童如此荒唐的回答,主持人吉米并没有阻止或纠正那名男孩可能增加种族仇恨的言论,而是笑着反应道:"这是很有趣的观点。"

美国广播公司没有对节目中的辱华言论进行删减,而是原样播出。该脱口秀节目在美国广播公司播出后犹如一石激起千层浪,立即引起全美华人华侨及亚裔社团的强烈不满和抗议。

10 月 28 日上午,上百名华裔民众在美国广播公司电视台大楼前抗议游行,他们要求美国广播公司正式道歉,并解雇主持人吉米。吉米当天在节目中道歉。南加州地区许多民众也在《吉米鸡毛秀》演播厅前抗议。在民众的压力下,吉米走出演播厅,向现场抗议民众双手合十鞠躬道歉。

在 11 月 7 日上午,数百名华人华侨在美国广播公司大楼外举行了一场声势浩大的抗议活动,并递交抗议信,要求美国广播公司对辱华言论作出更诚恳的道歉。

11 月 9 日,全美 27 个城市华侨华人游行示威,再次抗议吉米辱华言论。要求美国广播公司高层举行新闻发布会正式对华人认错,保证下不为例,并对吉米给予惩罚。

11 月 10 日，美国广播公司针对该台播出带有辱华色彩的言论发布公开道歉声明，承诺加强审查，今后杜绝类似事件发生。美国广播公司在声明中承认了错误，承诺将永久清除该内容，永久取消"儿童圆桌会议"节目环节。

2013 年美国广播公司的《吉米鸡毛秀》节目出现辱华言论，是一起典型的主持人现场掌控不力、话语角色失位的案例。当然，在该案例中，角色失位的不仅有主持人吉米，还有美国广播公司。吉米作为一名节目主持人和大众传播者，应该及时纠正儿童的错误说法，告诉他们任何无辜的人都不能被杀害，不能向观众传递错误的信息：种族歧视和种族屠杀。美国广播公司作为大众传播机构，应该承担好"守门人"角色，删减节目中儿童的辱华言论，不让错误的信息在节目中播出。

三、受众角色关系认知

节目的听众或者观众，从传播学的角度称为受众，从交际学的角度称为交际对象。受众是信息传播的"目的地"，是信息传播链条的一个重要环节；受众是传播效果的"显示屏"，是播音员主持人是否合格的评判者。播音员主持人作为大众传播者，应该深入研究栏目受众，准确理解传受关系，认识播音员主持人与受众的角色关系。

（一）保持健康心态，提高受众意识

播音员主持人的心态对节目传播效果有直接影响。播音员主持人的心态，概括起来有两种：一种是"记者视点"，侧重于"君临天下"的心态；一种是"百姓视点"，强调"受众第一"的心态。[①] 我国广播电视自诞生以来，就作为党和政府的喉舌，宣传国家路线方针政策，这也让部分播音员主持人养成了"君临天下"的心态，说话高高在上，脱离群众，脱离受众。

播音员主持人的健康心态应该是平民心态，只有用"百姓视点"代替"记者视点"，才能被老百姓所接受、喜爱。节目内容要贴近实际、贴近生活、贴近群众，节目话语要真诚、平和、善良。播音员主持人要与受众形成一种相互尊重、相互信任、相互平等的传受关系，把受众当作自己真诚服务的对象，成功的播音员主持人大多做到了这一点。

《实话实说》的主持人崔永元给自己的定位就是"邻居大妈的儿子"。他说："其实我的本色就是个平民，我认为平民化主持人应具备这么几个特征：一是善良，二是愿意与人沟通，三是得饶人处且饶人。当你用这样一种平民心态去主持节目时，观众自然就会感到你很亲切。"

有的播音员主持人恰恰相反，要么把受众当成衬托自己"高素养""高文化"形象的工具，认为节目受众是扶不起的"刘阿斗"，自己则是先知先觉的"引路人"，高高在上，为

① 孔德明.电视文体写作[M].北京：中国传媒大学出版社，2002：206.

他人指点迷津；要么错误理解“受众是消费者、顾客是上帝”的箴言，降低自己的品格，用低级趣味的话语，一味迎合低品位的受众。例如，有的主持人在与听众的热线谈话中津津乐道于“情人现象”，甚至在“情人节”给听众出主意，叮嘱人家“白天陪情人，晚上可一定要回家陪妻子”。[①]

（二）研究节目受众，满足受众需求

播音员主持人对受众角色关系的认知如果只停留在平民心态、平等相待的基本层面是远远不够的，需要进一步研究自己的说话对象，也就是要研究节目的受众。随着频道/频率的品牌化以及节目的个性化、节目定位越来越清晰，受众细分越来越明确，每个节目都有自己的目标受众、主要受众和边缘受众。比如中央电视台《晚间新闻》，节目组将主要收视群体定位为政界、工商界和知识界人士，这三大类收视群体是国家精英阶层的主体。北京交通台则将目标听众锁定在“动族”，就是在汽车上的移动人群。尽管“动族”的社会地位、审美品位不一，但实用性和娱乐性是车载人群的共同需要。

为了更好地服务受众，播音员主持人应根据受众群体特点，确定在节目中“说什么”以及“怎么说”。前者涉及节目内容，后者涉及话语表达方式。如北京交通台节目的实用性体现在新闻资讯、汽车资讯、路况信息、出行信息等信息的传播，节目的娱乐性主要是通过不同栏目，选择一些话题、音乐，通过主持人的幽默调侃以及与听众互动等方式陪伴听众，减少听众堵车的烦恼，使其放松心情。

下面是北京交通广播 2011 年 3 月 24 日《一路畅通》节目中两位主持人的一段对话，主持人在分析了一起早晨发生的事故之后，又介绍了另外一起事故。

女：另外，今天早晨的事故可能还有一个原因就是太阳光太刺眼了。（用北京人独特的夸张式语气）所以呢，向着太阳光开车的朋友一定要注意安全，放下遮光板，戴好太阳镜，避免事故。（活泼、温馨地提醒）

男：刚刚说到凉水河桥这儿由东向西方向有两个大货车的事故，而由西向东方向，如果您走到这也发现，嗬！怎么这么堵啊？（语气词较夸张）

女：为什么呢？

男：为什么嘛，是因为看热闹，内车车道又发生了追尾事故。

女：哎哟，这就叫不小心发生的交通事故。（自然地带出京味很浓的语气词，表达遗憾）

男：您看着点儿吧。（“您”指看热闹而出事故的司机，用朋友式的劝说语气）

女：溜号了。

男：您说您耽误这时间它……不是钱哪？（惋惜加调侃）

女：可不是嘛。所以呢，如果现在车上有副驾驶，后座又坐着乘客的话，要提醒司机千万别溜号，集中注意力，预防事故，安全到达目的地。（提醒司机集中精力开车，但语气不是一本正经，而是顿挫有致，快乐祝福）

---

① 吴郁. 主持人的语言艺术［M］. 北京：中国传媒大学出版社，1999：37.

《一路畅通》的主持人就像司机的一位好朋友，主持节目的时候就像跟司机在聊天，并根据情况不时地给司机朋友提个醒，热情快乐，让人觉得温暖舒心。这种心态和语言样态很适合上下班路上的听众，听众既能从节目中获取信息，又能放松心情。

综上所述，作为职业传播者，播音员主持人需要经过严格的专业训练，掌握必须具备的文化知识和专业技能。与此同时，要对自己的话语角色内涵和受众关系有精准的认知。播音员主持人要依照社会所期望的标准来规范自己的信息传播行为，要在节目内外遵守职业道德，这样才能成为社会和受众认可的职业传播者。

第二节　顺应和营造语境

任何言语交际都是人们在特定的语境下为某一特定目的与他人进行的活动。同样的道理，播音员主持人在节目中的一切言语活动，也是在一定语境下运用不同语用策略进行交际的结果。语境是语用学研究的重要内容，只要是关于语言运用的研究都离不开语境。不仅语言的运用脱离不了语境，语言的理解也要依赖于语境。因此，播音员主持人要掌握语境知识，要具备较高的语境顺应和语境营造能力。

一、语境

语境这个概念最早由波兰籍英国人类学家马林诺夫斯基提出，现在已经为众多学科所共同关注，哲学、逻辑学、人类学、语言学、心理学都非常注重对语境的研究和探索。马林诺夫斯基认为话语和环境相互紧密地联系在一起，语言环境对于理解语言来说是必不可少的重要因素，他把语境分为文化语境和情景语境两类。因为语境与语言的运用联系紧密，所以在众多的学科领域中，语言学界对语境的研究最为活跃，其中英国学者的研究成果尤其显著。英国语言学家弗斯在研究语境时，继承了他的老师马林诺夫斯基关于语境的学说，并有所发展。一方面，他把语境的概念加以扩展，提出了“上下文语境”；另一方面，把马林诺夫斯基的情景语境和文化语境进行整合，总称为情景语境。之后，弗斯的学生韩礼德又继承了弗斯的观点，不过他重点接受了弗斯关于情景语境的分析，并提出了“语域”这一术语。“语域”由话语的范围、话语的方式和话语的风格组成。

中国关于语境的研究，始于 1932 年陈望道出版的《修辞学发凡》一书，他把语境分为“何故”“何事”“何人”“何地”“何时”“何如”六项内容。20 世纪 80 年代以后，语境研究在中国语言学界受到了空前的重视，对语境构成因素的分析也日益深入。近些年来，播音学界也非常重视语境研究和语境教学。在本章，我们将沿袭马林诺夫斯基和弗斯的语境三分法，重点讨论播音主持的社会文化语境和情景语境。

二、播音主持语境构成要素

（一）社会文化语境

社会文化语境指与播音员主持人在节目中的言语活动相关的社会文化背景，包括社会时代环境和历史文化环境。

社会时代环境是指一定历史时期的政治制度、道德准则和价值观念等因素构成的语言环境。这三个主要因素共同构成了播音员主持人的语用行为规范，从社会层面对广播电视节目的言语活动作出种种规定和限制，要求媒体从业人员应该这样说，而不应该那样说。

历史文化环境指特定的社会群体在长期的社会发展过程中形成的普遍认可的知识体系和风俗习惯，主要表现为一个社会群体在爱好、观念、习惯、风尚等方面表现出来的共同心理和集体习惯。

播音员主持人要熟知大众传播媒介和节目创作实践的社会文化语境。在学习和工作中积累社会文化语境知识，就是播音创作准备的广义备稿。为了创作出精品，播音员主持人需要“学习政治理论、方针政策，提高政治觉悟和理论水平；要学习伦理道德，知书达理，孝顺父母，尊敬师长；要学习民族文化，了解人类文化，争取在本学科领域博古通今、学贯中西、文理交融”①。

（二）情景语境

情景语境指播音员主持人在进行言语交际活动时的具体情景，包括信息传播的时间、地点、话题、方式、交际对象等。这些要素在节目中则主要体现在以下方面。

1. 传播的时间和空间

传播的时间，指播音员主持人用有声语言传递节目信息的具体时间，包括他们在节目制作过程中说话的时机。比如，早间节目、午间节目和晚间节目，工作时间节目、周末节目和假日节目，在受众定位和内容设计上都有区别。

传播的空间，指播音员主持人用有声语言传递节目信息时所涉及的具体地点。“橘生淮南则为橘，生于淮北则为枳。”地理位置能够影响植物生长，也能够制约言语交际活动。比如，节目录制地点、受众收看/收听地点都会影响播音员主持人的话语表达方式。

2. 传播方式

传播方式，指传播广播电视节目的语言符号和媒介渠道。语言符号包括活动画面、语言（有声语言和书面文字）、音乐音响；媒介渠道包括广播、电视、互联网和移动网络。随着传统媒介和新媒介的融合，传播渠道呈现融合趋势，这对播音员主持人的语境意识提出了更高要求。

---

①　张颂. 播音创作基础（第三版）[M]. 北京：中国传媒大学出版社，2011：35.

3. 受众和嘉宾

我们在本章第一节已将节目受众作为一个群体进行了分析,在此不再赘述。这里的嘉宾,包括演播室访谈嘉宾、现场观众、连线评论员、参与互动的听众等人群,他们不是以群体而是以个体的形式参与节目制作。嘉宾具有各种个性特征,比如性别年龄、职业身份、文化水平、生理特征、道德修养、生活阅历、性格爱好、处境心情等,这些特征都会不同程度地影响播音员主持人语言策略的选择。人们常说的“看人下菜碟”,就是告诉我们在言谈时要因人而异,面对不同的人要注意语言表达的技巧。

4. 节目话题

节目话题,指节目内容的出发点和谈话中心,是播音员主持人同嘉宾或者相互之间谈论的内容和对象。节目话题的选择需要综合考虑节目传播的时间、空间、方式、受众和嘉宾等多种因素,贴近时空、贴近生活、贴近受众的话题才能引起受众共鸣。

三、善于顺应和营造语境

(一)掌握语境知识

语境是语言交际活动的客观环境,对语言运用的作用是多方面的,既有限定、制约作用,又有补充、丰富作用。播音员主持人要掌握语境知识,深刻地认识到语境的作用,这样才能顺应和营造语境。语用学家莱昂斯把语境知识归纳为以下六个方面:①

(1)每位参与者必须知道自己在整个语言活动中所起的作用和所处的地位;

(2)每位参与者必须知道语言活动的时间和空间;

(3)每位参与者必须能够辨别语言活动情景的正式程度;

(4)每位参与者必须知道对于这一情景来说,什么是合适的交际媒介;

(5)每位参与者必须知道如何使自己的话语与语言活动的主题相适合,以及主题对选择方言或语言的重要性;

(6)每位参与者必须知道如何使自己的话语与语言活动的情景所属的领域和范围相适合。

尽管莱昂斯的语境知识体系与本章的语境构成要素不完全吻合,如他把参与者的话语角色认知纳入了语境知识②,但的确富有启发意义。很多情况下,沟通不畅、语用失误、交际失败,就是因为说话人对语境的认识不够,缺乏必要的语境知识。

据英国《每日邮报》2015 年 8 月 4 日报道,近日,英国电视节目主持人奥斯本在电视节目 *The View* 中因攻击拉美人的种族歧视言论引起一片哗然,而在后台号啕大哭道歉。

---

① 何兆熊. 新编语用学概要[M]. 上海:上海外语教育出版社,2000:18 - 19.

② 参与者是语言交际活动的重要因素,本章为了凸显播音员主持人在语言活动中的话语角色,没有将他们归入语境构成要素之中。

节目当天，奥斯本的搭档主持佩雷斯在节目中读出一段关于地产大亨唐纳德·特朗普参加美国大选的民调报告：“55%的拉丁裔选民认为特朗普关于墨西哥的评论带有侮辱性和种族歧视，这使得他在总统大选中没有立足之地。”

佩雷斯话音刚落，奥斯本便说道：“如果你（特朗普）把拉美人驱逐出这个国家，那么谁为你打扫厕所呢？”此言一出，节目现场立刻安静下来。连佩雷斯也对她的话难以置信地摇了摇头。

奥斯本随后意识到事情严重性，试图解释道：“从某种意义上说，大家都明白我的意思。”佩雷斯则非常冷静地解释道：“做这些事情的人并非只有拉美人。”这场风波以一段商业广告暂告结束。

在后台休息的时候，奥斯本大哭起来，说：“每个人都认为我是种族主义者，我不能接受这件事。”事后，网友的严厉指责还是将其推向风口浪尖，奥斯本随后也在社交媒体上作出诚恳道歉。

奥斯本之所以引来网友的严厉指责，是因为她作为节目主持人应该维护公平正义，拒绝种族歧视，不应说出有违话语角色的语言。国内也有主持人不懂党的民族政策，在回答听众热线时说出不尊重少数民族习俗，伤害兄弟民族感情的话。这都是由于对社会文化语境了解不深，对自己的话语角色研究不透产生的结果。

（二）顺应语境条件

掌握语境知识，只是积极对待语境的第一步，播音员主持人还要主动地顺应语境。所谓的顺应语境是指在语言使用过程中，语言选择必须与语境相顺应，它要求语言形式与交际场合和谐统一。

中央电视台“心连心”艺术团来到江西革命老区演出，场面热烈。歌唱家关牧村演唱《多情的土地》时天上乌云聚集，落下阵阵雨点。歌声一停，主持人赵忠祥登场，他的即兴串联词是：

乡亲们，关牧村动情的歌声把自己的眼睛唱湿润了，把老区乡亲们的眼睛唱湿润了，连老天爷的眼睛也给唱湿润了！乡亲们，谢谢你们的盛情，我们的演员已经商量好了，如果雨下大了，只要大伙儿不走，我们演员就不会走，就继续为大家演出……

主持人赵忠祥的即兴串联很好地顺应了当时“下雨”的语境，由“多情”到“湿润”，由“湿润”到“下雨”，寥寥几句蕴含浓浓深情，调动了现场气氛，将节目推向高潮。

（三）营造语境氛围

播音员主持人不仅要做到顺应语境，还要能够主动建构语境，善于营造语境。毕竟在主持节目的过程中，播音员主持人不总是处在对自己有利的语境，有时甚至处在十分不利的语境之中。比如说，时间不凑巧、地点不适宜、气氛拘谨紧张等，都会影响交际和传播效果。在这种情况下，播音员主持人进行沟通和交流，除了避开不利的语境因素之外,应该想办法改善语境。

在节目制作过程中,由于与采访嘉宾或者受众初次接触,彼此比较陌生。为了营造一个比较轻松的谈话氛围,播音员主持人不要急于一下子进入正题,可以先做些铺垫,如自我介绍、寒暄,或者谈一些轻松的话题来融洽关系。

1986年9月2日,华莱士幸运地完成了他个人历史上的又一次伟大接触——采访当时中国国家领导人邓小平。

这天上午10点钟,邓小平特意换上了一套新制的黑色中山服,合体大方,脚穿一双黑皮鞋,迈着稳健的步伐来到位于中南海岸边的紫光阁。邓小平刚刚从北戴河海边度假回来,微黑的脸庞泛着健康的光泽,两眼炯炯有神,一看精神状态就特别好。

早早在此等候的华莱士迎上前去。邓小平同他握了握手,两人就一起走向座位。一边走,华莱士一边高兴地对邓小平说:"我把今天同您的交谈看成是一次非常难得的机会。因为像您这样的人物,我们记者不太容易得到专访的机会。"

邓小平爽朗地笑着回答说:"我只是一个普普通通的人。"

水银灯亮起。华莱士坐在邓小平的对面,他低头整理自己的衣服,同时也在酝酿要提出的问题。邓小平不慌不忙地从桌上的一包"熊猫"牌香烟中抽出一根,和蔼地对华莱士说:"我抽烟可以吧?"

"可以,能给我一支吗?"华莱士一边说,一边欠身向邓小平伸出一只手。

邓小平递给他一支,微笑着说:"我这个是他们为了对付我,特殊制造的,过滤嘴这么长。"

"噢,过滤嘴比香烟还长。"华莱士接过烟仔细地看了看,惊奇地说。

华莱士还问道:"你休假的时候打桥牌吗?"

"有时打。"邓小平说。

华莱士又问:"听说你与同事打牌,谁输了就钻桌子。"

邓小平摇了摇手,说:"没有那回事。那样太不礼貌了。"

……

采访就这样在一来一往之中展开了。

华莱士是美国哥伦比亚广播公司王牌栏目《60分钟》的主持人,在1986年采访邓小平时已经68岁,他的采访经验非常丰富。在正式采访之前,邓小平抽烟,华莱士趁机向邓小平伸手要烟,瞬间找到了两人的共同爱好。接下来,华莱士聊到邓小平的个人爱好,说一些有趣的话题,拉近了彼此的心理距离,营造了一个轻松的采访氛围。

语境的构成要素很多,其中任何一个要素对语言交际都有制约作用,而改变语境中任何一个因素都有可能影响语言交际的进程和效果。所以,掌握语境知识、顺应语境条件和营造语境氛围是播音员主持人语言运用能力的体现,也是播音员主持人需要全力培养的语用能力。

第三节　遵守和运用语用原则

在语言交际中，人们总要遵守一些基本的原则。所谓基本的原则就是在所有的说话场合都需要顾忌和遵守的规则，这些规则是保证说话能够正常、顺利、成功进行的基本条件。语言是广播电视节目的主要载体，语用是播音员主持人的语言功力，我们应该掌握交际中的基本语用原则，并把这些原则运用到节目中指导自己的语言实践。

一、合作原则

1967年，美国语言哲学家、加州大学教授格赖斯在哈佛大学做了三次演讲，在第二讲"逻辑与会话"中讲述了会话合作原则。格赖斯指出，要想会话成功进行，参与会话的双方要有共同的目的。这个目的有的是在会话过程中逐渐明确的，如聊天、街头采访；有的是在事前已经知晓的，如商务谈判、演播室人物采访。为了达到双方的目的、实现彼此的愿望，谈话双方必须共同遵守一些基本原则，格赖斯称之为合作原则。[①] 格赖斯认为，合作原则包括数量、质量、关联、方式四条准则，每条准则下面又包含若干次准则。

合作原则的提出是语用学研究的一个重大突破。播音员主持人是节目传播的主体，在单向传播语境中，是发话人；在双向传播语境中，既是发话人又是听话人。播音员主持人在节目中要以身示范，自觉遵守和灵活运用合作原则。

（一）数量准则

数量准则针对话语中的信息量，要求说话人要为对方提供适量的信息，不多也不少。它包含两条次准则：

（1）所说的话应达到交谈目的所需的信息；

（2）所说的话不应超出交谈目的所需的信息。

遵守数量准则就是要提高话语信息的有效性。播音员主持人在节目中经常以谈话的方式进行信息传播，语言有较大的灵活性和冗余量，但它并不能简单地与日常闲聊画等号，不能信马由缰，必须紧扣节目主旨，为受众提供未知、欲知、需知的有效信息，尽量减少冗余信息。有的主持人在节目中没话找话，废话连篇，什么"今天又是一个星期天，这个星期天与以往的星期天有什么不同呢？想想也没有什么不同……"这实在是浪费节目资源，浪费受众的时间。

（二）质量准则

质量准则针对话语的真实程度，要求说话人要为对方提供真实的信息。它包含两条次准则：

---

① 索振羽. 语用学教程[M]. 北京：北京大学出版社，2000：54.

(1)不要说自知是虚假的话;

(2)不要说缺乏足够证据的话。

遵守质量准则,就是要确保信息传播的真实性。播音员主持人要想获得受众信任,提高大众媒体的公信力,必须真心诚意、信而有证,千万不可欺骗撒谎、捏造事实、传播虚假信息。

2014年5月23日,广西某电视频道公益节目《第一书记》播出了励志孩子杨六斤的故事。节目中的杨六斤,12岁,广西隆林县德峨乡人,父亲去世,母亲带着弟弟改嫁,因继父家阻挠,杨六斤继续与爷爷奶奶一起生活。爷爷奶奶相继去世后,杨六斤住在亲戚提供的空房子里,独自生活。每个星期从堂哥那里领10元生活费兼零花钱。他的生存能力特别强,常吃野菜充饥,还自制工具抓鱼,算是肉菜。

2014年6月27日,《南方都市报》刊发记者实地探访广西后的报道《杨六斤身世堪怜但并非节目中那般孤苦无助》,指出这个节目中的3个不实之处:年龄误报,杨六斤是14岁;独居5年的说法不准确;吃野菜的说法有误,吃野菜是当地习惯,且杨六斤有基本生活保障。①

尽管电视台随后澄清是想帮助杨六斤,让大家更多地同情他,挖掘不够深入从而造成失实。但正如网友指出的,电视台对杨六斤身世的艰苦作出夸大报道虽是出于好意,但这种好意却触碰了新闻报道和慈善诚信两条底线。

(三)关联准则

关联准则针对话语的内容是否切题,要求说话人不要答非所问,不要说与当前话题无关的话。它包含两条次规则:

(1)说与谈话目的有关的话;

(2)前后话语要有关联。

遵守关联准则,就是要保证前后信息的关联性。衔接和连贯是篇章组织的重要手段,也是判断作品优劣的重要标准,它同样适用于播音主持艺术作品。播音员主持人是作品的创作者和呈现者,需要讲究话语前后信息间的关联,小到句子与句子之间的语义连接,大到段落与段落、环节与环节之间的语义照应,都应处处留心。不能前言不搭后语,驴唇不对马嘴,更不能前后自相矛盾。

(四)方式准则

方式准则针对话语的表达方式,要求说话人表述要清楚明白。如果说前三条准则规定说话人在交谈中该"说什么",那么方式准则则规定说话人该"怎么说"。方式准则包含四条次准则:

---

① 年度虚假新闻研究课题组. 2014年虚假新闻研究报告[J]. 新闻记者,2015(1):27-38.

(1)避免晦涩的词语;

(2)避免歧义的表达;

(3)说话要简洁,避免啰唆;

(4)说话要有条理,避免杂乱。

遵守方式准则,就是力求语言表达的简洁性。一方面,说话要简洁明了,学会用概括、精练的语言说明事实,表达主题,尽量减少说理性的内容,点到为止。另一方面,要把复杂的事情说得简单,而不要把简单的事情说得复杂。同时,避免使用同音词,少用长句子,用字正确,用词准确,造句符合语法,推理合乎逻辑。

播音员主持人作为大众传播的"守门人"、节目的主导者和听话人,不仅自己要遵守合作原则,还要判断嘉宾和受众的言语行为是否遵守合作原则,在节目中适时质疑、纠正、打断、补充。

2013年4月20日,四川雅安发生7.0级地震,中央电视台《新闻直播间》主播长啸采访了雅安市委书记徐孟加。当时长啸向徐孟加提问伤亡的情况有没有最新的统计,徐介绍了相应的伤亡情况后,一直在历数各级领导高度关注,却没有把说话重点放在救灾方面。

就在徐孟加停顿的间歇,长啸打断了他,说:"有关救灾的情况可能我们比你了解的还要更多一些,我想知道从整个雅安市来说,目前你们指挥部有哪些具体的措施正在贯彻当中。在目前通讯不畅的情况下,这些救灾的措施和方法或者执行信息如何去贯彻落实?"

在上面案例中,针对主持人询问最新伤亡情况,徐孟加后半部分答非所问,违背了关联准则。在灾难报道中,人们最关心的是生命,是灾情,是救援措施。在这个时候历数各级领导,不仅无益于传递真正重要的信息,而且显得不合时宜,这些冗余信息违背了方式准则。主持人长啸发现对方违反了合作原则,适时地打断对方,展示了他良好的语用能力。

二、礼貌原则

在语言交际中,我们不仅要遵循合作原则,还需遵守礼貌原则。所谓礼貌原则,是指人们在语言交际中应该遵守的社会礼貌规范。

礼貌原则是在合作原则之后提出来的,也是对合作原则的发展。人们在讨论合作原则时不断提出一些问题:说话人为什么不像合作原则所要求的那样,恰如其分、实事求是、直截了当、简明扼要地表达自己的思想感情,而宁愿采用含蓄、委婉的方式,间接地说出自己的意见或观点?为什么要让对方拐弯抹角地意会,而不愿向对方坦率地言传?合作原则没有解释人们这样做的原因。由英国语言学家布朗、列文森、利奇等人提出的礼貌原则较好地回答了这些问题。利奇等人认为,有一部分违反合作原则的交际行为,是为了不损害对方的面子,是一种礼貌策略。

利奇于1983年在其著作《语用学原则》中对礼貌原则做了详细的论述,按照利奇的说法，礼貌原则包含六项准则：得体准则、宽宏准则、赞誉准则、谦虚准则、赞同准则和同情准则。这六项准则相互补充、相互关联，组成一个整体。

（一）得体准则和宽宏准则

得体准则要求说话人尽量减少有损于他人的观点，尽量增加有益于他人的观点。简单地说，就是尽量让他人少吃亏、多获益。宽宏准则要求说话人尽量减少有益于自己的观点，尽量增加有损于自己的观点。即尽量让自己少获益，多吃亏。

得体准则和宽宏准则在内容上互补，只是对说话人的要求角度不一样。需要指出的是，这里的吃亏、获益都不是指物质上的，而是指尊严或者面子上的，就是说尽量不要为显示自己的优越而伤害对方的自尊。播音员主持人在节目中要注意自己的身份，多用敬语，少用命令、指示甚至指责的口吻说话。例如，有的主持人自以为是，动不动就说："我想，你应该同意我的观点。"一个"应该"把自己凌驾于他人之上，气势咄咄逼人。相反，心里装着受众的主持人则不然，沈力在一次修改解说词时，看到这样一句话："您懂得了膳食营养平衡的道理，就应该举一反三。"她批道："什么叫'就应该'，这是命令式，如果把它换成'还可以'，不是更好嘛！就两三个字，感觉很不一样。"还有一些儿童节目主持人在对小朋友交代游戏规则之后，不说："你们听清楚了吗？"而是说："我说明白了吗？"询问角度的转换，体现了主持人处处为小朋友着想，避免自己居高临下的礼貌策略。

（二）赞誉准则和谦虚准则

赞誉准则要求说话人尽量减少对他人的贬损，尽量增加对他人的赞誉。谦虚准则要求说话人尽量减少对自己的赞誉，尽量增加对自己的贬损。

赞美是世界上最美的语言，谦虚是中华民族的传统美德。播音员主持人不管是面对受众还是嘉宾，都要把对方视为身边的朋友，善于发现对方的优点，及时地赞扬，适度地夸奖。同时，要能放低身段，敢于自嘲和自贬。

在吉林某交通台的一档节目中，有一个环节是听众作为评委给参与节目的司机投票，评选最有爱心的司机。有一位13岁的学生，在没有听清楚节目前一部分的情况下，打进电话参与投票，遗憾的是，他投票的司机没有参加当天的节目。

主持人把情况说明清楚之后，接着说："跟这个小朋友说声再见啊，他可能是放学，正坐在家长的车里边要来参加这个节目呢。我觉得这位同学至少知道，奉献爱心是一件好事儿，奉献爱心是值得学习、值得赞扬的，所以以后，要是身边有需要帮助的人，李同学一定要伸出积极援助之手啊！"

小听众在不知情的情况下，贸然打进电话，在主持人挂了电话之后一定很尴尬。主持人先是称赞这位学生有爱心，然后鼓励他以后要像今天一样乐于奉献爱心。主持人在赞誉听众的时候，向社会传递了正能量。像这样的情况经常在广播连线节目中发生，有时听众急于参与节目，只顾忙着拨电话，没有听清讨论的问题，有的主持人直接给对方一个"闭门羹"："你提的问题不是我们今天谈话的内容，请导播接进下一个电话。"一点儿不体恤对方的心理感受。

在广播电视节目中，尤其在娱乐节目中，播音员主持人经常采用自嘲的方式贬低自己。他们不仅嘲笑自己、嘲笑搭档的同事，甚至还嘲笑本台的导演、主持人。在节目中爆自己和同事的“料”，讲述他们生活中所谓的“隐私”，或者戏说他们工作中所谓的“糗事”，获得不错的幽默和娱乐效果。这种贬低自己的做法不但没有影响播音员主持人在受众心目中的形象，反而拉近了他们与受众的距离。

（三）赞同准则和同情准则

赞同准则要求说话人尽量减少与他人在观点上的分歧，尽量增加与他人在观点上的一致。同情准则要求说话人尽量减少对他人的反感，尽量增加对他人的同情。

赞同准则不能理解为我们为了减少分歧，隐藏自己的观点，或者委屈自己去附和他人的观点。播音员主持人追求个性化的语言风格，语言表达应该是非分明、观点独到、视角新颖。赞同准则和同情准则提醒我们，在节目中尽量表现自己与对方的相近之处，在观点上尽量显示共同点，在感情上尽量表示同情和理解。多赞同和同情他人，一方面要真诚地认同和肯定，这样可以使谈话气氛更加融洽，增进彼此的好感，保证谈话顺利进行，如华莱士采访邓小平就采用了这个策略；另一方面，即便对对方的某些观点不认同，也不妨先肯定其中的合理之处，并对对方持有这一观点表示理解，在此基础上再表明不同观点，指出对方的不足，这样既不会让谈话气氛过于紧张，也容易使对方接受自己的意见。

2015 年 9 月 19 日中央电视台《新闻周刊》的“本周视点”版块报道了福彩公益资金的“星光计划”由公益项目变成了烂尾工程，主持人白岩松在节目结束时说：

生活中说股民的时候多，说彩民的时候少。但现实中，股民是给股市作出贡献了，彩民可是作出了对社会相当大的贡献。想想看，2014 年全国共销售彩票 3 823 亿元，比上一年增长 23.6%，如果按 35% 投资于公益算的话，这可是超过千亿的大盘子。投准了，投得有效果，社会上受益的人少不了；可如果投不准，效益差，甚至中间有猫腻，这问题也不小。经过多年发展，福利彩票事业从资金数来看的话，已经是庞然大物了，这就需要有更有效的监管和实施办法，要创新，否则小马拉大车是拉不动的，该把彩票事业装在玻璃口袋之中了。

主持人在节目中赞扬了彩民为社会福利事业作出的贡献，赞同福彩公益资金惠及老年人的“星光计划”。但由于缺乏有效的实施办法，让公益项目变成了烂尾工程，有违初衷。主持人没有哗众取宠去一味地指责决策失职、工作违规，而是冷静地呼吁制定有效的监管和实施办法，让彩票事业更加公开、更加透明。

综上所述，合作原则和礼貌原则是我们日常交际中应遵从的两条基本原则，也是播音员主持人在节目中应灵活运用的两项语用策略。著名播音员齐越曾这样告诫年青人：一戒自我表现，二戒随心所欲，三戒千篇一律。这个“播音三戒”是对播音员主持人业务水平的基本要求，也是对播音员主持人语用策略的基本要求。播音员主持人要遵守礼貌原则，不要在话筒前卖弄自己的声音，不要在镜头前专注自己的外表，也不要自我表现、自我欣赏;而要心系受众,多一些"让",把表现力让给采访对象,把创作力让给受众,少一些"抢",少抢镜头、少抢话筒、少抢声音。播音员主持人也不能随心所欲、信口开河,要遵守数量、质量、关联和方式准则。只有这样,才能创新,才能避免千篇一律。

思考题:

1. 如何理解播音员主持人的话语角色内涵?
2. 播音员主持人情景语境的构成要素有哪些?请结合一档主持人节目作具体分析。
3. 合作原则有哪些准则?
4. 礼貌原则有哪些准则?

第六章　播音主持的前期准备

第一节　备稿

关于播音主持创作准备，张颂教授在《播音创作基础》一书中这样阐述：备稿是播音主持创作基础的重要组成部分，是每一次具体的播音创作活动的开始，是播好稿件的第一步。备稿包括两个方面：一是广义备稿，二是狭义备稿。

一、广义备稿

广义备稿是指平时不断地学习和积累。因为播音员主持人的理解力、感受力、表现力、对稿件的驾驭能力等，都与他们的素质修养有关。这些都需要在日常学习、实践中日积月累，播音水平取决于这种学习和积累的深广程度。

播音员主持人要具有新闻敏感和较高的政治素养，有较宽的知识面，较好的文学修养。同时要深入生活，了解群众，提高综合素质。金话筒金奖获得者徐浩然说："未来的主持人首先必须是某一个方面的专家，以适应本节目的需要，但是，他同样还要是杂家，也就是说主持人要成为涉猎面广、专业精深的T型人才。这在我国的主持人行业不是一个突出的特点，但却是一个显而易见的发展之路。"

比如原中央电视台戏曲频道主持人白燕升花大量的时间去学习有关戏曲的知识，这使得他主持节目时可以信手拈来，节目到了高潮，自己还能唱几句，拉近了和观众的距离。体育、法治、金融等节目主持人的相关专业背景更是不容忽视。

另外，一些节目会特意招聘有专业背景的主持人，这类主持人在一些专业性强的节目里如鱼得水，往往表现出集亲和力、可信度与权威性于一身的、深入浅出、通俗易懂的传播优势。比如曾经的中央电视台法制节目《今日说法》的主持人撒贝宁，就是法律专业出身。当然，这类有其他专业背景的主持人同样需要在语言基本功、镜头前话筒前的交流状态等方面下苦工，以更好地实现传播目的。

综上所述，广义备稿可以从以下几方面入手：

第一，提高政治觉悟和理论水平。播音员主持人应该知道在节目中什么能说，什么不能说;在什么时候说,什么时候不能说;有些内容应该以什么方式来说等。平时要认真研读马克思主义新闻理论,批判性地吸收西方大众传播理论;密切关注国家出台的政策、有关法律的制定和规章制度的实施;关心重大新闻事件并从中分析事件的意义及影响等。

第二,深入社会底层,增加人生阅历,细化生活体验。

第三,自觉地接受各种艺术形式的熏陶,并在审美层面将它们打通,达到“通悟”的境界。

在这里需要特别补充一点的是,自媒体时代的播音员主持人除了要具备传统媒介提出的对大众传播信息的理解能力、质疑能力、评价能力之外,还必须能针对所需解决的实际问题采用适当的技术手段获取信息,评价、筛选、组织、表达信息。

总之,广义备稿是播音创作的基础。

二、狭义备稿

播音主持工作是一项再创造的劳动,稿件是我们再创造的依据。播音员主持人只有通过对稿件的深刻理解和具体感受,明确稿件播出的目的,才能激起强烈的播讲愿望。这就要求我们必须深刻、具体、形象地理解稿件。不同的播音员主持人在准备不同的稿件时会有些细微的差别。但从播音创作的根本上看,主要的方法大同小异。

具体准备一篇稿件的过程,可以分为划分层次、概括主题、联系背景、明确目的、分清主次、把握基调这六个步骤。

(一)划分层次

划分层次包括归并和划分两方面,我们对一篇稿件进行划分层次时,首先要扫除稿件的文字障碍,然后对层次进行归并,即以稿件的自然段为单位,将内容联系紧密的自然段归为一层。如果稿件的篇幅较长,内容较多,我们还可以把联系紧密的层次再进行划分,分为更小的层次。当然有的稿件篇幅较短,内容较单一,我们就不必再划分小层次了。具体情况具体分析即可。

我们以常见的广播稿为例,看看层次划分的一般规律:新闻消息类,通常按照导语、主体、背景的自然段进行划分;论说文则按提出问题、分析问题、解决问题来划分;通讯和有关人物、事件的故事等叙事为主的稿件,可根据情节的发展、矛盾的展开或者以事件的发生、发展、高潮、结局的时间顺序和逻辑顺序来划分;知识类、对话类、服务类的稿件,一般是围绕一个主题的几个事件或者一个事件的几个方面来展开话题的,可依据引入话题、说明情况、解释问题、提供建议的顺序进行划分。总之,通过划分层次,弄清文章发展的脉络,可使播音员主持人做到心中有数。

(二)概括主题

主题,就是稿件的中心思想,是稿件中提出的主要问题,或作者通过具体人物、事件所反映出来的看法、主张和态度等。

概括主题要求准确、具体、言简意赅。概括时不可含糊其辞、包罗万象，也不可东拉西扯、长篇大论。

准确地概括主题有助于播音员主持人把握基调，明确播讲目的。

只有深入细致地分析、理解稿件，才能准确体现作者的创作意图，鲜明生动地传达稿件内容，圆满完成播音任务。播音员主持人每天都要接触很多稿件，如果拿到稿件只是随意翻看，连稿件的内容和要传达的信息都不清楚，只是念字出声，不经过大脑，就犹如小和尚念经有口无心，传播出来的声音一定既枯燥又死板，没有思想和情感，没有态度和观点，没有节奏和重音，没有主次和重点，让人不知所云。

（三）联系背景

背景是对人物、事件起作用的历史情况或现实环境。对广播电视节目稿件做进一步的细分，可分为历史背景、写作背景和播出背景。

我们常说的背景一般指播出背景，它包括两个方面：一方面指与稿件反映内容有关的党和国家的路线、方针、政策（上情）；另一方面是指国际、国内的形势以及社会上时刻变化着的现实情况（下情）。下情包括主流和支流，主流就是指现实情况发展变化的好的方面、积极的方面，而支流就是指现实情况发展变化的不好的方面、消极的方面。将上情和下情分析清楚了，我们才能确定这篇稿件的受众，知道哪类受众最关心这方面的内容，让我们在有针对性的同时和受众的需求靠得更近些，更热情地为受众服务。

联系背景不是生拉硬拽其他信息，而是我们在分析、理解稿件时，将平时储存在大脑中的有关信息迅速地反映出来。

（四）明确目的

明确目的就是要明确播出目的，明确播出这篇稿件在德育、智育、美育三方面所具有的社会意义和要发挥的社会作用。如宣传政策、指导工作、表彰先进、宣传科学、普及知识、传播消息等。

明确播出目的，对播音起着统帅作用。因为有了明确的播出目的，可以使播音员主持人创作态度更积极，可以使其准确把握住播出的重点，主题鲜明突出，缩短与受众的距离。播讲目的的不同，播讲方式和态度分寸的把握就不同，有的采用谈心的方式来解释党的方针、政策，有的采用警告的方式来表明党的方针、立场，有的耐心劝导，有的严肃批评……

由于播音员主持人是节目播出的最后一个环节，很多时候都是在播记者发回来的稿件，对稿件当中的事件没有亲身经历，没有现场感受，那么如何弥补这一缺憾？我们只有通过认真仔细的备稿，发挥想象，让自己“身临其境”，充分感受记者当时的心情，熟悉稿件的内容，明确稿件所要宣传的目的和稿件播出后所要达到的社会效果，才能准确传达出稿件的真正内涵。如果把握不住，记者和编辑意图就存在误差，从而也就不能充分发挥宣传的作用。

(五)分清主次

如果说划分层次、概括主题解决稿件“是什么”的问题,联系背景、明确目的搞清“对谁播”和“为什么”的问题,那么分清主次、把握基调就是解决“怎么播”的问题。

分清主次,一方面要抓住重点。什么是重点呢?重点就是稿件比较集中、比较生动、比较直接地表现主题和宣传目的的语句、小层次、段落等。是稿件的作者下最大力气的部分,是最详细、最生动、最深刻的部分,是作者极力想让受众理解和接受的部分。

重点的分布,大体有两种情况:集中和分散。集中就是指重点集中在一两个部分、层次、段落,其他部分、层次、段落都是非重点。分散是指重点分散在各部分、各层次、各段落中。我们在看待集中和分散时一定要灵活,重点的小单位不一定存在于重点的大单位中;分散的重点也不一定都分布得很均匀,可能有的重点部分没有重点层次,有的重点段落中没有重点句子,也有可能有的重点层次中有几个重点段落。播音员主持人要根据稿件的实际情况,围绕目的确定重点。

另一方面,分清主次要处理好主次关系。要以宣传目的来统帅播音,做到心中有全局、心中有重点,弄清非重点与重点的关系,是铺垫说明?是交代过程?还是对比映衬?使稿件各部分形成一个有机的整体,共同完成突出重点、体现目的的任务。

总之,抓好重点和处理好主次关系,有助于稿件内容表达得具体、鲜明、生动。

(六)把握基调

基调就是文章总的感情色彩和分量。我们在把握基调的同时应该把着眼点放在全篇稿件上,而不是盯住一句话、一个层次、一个段落不放。因为每个句子、小层次、段落的感情色彩和分量不一定相同,也不一定与稿件总的感情色彩和分量相符。我们在确定全篇稿件的基调时有必要忽略个别句子和段落在感情色彩和分量上与整体的差异。

把握基调的要求:一是基调要贴切,态度要鲜明;二是基调既要统一,又要有变化。

基调要贴切,态度要鲜明。基调贴切是稿件精神实质的要求,态度鲜明是播出目的的要求,二者是一致的。一篇稿件的基调不应呈中性色彩,更不应是相反色彩。

基调既要统一,又要有变化。基调统一要求播音有整体感,就是一篇稿件总的感情色彩要鲜明突出。在统一的前提下,基调应随内容发展而有相应的变化。因为除了稿件总的感情色彩之外,我们也要把握具体的感受、具体的态度,这通常是使播音生动感人的重要因素。

对基调的表述不一定限制在某种固定的格式中,但一般用形容词 + 动词、形容词 + 形容词或表程度的副词 + 形容词等形式,少用句子,多用词组。例如热情颂扬、细腻清新、悲愤凝重等。

魏巍在听了我国著名播音艺术家齐越播送的他写的《谁是最可爱的人》后,赞扬说,齐越先生不仅把他用文字表达出来的感情充分地表达出来了,而且把他想表达而没有表达出来的感情也表达出来了。郭沫若在听了我国著名播音艺术家夏青朗诵的他写的诗后,赞扬道:“三分写七分读。”邓小平同志在一次党代会期间说:“不管多么缭乱的文章,一旦排成铅字就顺眼多了，再由播音员一念又增色不少。”这些都充分说明了播音有声语言艺术的创造性和艺术性。

以上就是对备稿六步的初步阐述，我们在播音前，一定要养成一丝不苟备稿的良好习惯，要坚持不懈、持之以恒，要动脑筋，不能走过场，文字要灵活一些，个人色彩浓一些，吃透稿件，把握精髓，然后才能给予受众。

此外，还要养成勤查字典的良好习惯。这是很多播音员主持人都不能做到的，他们常常凭着过去的经验和记忆，认为差不多就行，怕麻烦，等到审片时，很多字读错了才意识到问题的严重性。中央电视台著名节目主持人董卿曾经说过，她每次主持节目时，不论是在什么地方，都会随身带一本字典，以便随时查阅。这种严谨的工作态度是我们应该好好学习的。

综上所述，作为公众人物的广播电视节目播音员主持人，除了必须具备良好的形象、动听的嗓音、优雅的气质之外，更重要的是要有深厚的文化底蕴和内在修养，这些都要依靠平时的日积月累，多读书、多充电，只有综合素质提高了，在面对具体的稿件时，才能理解透彻、领悟准确，才能准确、鲜明、生动地传达出稿件的精神实质。只有平时把功夫下足了，在直播时遇到要长稿子、大稿子、急稿子，便能依靠较高的综合素质，从容应对、信手拈来。

三、示例分析

最后一只藏羚羊

彭波

夕阳西下，晚霞轻柔地洒在可可西里的土地上，宁静而贫瘠的土地仿佛又多了几分生机。我呆呆地矗立在寒风中，影子拉得很远很远，脚下是我刚刚死去的妻子和女儿，她们已被蹂躏得面目全非。四周满是我部族的尸体，她们的皮全部被扒光。空气中弥漫着血腥气。

地上血流成河，在夕阳的照耀下，愈加显得惨烈……我，这场大屠杀中唯一的幸存者，便成了可可西里最后的一只藏羚羊。

就在几年前，我们藏羚羊还是一个拥有着20万之多的种族，那时，我们几个部族一起在荒无人烟的高原上驰骋，烟尘蔽日，黄土漫天，场面极为壮观！每逢产子时节，妻子们便要跟丈夫告别，成群结队地去到北方。当几千只母藏羚同时产下小藏羚时，整片大地都泛出了血光！当她们再次带着孩子重返南方后，我们的部族便又增添了生机与希望。

我曾为我是一只藏羚羊而感到无比自豪，我们生活在遥远的可可西里，那里气候恶劣，土地贫瘠，但我们却拥有着惊人的耐力。什么水草丰茂的地方，对于我们没有任何的吸引力，我们常常悠然地卧在雪中，或是在猛烈的冰雹中嬉闹。那时的可可西里啊，无异于世外桃源，这梦一般的世界曾经是那么的美好！

然而，当第一声枪响穿透了可可西里的黎明，我的梦也被击得粉碎！当一辆辆吉普在高原上飞驰时，我的无数同伴都好奇地紧随其后，要和他比个高低，追逐嘛，这是我们常玩的游戏,然而这一次他们只猜对了开头,却猜不着这结局,一支支乌黑的枪举了起来,对准了我的同伴……

那一刻,我的种族的大杀戮便开始了,静谧的可可西里被枪声毁掉了。我清楚地记得,就在那个夏天,几千只母藏羚结对到北方产子却永远地留在那里,她们本已带着孩子准备返回南方骨肉团聚,但迎接他们的,却是人类一杆杆的猎枪,瞬时间,产子的圣地变成了血腥的屠宰场,她们的尸体几百只、几百只地堆在了一起,她们的皮被完全剥去,有的甚至是被活活剥下!孩子们虽然没遭到杀戮,但也没能逃过这一劫,都在回家的途中饿死了。于是,几千个母亲和几千个孩子就这样被人类残忍地杀害!

我开始后悔我是一只藏羚羊,我们其实并不美丽,只是这身皮毛价值连城,可就是这身皮毛,给我们带来杀身之祸,几年来,不知有多少兄弟姐妹惨死在人类的枪下,他们的皮都是被完全剥去,鲜血淋漓的肉啊,露在了外面,可可西里已不再是"美丽的少女",而是恐怖的墓地,十几万只藏羚羊长眠在这里……

为了活命,整个家族,我们这个唯一一个幸存的部族和其他几个部族的幸存者,开始迁徙,几千只藏羚羊浩浩荡荡地向北方前进。途中我由于身体不适掉了队,落在后面休息了一会,这个时候,这个时候远处传来了密集的枪声,我绝望地闭上了双眼……

我俯下身子,舔着我的爱妻,她的眼睛还是那么大,那么明亮,只是充满了惊恐;我又去亲吻我的小女儿,她的眼中也只是好奇和惊诧;毕竟,她还小,不明白发生的这一切。我甚至能够想象当面对人类的猎枪,她可能还想跑过去玩耍,然而却倒在了血泊中……女儿,你是至死也不会明白,其实,我也不明白为什么人类在自己亲人死去时可以悲痛欲绝,却能够坦然地杀死别人?难道他们开枪时没有一丝犹豫?他们动手剥皮时没有一点怜悯吗?当他们的亲人惨遭杀戮,他们无力还击,他们又会怎么样呢?

此时,一丝声响在我身后响起,我慢慢地转过身,眼前是乌黑的枪口,在惨淡的夕阳下,在同伴的尸体中,我竟露出了一丝惨淡的笑容,无知的人类啊!你们究竟要愚昧到几时?你们毁灭了我们,其实正是在毁灭你们自己!你们今天可以踏在我们的尸体上,总有一天你们的尸体将会被自己践踏。

尽管开枪吧,开枪吧!你们唯一的"贡献"便是在已灭绝动物的名单上又增添了一笔,你们把毁灭人类的日期又提前了一天!

枪响了,我大睁着双眼倒在了地上,嘴角仍挂着笑容,眼角却滴下一滴浑浊的泪。

望着夕阳,我仿佛又看到了我的妻子和女儿,还有那梦中的可可西里,几万只藏羚羊在高原上奔跑,烟尘蔽日,黄土漫天,夕阳照在他们的皮毛上,泛着金光……

分析:

(1)层次:这篇作品分为四个层次,采用插叙的方法。

第一层次是第一自然段,作者以自己为最后一只藏羚羊的第一视角进行自述。

第二层次是第二、三自然段,插叙,回忆从前生活的美好,为自己是藏羚羊而感到自豪满足。

第三层次是第四至七自然段,“然而”,一个转折,画风急转,开始控诉藏羚羊种族的悲惨命运,语气悲哀。

第四层次是第八到十一自然段,“我”作为可可西里这片土地上的最后一只藏羚羊,目睹了同伴们的悲惨命运之后,也死在了猎人的枪下,语气由悲哀微调为悲愤。全文主题在这里得到升华,留给人无限的惋惜和回味。

(2)主题:通过最后一只藏羚羊的自述,表达了对猎杀者的憎恶和对藏羚羊命运的惋惜,呼吁人们保护濒危野生动物,减少杀戮。

(3)背景:上情是国家出台相关法律明令禁止猎杀野生动物,保护珍稀濒危物种。下情主流是环保组织和民间团体纷纷响应号召,为保护野生动物不遗余力,支流是猎杀者为了利益,有组织、有预谋地屠杀野生动物,人们购买珍稀动物皮毛产品,无形中助长了这一非法产业链的发展。

(4)目的:以拟人的笔触、优美的文字激起人们的怜悯之心,倡导没有买卖就没有杀害,保护动物,人人有责。

(5)重点:一、五、十、十一自然段。

(6)基调:悲哀,悲愤,深情,警醒。

第二节　播音员主持人心理和状态的准备

随着直播形式在突发事件、战役性报道中的广泛运用,现场连线、现场报道对播音员主持人的语言表达能力提出了更高的要求,也给播音主持语言表达的心理和状态的准备提出了新的挑战。播音主持工作者要加强心理学知识的学习,以便更好地适应和驾驭播音主持工作中存在的灵活性、随机性和挑战性,同时必须具备良好的应变能力,避免出现临场紧张慌乱、思维呆滞、语言平淡,或过度亢奋、语无伦次、无法自控情绪等现象。作为直播间的播音主持工作者更要具备良好、过硬的心理素质,能够及时、快速、有效应对播音主持工作中的突发状况,且能够经受突发情况的严峻考验。当突发状况发生时,避免“慌手脚”“乱方寸”,要极力使自己保持言语亲切平和、思维清晰冷静,迅速采取和利用现有的技术手段进行处理。

我们来看主持人汪涵在《我是歌手》节目的直播现场遭遇选手突然宣布退赛后的即兴救场:

既然我是这个舞台的节目主持人,接下来就由我来掌控一下。首先请导播抓紧时间为我准备一个三到五分钟的广告时间,谢谢!我待会儿要用。

接下来我要说的这段话有可能只代表我个人的观点,而不代表湖南卫视的立场。我从二十一岁进入湖南广电,所以我觉得自己身上的很多优点和很多缺点似乎都打上了湖南广电的很多烙印,包括所谓“没事儿不惹事儿,事儿来了也不怕事儿”。对于一个节目主持人在这么大一场直播当中，一个顶尖级的歌手、一个顶梁柱一样的歌手，突然间宣布退出接下来的比赛，我想应该是“摊上事儿”了，甚至是“摊上大事儿”了。但是说实话，我的内心一点儿都不害怕，因为一个成功的节目有两个密不可分的主体，除了这个舞台上的七位歌手之外，还有电视机前的亿万观众和现场的这么多的观众。我之所以不害怕是因为你们还真诚地、踏踏实实地坐在我的面前，我还可以从各位期待的眼神当中读到你们对接下来每一位要上场的歌手，他们即将演唱歌曲的那一份期许。我还可以从各位的姿态当中感受到你们内心的那种力量，这个力量足够给楠哥、给红姐、给 The One、给李健、给维维、给黄丽玲、给彦斌，已经准备好了，会有千万个掌声要送给他们。楠哥，不信，你听！

这是我要说的第一层意思。第二层意思我想表达的是，我虽然不同意楠哥的一些观点，但是我誓死捍卫您说话的权利。所以刚才我由话筒听到那一段的时候，我并没有试图打断您要说的话，虽然我可以这么做。其实每一位歌手来到这个舞台，他都有权利选择我来或者是不来。当然，您也有权利选择在您认为是对的时刻，依着自己认为对的那个心情作出你要离开的这个决定，所以我相信我们应该尊重一个成熟男人在这一刻作出的决定。当然，我们在这里提出一个希望和请求，就是希望您以一个观众的身份继续坐在这个地方，来看你最爱的弟弟妹妹们向歌王的舞台进军，我也相信我们现场的 500 位大众评审已经做好了准备，用掌声来接纳这位不期而至的观众，不信，你听！

接下来对于我个人而言，一个主持人，我在台上不可能有这么快的反应速度，也不可能有这么大的权力，来重新调整接下来因为楠哥的退出而要改变的比赛的规则。因为有一个歌手要退出，所以比赛规则都要做相应的改变，所以有请导播在这一刻给我放三到五分钟的广告，我要跟我们的制作团队，跟我们的领导一起商量，怎么来进行节目上的和赛制上的相应的调整。各位亲爱的观众朋友，真的千万不要走开。还是那句话，真正精彩的时候，或许会从广告之后才开始，马上回来！

这段主持人的临场应变，沉着冷静、面面俱到。层次非常清晰，内容极其充实，既为选手解了围，又稳定了观众情绪，还给导演组留下了充分的准备应变的时间，已经成为即兴口语表达的教科书式的案例。

一、良好心理素质的重要性

（一）有助于塑造媒体形象

广播电视是党、政府、人民的喉舌，是重要的思想文化宣传阵地。播音员主持人既是广播电视节目的组织者、制作者、播出者，又是广播电视媒体与受众之间的桥梁。因此，播音员主持人必须站在历史的高度、时代的高度，不断加强政治思想修养，完善知识结构，提高业务水平。因为这不仅直接关系到广播电视宣传舆论导向，也关系到广播电视媒体的形象，甚至影响到党和政府在人民群众中树立的形象。

(二)有利于提高播出质量

播音主持工作是广播电视语言传播过程中最后的也是最重要的一环,所有前期工作都要通过播音员主持人创造性的工作来体现,播音员主持人应该努力培养良好的心理素质,树立健康的公众形象和积极向上的精神风貌。同时,随着直播形态的普及,播音员主持人也成为节目的把关人之一,必须及时发现和处理一切影响传播效果的问题。因此,播音员主持人除应自觉遵守岗位规范、严格自律之外,还要具备应对突发情况的心理素质。

二、如何提高播音员主持人的心理素质

心理学研究表明,播音员主持人要提高心理素质,首先要有自我意识。自我意识就是自己对于自己身心状况的认识。由于个体能洞察自己的一切,因而能对自己在播音主持工作中的行为进行调节和控制。自我意识的成熟被认为是个性基本形成的标志,它在人的社会化过程中具有相当重要的地位。提高播音员主持人的心理素质,可以从以下方面入手。

(一)自我认识训练

自我认识是主观自我对客观自我的认识与评价。如果个体对自身的估计与社会上的客观评价距离过远,就会使个体与周围人之间的关系失去平衡,将不利于个人心理的健康发展。自我认识在自我意识系统中具有基础地位,其内容广泛,涉及自身在工作和生活中的方方面面。

(二)自我评价训练

要提高我们的自我评价能力,就应学会与工作伙伴进行比较,通过比较作出评价。还应学会借助他人的评价来评价自己,学会用一分为二的观点评价自己。由于自我评价是自我认识中的核心,它直接影响着自我体验和自我调控。

(三)自我体验训练

自我体验是主体认识自身而引发的内心情感体验,是主观的“我”对客观的“我”所持有的一种态度,如在播音主持工作中的自信、自卑、自满、内疚等都是自我体验。良好的自我体验有助于自制力的发展。

(四)自我调控训练

自我认知、自我体验的训练目的是进行自我调控,调节自己在工作中的行为,使行为符合播音主持工作的规范,符合社会道德要求,通过自我监控调节自己的认识活动,提高工作效率。

三、实际语言表达过程中心理状态的准备

播音主持语言表达可以分为言语的理解和言语的生成两部分，二者互相影响。言语的生成是一个借助内化的语言规则创造性地运用语言的过程。在口语表达交流过程中，说话人常常根据特定的语境，调动其知识、经验，通过紧张的智力活动对信息进行调整、组合，然后决定所要传递的信息。因此，言语生成的过程也是心理因素积极参与的过程。在此过程中，任何一点心理因素细微的变化，都会影响言语表达交流的效果。

目前，播音主持专业教学基础阶段一般分为有稿播音和无稿播音两部分。无论是有稿播音阶段着重解决的创作者内部思想感情的有效调动和外部技巧的充分运用，还是无稿播音教学的语言形成机制的分解训练，都与心理学角度的观照密不可分。从有稿向无稿转型，需要言语的现场生成，如何培养知而能言、言而能顺、顺而能美的能力呢？我们可以从心理语言学的角度对心理状态的准备略作探讨。

（一）感知触发——培养灵敏的言语知觉

言语知觉是人在接触刺激后的言语反应。即兴口语表达课程教学中多培养学生的这一能力。这方面能力相对差的学生有一个共同的特点，就是很难快速地把看到的、听到的、感受到的客观事物和自己的想法，流畅地表达出来。他们在语篇形成的编码阶段，语速相对缓慢，甚至会出现言语知觉的短暂茫然，这时学生往往会把这种情况归结于因为紧张导致脑子一片空白。其实，这是学生将语言形成中的构思计划阶段和执行阶段的任务混淆所致。在言语的执行阶段，既包括“执行”，也包括“制订”。

过去训练时，我们采取鼓励学生多用“语点”来加以提示和贯穿，按照一定的语法规则扩展、丰富、编码出完整的句子。但是播音员主持人的语言计划以形成篇章段落为主，单句的表达机会很少，从而造成在语篇表达时仍然会混乱不堪。

快速地说出所见所闻所感所想，人人都有这一能力，但是说出单句简单，形成语篇较难。心理学研究证明，成人在1/10秒钟内能注意四个不相关联的对象，但是这个能力不加训练和使用是会退化的，而且需要心理稳定才能发挥。因此，要着意培养注意力的稳定性及其分配能力。

（二）边想边说——构建合理的“思维走向”

一般情况下，人们都习惯先想后说，想好是说好的前提，但是在即兴主持时不可能有充分的、常态的准备时间，所以如何实现高质量的边想边说十分关键。心理学的研究证明，当调取熟悉的信息时，人在记忆里检索、提取信息的速度比较快。所以我们可以训练学生在即兴表述的开头部分描述已有的事实或对主题进行直观的解释，从而达到为制订语篇计划挤出时间的目的。而且“从已知到未知”，这种表述结构也完全符合人类的理解习惯，循序渐进、由浅入深。

这里需要特别说明的是，支支吾吾的表达内容丰满但停顿较多，听感很差。因为人

在长篇独白中注意力是在语篇计划和单句计划之间交替轮换的，这种交替轮换会影响语言表达的效果。因此，在准备语篇计划的同时加强注意力的训练是非常有必要的。如果播音员主持人能较好地分配注意力资源，必将大大提高口语表达的能力。

结合心理学，可以在语言表达的准备阶段进行思维走向结构的构建，在播音员主持人语言行进过程中，将思维转成话语，需要对模块进行合理的构建链接，充实内容。比如讲述一段经历、一个故事，可以以时间顺序为主线，可以设计三段式“过去……现在……未来”“提出问题……分析问题……解决问题”等模块的思维走向。用这样的方式将内部语言按照符合人们认知规律的逻辑方式表达出来，虽然有时候会陷入固有僵化的表达格式，但是在基础训练阶段，不失为入门的技巧。

我们要求学生在平时注意积累、记忆一些语言作为模板，可以帮助学生缓解因结构混乱而导致的紧张语结现象。比如针对“讲诚信”这样一个话题，我们可以给出这样的模板：

——诚信是什么：摆出现象（中华民族的传统美德、人与人之间和谐的关系，也可以用具体的事例加以解释）。

——为什么要讲诚信：列举数种理由（这里可以嵌入新模块：分正反两方面来谈）。

——如何才能做到讲诚信：应该从哪几方面做（这里又可以加入新的模块组合：从学校、社会、个人三方面来谈）。

这样，原本是略显单薄的话语走势，因为模块的纵横组合，就逐步丰满起来了。

还有比如“总——分——总”格式、“不是——也不是——更不是——却是”格式都可以作为练习的模块让学生以不同话题来加以熟悉和应用。

实践表明，播音主持艺术专业学习过程中存在的专业瓶颈不是单句的表达，而是连句成篇的问题。所以，培养语篇生成能力才是关键所在，事实上，衡量一位播音员主持人能力高低的标准也主要看语篇生成能力的强弱。

第三节　主持人文案和提纲的准备

我们常说“不打无准备之仗”，播音主持创作工作的前期准备十分重要，除了一般的对播音主持稿件的熟悉、流程的模拟外，在注重直播能力的时代，播音员主持人还要尽可能多地预想可能出现的问题。所以，有经验的播音员主持人在播音主持工作前期，都会尽量设想可能出现的突发情况，多做预案，以备不时之需。比如 1997 年香港回归的直播，是中央电视台历史上的一次直播大考，全球多点、多层次传送新闻，比奥运会还复杂得多。连续 72 小时的直播，很多要靠记者发挥。当时驻港总督彭定康从官邸出来后汽车绕官邸转圈，而记者原本接到的信息是只转一圈，所以在第一圈的时候就把之前准备的一句话说出来了，结果没想到彭定康转了一圈又一圈，就是不走。当时负责直播的记者在第一时间没有反应过来，导致语言陷入了被动，不过，最后还是说出了“彭定康转了 3

圈,但历史是不会倒转的"这样的总结词,才算有惊无险。

播音员在文稿审定后完成播音工作,主持人在节目流程中完成背诵报幕,这是一般受众甚至是部分传媒从业者对播音主持工作的认知和理解。的确,因为传媒环境发展的时代特征,曾经留给播音员主持人的发挥空间有限,这也导致不少人错误地认为播音主持工作者是"念字机器"。而随着媒体的发展,播音形态的改革,互联网节目平台的蓬勃发展,新生节目样态层出不穷,播音员主持人有了更广阔的创作天地,当然,这也对其提出了更高的要求。播音员主持人在"以播为主、一专多能"的专业道路上,从来都没有停止过努力和探索的脚步。尤其是在一些基层广播电视媒体中,由于编制所限,播音员主持人往往身兼数职,集采访、撰稿、编辑、配音、主持、制作于一身。而在各种能力中,与节目创作联系最紧密的就是在节目的创作前期,深度参与策划以及文案和采访提纲的准备。

一、节目创作的策划、文案的准备

对于一位主持人来说,语言表达力、情绪感染力、现场应变能力、知识面与情商等素质都达到高分才能和节目相映生辉,给嘉宾和受众带来愉悦的身心感受。而节目对主持人也具有反作用力,它能将一位主持人的个人魅力与气质展现无遗。所以,品牌节目在主持人的选用上应该非常谨慎,而主持人也要同演员一样,审慎选择合适的剧本,稳定自己的荧屏形象。

北京电视台的主持人春妮在娱乐访谈节目《五星夜话》对"纵贯线"(罗大佑、李宗盛、周华健、张震岳组成的乐团)的访谈中就有一次成功的深度策划。节目编导刚开始的策划思路是聊聊男人的话题,说说酒、说说钱、说说女人,再聊聊他们的人生轨迹。春妮当场表示反对。她说:"这不是我要做的。我是女的,比他们都小,跟他们聊这样的主题不合适,而且我们这样就把话题说小了。"后来,在春妮的坚持和建议下,那期节目把主题调整为"用歌声述说青春",获得了非常好的社会评价。从这个案例可以看出,主持人与节目之间存在共生关系。诚然,主持人必须做很多功课,下不少功夫,时时刻刻做有心人,才能在策划阶段发挥作用。

某年夏季的一天,春妮和撒贝宁、张绍刚、李莉等主持人好友一起到 KTV 唱歌,结果撒贝宁和张绍刚两个"麦霸"较上劲了,一个说,他要唱一首大学时光的歌;一个说,那他唱初中时光的歌,每唱完一首,还会给大家讲他们上学时的趣事。"我后来经常回忆到这个场景,就想,如果能做这样一档节目,还真是挺有意思的,嘉宾聊着天,穿插着再唱首歌,轻轻松松地展现出平时最真实的一面。"春妮有一次和北京电视台文艺频道制片人李雪萍聊起了这个不经意的想法,没想到制片人对此也很感兴趣,不但和春妮一起讨论出节目的雏形,还鼓励她自己当节目的主编。这也是主持人注重挖掘细节得来的节目灵感和创作动力。

另外,文案的准备与策划创意阶段不同,文案的准备更直接地落实在文字上,体现在有声语言中。主持人对文案的行文风格进行把关，有助于主持人个人主持风格的统一及特征的呈现。比如《半边天》的张越自然真诚，充满人文关怀；《面对面》的王志语言犀利、逻辑严密；《欢乐中国行》的董卿温文尔雅、热情爽朗……都给人留下了深刻印象。挖掘个性特点、寻求风格变化，已经成为当今播音员主持人努力的方向。

因此，我们提倡在文案准备阶段，即便底稿由编导写作，播音员主持人也应该提前介入。一方面，从书面语转换成口语的角度进行调整：选择适合口语的表达词汇，选择结构相对简单的短句来替换语法复杂的长句，选择受众容易理解和接纳的表达方式而不要舞文弄墨，炫耀自己。另一方面，从个人的表达风格和个性需求上对文字进行一些调整、修饰：善于幽默的，可多用夸张；长于描述的，可点缀比喻；适于针砭的，可加强排比……

在这一点上，可以来看一组案例：

例一：原导语

2 号凌晨，一列满载旅客的列车与一列邮车在印度东部西孟加拉邦西里古里 80 公里外的盖萨尔车站相撞后爆炸。目前，事故原因已经调查清楚。

修改稿：

2 号凌晨，印度发生了一起历史上最为严重的火车相撞事故。官方证实有 250 人死亡。在印度东部西孟加拉邦西里古里 80 公里外的盖萨尔车站，一列满载旅客的列车与一列邮车相撞，随即发生了爆炸。目前，事故原因已经调查清楚。

例二：原导语

为加强对 OK 镜的监督管理，保证产品安全有效，国家药品监督管理局今天发布了《角膜塑形镜经营验配监督管理规定》。

修改稿：

OK 镜又叫角膜塑形镜，这本是一种医疗器械，可是，在很长时间里，它却被当成商品，OK 镜市场一度非常混乱。昨天，一项关于“角膜塑形镜经营验配”的监督管理规定出台了。值得注意的是，发布这个规定的是国家药品监督管理局，这就意味着，今后，OK 镜是要作为医疗器械来经营的，只有取得许可证的医疗机构才能从事 OK 镜业务。

例三：原导语

近日，北京市朝阳医院顺利完成了亚洲首例亲属间胰腺器官移植手术，目前患者的血糖检测基本正常，这表明移入患者体内的部分胰腺已经在正常工作。

修改稿：

糖尿病是一种常见的多发病，常常会导致人体代谢失常，严重的会引起眼睛失明、动脉血管硬化等并发症。通过向患者体内移植部分胰腺，使病人恢复分泌胰岛素的功能，是目前比较有效的治疗办法，但手术难度相当大。最近，北京市朝阳医院成功地进行了一例这种移植手术，这在亚洲还是第一次。同时，也带给我们一段母女情深的感人故事。

这一组修改稿中：例一是将不利于听觉理解的长句子改成了口语化的短句子；例二是将受众不太明白的专业术语变成通俗易懂的语言进行解释说明；例三则是将枯燥乏味的医学名词赋予了温暖感人的力量，使得语言风格生动自然。

二、采访的前期准备工作

采访是一种互动，无论是新闻现场的采访还是访谈类节目的录制或直播中的采访，无论编导如何策划、设计提问，始终都离不开主持人和嘉宾之间的信息交换和共享。在这个互动过程中，采访者和被采访者共同构成了"交流场"，这个"交流场"是节目的核心和灵魂。因此，主持人在采访过程中必须调控、把关，具备与被访嘉宾平等的对话资格，而这一资格的获得就与前期的准备密不可分。布雷迪在《采访技巧》中说："经验丰富的记者都知道，每采访一分钟，至少准备十分钟。"当然，一般采访者都会提前准备采访提纲，了解被采访对象的基本资料，以帮助自己尽快熟悉对方，毕竟"知己知彼、百战不殆"。

（一）明确节目主题和立意

当一期节目的话题确定以后，作为主持人，首先要尽可能多地搜集与话题相关的资料。搜集资料的方法多种多样，可以翻阅各种书籍、报纸，也可以上网搜，当然，网络信息的来源庞杂，真实性需要核实。通过资料的准备，不但能进一步明确节目主题和立意，引发提问冲动，还能筛选这些提问，沉淀下来思考。只有掌握足够丰富的信息，才能用多维的视角去了解一个事件、一个人物。并在此基础上，设计相关问题。

（二）拟定高质量的访谈提纲

采访提纲的准备可以按照以下步骤进行：首先，确定哪些是为广大受众熟悉的人和故事；其次，确定什么既是受众想进一步了解的，又是节目的主题立意所在；再次，盘点材料、整合信息；最后，设计访谈、确定结构。比如是开门见山还是旁敲侧击，是幽默风趣还是严谨理性，是发散平铺还是"纵深剥笋"等，并形成书面提纲。

（三）尽快熟悉采访对象

在采访时，主持人要与嘉宾保持一种"最熟悉的陌生人"的状态，也就是说既不能对嘉宾一无所知，又要保持一定的距离。对嘉宾的了解有利于主持人"对象感"的建立，除了熟知嘉宾的基本情况，还可以适当多做准备，比如了解嘉宾的一些特殊习惯、喜好。有些细节看似与访谈内容无关，但如果忽视了，可能造成难以挽回的后果；如果有效利用起来，则可能起到深化主题、感染受众的作用。因为面对健谈的人或不善言辞的人，讲话比较有逻辑的人或比较感性的人，主持人发挥的作用是不一样的。除了针对节目内容进行沟通外，做节目前尽量不与嘉宾做过多的交流和预演，保持双方的新鲜感，有利于节目行进过程中的灵光一现。

（四）注重细节

有时候一些细节上的考虑，还体现着节目组对嘉宾的尊重和一个节目的人文力量。比如采访外交官吴建民时，平常总是一身休闲打扮的男编导，特意穿上西装去宾馆接他。给注重外交礼节也身着西装的吴建民留下了良好的第一印象。再如，女嘉宾对自己的形象总是很在意的，虽然来录像前都精心打扮过，但上了电视镜头未必完全合适。因此，节目组可多备几件衣服以及丝巾、耳环等配饰，以便需要的时候提供给嘉宾。这些细微的准备工作，不仅能拉近主持人与嘉宾的距离，有时还能增加嘉宾的交谈兴致。

关于节目主持的前期准备，其实可能的还有很多，这里只是通过几个具体案例帮助大家理解一些基本的要求和追求。主持永远是一项充满挑战的工作，而这也许正是这项工作的魅力所在。

思考题：

1. 备稿六步在训练阶段可以颠倒顺序吗？为什么？
2. 结合自己的训练体会，谈谈如何提高心理素质。
3. 你欣赏哪一位主持人的采访语言风格？试结合某一期节目进行深入剖析。

第七章 新闻播音主持

第一节 新闻播音主持概述

一直以来,新闻都是广播电视媒体传播的主要内容。无论是信息传播还是新闻评论,都脱离不了播音和主持这两种传播方式。因此,我们必须在新闻播音主持理论的指导下掌握播音主持的技能,在实践中寻找自己的播音主持风格。

一、定义

新闻播音主持是指播音员通过有声语言,对广播、电视新闻进行传达的播音创作。

二、分类

(一)广播新闻播音主持

广播新闻播音主持是指播音员以广播为传播手段,对新近发生的或正在发生的新闻事实的报道。目前广播新闻播音分为有稿播报(包括录播和直播)、现场报道、录音合成报道等。

(二)电视新闻播音主持

电视新闻播音主持是指播音员以电视为传播手段,对新近发生的或正在发生的新闻事实的报道。电视播音员的创作方式有有声语言和副语言两种。目前电视新闻播音分为口播、现场报道、演播室对话和新闻片配音等。

(三)新闻播音的表达特色

1. 朴实无华

以叙述尤其以概述为主,语气平实。

2. 准确清晰

语音规范,字正腔圆,语句规整,层次清晰,语意集中。

3. 简洁明快

“感而不入”,音色明亮,语势常扬,不悠荡、不拖腔。

4. 平稳顺畅

无大起大落,无大停大连,重音少而精,停少而连多。

(四)新闻播音的基本要求

1. 叙事要清楚

新闻内容庞杂,种类繁多,所以新闻播音员在备稿时,要在最短的时间内迅速、准确地把握新闻事实,确定稿件的导语、主体和结尾。如果有时间,还可以了解新闻背景,从而更好地表达稿件内容。这要求新闻播音员不断积累知识,学习政策,了解实际,提高自己的综合素质。

2. 新鲜感要强

新闻播音员面对一个新闻事件、一篇新闻稿时,应该在第一时间精准地找到新鲜点。如果是刚开始接触新闻的播音员,一定要做到“备稿六步”,经过长期的积累,日后才可以迅速找到新闻的新鲜点。“新”表现在很多方面,如事件新、政策新、形式新等。表达出新鲜感要求播音员有较好的语音基本功,声音要明亮自如,字音要饱满有力,节奏要简洁明快。

(五)新闻播音的语言样态

1. 播报式

播报式也可以称为播讲式,是新闻播音中最普通的一类。播报式语言简单规范,适用范围广泛。广播电视新闻基本都是通过这类语言方式进行传播的。

播报式的语言要求是不讲错字、注重分寸、语速平稳、呼吸无声。

例:

国家主席习近平1日致电在毛里塔尼亚首都努瓦克肖特举行的非洲联盟第31届首脑会议,向非洲国家和人民热烈祝贺会议的召开。

习近平指出,非洲联盟是非洲联合自强的旗帜。非盟积极推进非洲一体化进程,非洲国家在重大国际和地区问题上继续用一个声音说话,维护和平与安全能力不断提升。衷心祝愿非盟引领非洲国家不断取得新的更大成就。

习近平强调,今年9月将举行中非合作论坛北京峰会。会议以“合作共赢,携手构建更加紧密的中非命运共同体”为主题,中方将同非方携手努力,把峰会主题同中非共建“一带一路”、联合国2030年可持续发展议程、非盟《2063年议程》及非洲各国发展战略结合起来,推动中非全面战略合作伙伴关系迈上新台阶。我期待同非方领导人在北京共襄盛举,共商中非合作发展大计,为增进中非人民福祉、促进世界和平与发展贡献力量。

2. 播说结合式

播说结合式介于“播报式”和“说新闻”之间。语言要求是平和稳健。播报时，播音员要注重交流感和讲述感。

例：

走进田间地头，掌握问题线索，从群众的“只言片语”“衣食住行”中，了解和掌握脱贫帮扶现状和存在问题……这是四川平武县对全县25个乡镇扶贫项目落实情况开展的为期3个月的专项巡察。巡察组深入73个贫困村和47个非贫困村，发现扶贫资金管理使用不规范等突出问题线索260余件，向各乡镇发出巡察督促整改通知书25份，限时整改问题353个，向县纪委监委移交相关问题线索22个。

3. 说新闻

说新闻需要在研究、探讨、阅读以及记忆原新闻稿件的前提下，弄清楚事件的来龙去脉，对内容重新进行合理编排。相较于播报式，说新闻的灵活性更强，更具交流感和亲和力。口语化是说新闻的一大特点，例如大量使用短句以及简单句等。说新闻比较适用于民生新闻节目、新闻读报节目。

例：

好的，接下来我们继续关注一下楼市。虽然很多地方都已经取消了限购，对限购进行松绑，但限购的松绑，并没有给楼市带来转机。被称为楼市传统销售旺季的“金九银十”，已经接近过半，却依然没有明显的起色。这是因为松绑甚至是取消限购，只是解决了一小部分人的购房资格问题，却并没有解决更多人的购房能力问题，而这一问题最关键的就是信贷政策。日前有关信贷政策，似乎也有了松动的风声。在昨天下午有传闻称，央行一周前曾召集各大行开会，“四大行”近日将发布政策，只要房贷余额还清了，都算首套房。也就是说，所谓的认房不认贷。如果认房不认贷的消息属实，那么对于开发商来说，绝对是一个利好消息，有助于促进买家入市，特别是有改善型住房需求的家庭。目前，有关限贷松绑的说法，央行还没有证实，“四大行”也保持沉默。不过呢，中科院金融研究所研究员易宪容说，如果限贷松绑，银行也缺乏动力去执行。

三、新闻播音主持工作的性质

新闻播音主持工作的性质是由其隶属的广播电视媒体的性质决定的。我国的广播电视工作是在中国共产党领导下的有中国特色的社会主义广播电视事业。那么，我国新闻播音主持工作的性质有哪些？

（一）政治性

广播电视是党和政府的重要舆论传播机构，新闻是广播电视传播的主要内容。新闻播音主持工作是广播电视传播中直接“面对”受众的中介，毫无疑问必须遵循新闻工作、广播电视工作的党性原则，必须坚持正确的政治导向、舆论导向。

（二）真实性

真实性是新闻播音主持工作的基础，保证新闻的真实性是对播音主持工作的第一要求。新闻播音员主持人能否做到真实、准确地传递新闻信息，直接关系到整个广播电视系统宣传效果的好坏，影响广播电视的权威性。

（三）时效性

新闻播音主持工作是一项新闻活动，具有很强的时效性。讲求时效性，是为了迅速、及时地报道新闻事实，力争在第一时间将新闻事实传达给受众。新闻播音员主持人要有强烈的播讲愿望，有一吐为快的心理，这是新闻播音主持工作的时效性所要求的。

（四）社会性

首先，从新闻的内容出发，新闻是在不同层面、不同角度对社会现实生活的真实反映；其次，新闻播音主持工作在任何时候都不可能离开百姓火热的生活，它需要时代精神的熏陶，需要在社会生活中汲取营养；最后，新闻播音主持工作是为社会服务的。

四、新闻播音主持工作的地位和作用

（一）在媒体中占有重要地位

新闻节目一直以来，在各台占比较多、分量较重，以新闻为内容的节目形态多样。哪怕县级台都有自己当地的新闻节目，而且占据主要的播出时段。许多媒体都把新闻传播作为立台之本，可见其在广播电视传播中的重要地位。因此，播音员主持人必须遵循新闻的真实性原则，在节目中把握不同的语态，准确、真实地再现新闻事实，凸显其传播优势及效果。

（二）媒体信息传播的代表

在广播电视媒体全天播出的新闻节目及各种新闻深度报道、访谈和评论节目中，新闻播音员主持人处在节目前沿的位置。其传播的信息代表广播电视台的意志，具有传播机构的权威性和规范性。

（三）上传下达的联结点

新闻播音主持工作不是播音员主持人的个人语言活动，新闻传播的渠道是双向的，既要上传又要下达。播音员主持人运用有声语言和副语言，让受众了解党的方针、政策，国家的最新动态，向受众传递最新的新闻资讯，反映百姓社会生活的方方面面。因此，新闻播音主持工作就是党联系群众的桥梁和纽带。

五、新闻播音员主持人的基本素质

（一）过硬的政治素质

新闻播音员主持人作为党的喉舌，一定要具备很高的政治素质。政治素质表现在政治理论、政治立场、政策观念和政治作风等方面。

（二）扎实的新闻素质

新闻素质是新闻播音员主持人应当具备的基本素质之一。只有具备扎实的新闻素质，才能在新闻节目中顺利地进行传播。

（三）丰富的文化素养

丰富的文化素养是新闻播音员主持人必备的基本素质。文化素养由教育背景、知识结构、生活阅历及学历能力构成。新闻播音员主持人不求成为“专家”，但要努力成为“杂家”。

（四）精湛的专业素养

新闻播音员主持人既是新闻工作者，也是语言艺术工作者。因此，新闻播音员主持人应掌握良好的有声语言表达技能，保持较好的形体面貌。

第二节　电视新闻播音主持

一、电视新闻播音主持的特点

（一）形态多样化

电视新闻播音主持形态多样，主要有以下四种：

电视新闻口播：新闻节目一般都采用这种方式，这也体现了电视特性的一个方面，那就是播音员借助电视这个载体，通过屏幕与受众进行“面对面”的传播。

电视新闻片配音：在画面外，电视新闻播音员阐述、评论以及说明新闻片内容，从而对画面内容进行解释和补充。配音语言在电视新闻中具有非常重要的作用，它是使受众充分理解信息的前提。

现场报道：在摄像机镜头前，新闻报道者前往事件发生现场，以第三方的身份将新闻事件介绍给受众，同时提供相关图片和影像的一种报道方式。

演播室对话：借助于视窗对接以及电话连线，播音员和相关人士展开交流，将自己的疑问表达出来，让他们将整个事件的来龙去脉讲清楚；或者让一些专家在演播室就社会热点等进行说明及讨论，为受众了解新闻的本质及意义提供帮助。

（二）稿件形式多样化

电视新闻稿件形式较多，主要有以下四种：

完整稿件：如公文性政令、公报、通告、快讯、编后话等。

不完整稿件：如新闻片导语、新闻片配音词（它们仅是一则完整新闻的前半部或后半部）。

演播室对话提纲：如视窗对接、电话连线、专家访谈的有关资料、提问思路等。

现场报道提纲：如报道词、应变设想、采访角度、采访要旨等（突发性事件报道以腹稿形式存在）。

（三）播音员的关注点多

电视新闻播音员工作时需要关注的地方较多，如稿件内容与自己的表达处理，副语言（主要是体态语）的运用，提示器的操作，监视器的关注，耳机中导播的指令，意外的处置，等等。

（四）电视新闻播音主持有副语言参与

人体的动作行为、脸部表情、着装穿戴等都属于副语言。它涉及两部分：体态语以及形象造型。副语言在大众传播活动以及人际交往中有着非常重要的作用，越来越多的信息都要通过副语言来体现。

二、电视新闻口播

（一）电视新闻口播定义及内容

1. 定义

电视新闻口播，是以播音员出图像为主，结合画外音，播报文字稿件的新闻报道形式。电视新闻口播以语言为传达信息的主要手段。

2. 内容

（1）串联类内容

串联类内容是对两则新闻起承上启下、过渡与转换作用的语句。

播音员播串联语时，一方面，要了解前后两则新闻的具体内容，并产生自己的认识与感受；另一方面，要语气鲜明、分寸得当，有“上挂下连”的过渡之感。

例：

比起没招谁、没惹谁就被人捞出水来成为盘中餐的小黄鳝，小海龟元元和贝贝就幸运多了，它们一年前被人从餐馆里救出，今天要回归大海了，让我们去看看。

(2)背景知识类内容

播这类内容,播音员应增强服务心理,准确、热情、耐心地介绍新闻的背景知识。语气平和,语速适中,要有内行之感。

例:

(在当年北约对南联盟进行空袭之前,中央电视台在新闻节目中对北约是否会动武进行了背景分析)

北约是否会动武,目前还是个未知数,我们不妨先来看看北约与南联盟军事力量的对比。

北约目前在科索沃附近地区驻扎有33 000 名士兵。其中包括驻扎在马其顿的由2 000人组成的快速反应部队,另有在波黑地区担任维和任务的31 000 名士兵。

(3)新闻评论类内容

新闻评论类内容多为编后语、电视评论、报刊评论等,是新闻与评论的结合体。

播这类内容,播音员要拥有评论的心态、议论的语体;同时咬字要饱满,发声、气息力度都要比较强;语速不能太快,态度要鲜明。

例:

本台消息:明天出版的《人民日报》将发表评论员文章,题目是《做班子的带头人——四论努力成为党和人民信赖的好干部》。文章强调,“带头”就要有监督,有批评,有要求,有抓班子带队伍的魄力和办法,不能无原则地追求表面的一团和气。拿出敢于批评的魄力,激发严于监督的威力,培养循循善诱的能力,“带头”才有感染力、影响力和威慑力。

(4)资讯类内容

播这类内容,播音员要情绪饱满、状态积极,找到新闻的新鲜点,语言明快、有节奏感,但语速不可过快。

例:

中国选手袁华今天在21 届世界大学生运动会女子柔道78 公斤级以上决赛中,击败日本选手塚田真希,夺取了本届大学生运动会第一枚金牌。

(5)公文类内容

公文类内容为重要的会议公报、决议、政令、中外领导人致电、外交照会、通知、新闻发布稿等。

公文类内容的播音,要求用声稳而扎实,吐字饱满,大气、庄重、有一定的高度,语速稍慢,用声略高略强。但要适中,过犹不及。表达上,应具有发布和介绍的双重心理及语气,多用宣读式或宣读加播讲式。

例：

今天是朝鲜、韩国发表《北南共同宣言》15 周年纪念日。朝韩双方均呼吁对方落实共同宣言。朝鲜今天发表政府声明，表示要打开朝韩关系转换的局面，呼吁韩国营造接触氛围。韩国统一部 14 号则敦促朝方响应韩方的对话提议。《北南共同宣言》2000 年发表后打开了朝韩和解合作大门。不过 2008 年韩国李明博政府上台后，韩朝关系又陷入低谷。

（二）电视新闻口播的表达特征

1. 位置感

位置感即距离感，指的是播音员和受众之间的心灵距离。口播时，播音员通过讲述的形式发布信息，找到和受众之间的最佳心灵距离。这种讲述要亲切自然，切忌过于随意。

2. 互动感

电视新闻播音员虽然看不到受众，但要想象受众的存在，用一定的播讲语言向受众传达新闻稿件内容。播音员要想把握好这种互动感，首先要激发起播讲欲望，保持良好的状态，想象你所传达的信息内容对受众非常重要，因此，要在第一时间传达给受众。其次，从大局着手，掌握好播音方式，增强互动感；最后，想象受众看完以后是什么感觉，这样在摄像机前就会表现得非常自然。

3. 分寸感

分寸感是指播音员要合理处理口播语言，语速适中，不能过快也不能过慢。理想的、让人感到舒适的播音状态，即播音员完全理解稿件所传达的信息，用正常的语调将其传达出去，能讲的信息就大方讲出来，不能讲的可以用其他方式表示，平衡好这一点，从而让受众真正了解稿件的内容。

在咬字力度上，电视新闻口播比广播新闻播音弱，比新闻片配音强。在语速方面，电视新闻口播比新闻片配音慢，比广播新闻播音快。

（三）不正确的电视新闻口播

1. 严肃端架势

播音员口播时，不能总是一脸严肃、端着架子、压着嗓子，这样会拉开与受众的心理距离。电视新闻播音员不仅要为党和政府代言，还要为广大人民群众服务。因此，电视新闻口播不仅应庄重、大方、朴实，也应热情、真挚、亲切。

2. 客观淡化式

播什么都采取中性态度，将表达淡化式处理，这不是客观、公正，而是欠生气和感受的体现。

3. 取悦于人式

电视新闻口播中，那种总笑眯眯、轻飘飘、取悦于人式的播音是不正确的口播意识。

4. 熟练松懈式

口播中存在着“懈、软、塌”的倾向，有这种倾向的播音员认为：只有这样才是区别于广播播音的播法，只有这样才能显示出自己的业务熟练程度。这是非常片面的，播音员要端正态度，保持良好的口播状态。

除了上述提到的错误做法外，还有自我表现式、例行公事式等，我们必须杜绝以上现象，用正确的口播方式为受众服务。

(四)无提示器口播和有提示器口播

1. 无提示器口播

(1)抬头交流

抬头交流，是指电视播音员在无提示器的情况下与受众交流的抬头动作。

(2)抬头交流中存在的问题

盲目性：播音员为了抬头而抬头，与稿件内容表达无直接联系。为了亮相，因抬头而语断。

程式化：无论播什么内容，播音员都在开头或句尾抬头，或播几句一抬头，机械而单调。

表演化：播音员抬头时，面部表情做作，以表情诠释所播内容，表演痕迹过重。

(3)抬头交流的目的与作用

电视新闻口播在无提示器的情况下的抬头目的与作用：一是为了与受众进行交流，加强心灵沟通；二是为了辅助有声语言表达，表现稿件的目的、重点和关系等。

(4)抬头技巧

①记忆技巧

记忆技巧，指电视播音员在无提示器口播时，利用瞬间记忆结合长时记忆的方法，将抬头点后的词语背下，以获得抬头的主动性。

②时间技巧

时间技巧，指电视新闻播音员在无提示器口播时，抬头交流伴随有声语言的表达，有同步与不同步、抬头时间长短不同的区别。

2. 有提示器口播

(1)提示器类型

手推稿纸式、小球滚动式、鼠标点动式、手捻式、旋钮转动式，等等。

(2)口播准备

首先，播音员必须掌握新闻语言表达规律，养成工作责任心，熟悉新闻稿。其次，在口播过程中,为了避免出现突发状,播音员必须将所有稿件都带入演播室。集中注意力,强化记忆力。最后,在工作之余,播音员要认真观看同行是如何应对意外状况的,同时设身处地地想想自己会怎么做。

(3)口播表述处理提示

口播类似于广播新闻,具备广播新闻的基本特点,其中就包括串联性。如果"请看报道"这几个字在口播稿中出现,那么口播时就要在尾句表达出来。

(五)电视新闻口播的副语言

副语言是指不包括有声语言在内,人体的形态、行为以及面部表情,还包括人的穿着、发型、妆容等。它由两部分组成:体态语和形象造型。

副语言的主要功能是传达态度与情绪,辅助有声语言表达。

在人际交往与大众传播活动中,副语言的重要性并不亚于有声语言。电视新闻播音员主持人出镜播音,其形象直接呈现在受众面前,只有有声语言和副语言有机结合,才能形成完美的屏幕形象。

1. 体态语

(1)头

电视新闻口播时,播音员主持人的头部动作有两种:一种是有提示器的头部动作,另一种是无提示器的抬头动作。

有提示器口播时,为了更近距离地与受众交流,播音员主持人要看着摄像机,感觉是看着受众的眼睛与他们交流。这种播音方式虽然没有抬头动作,但也有相应的头部动作。一般来说,说新闻要比播讲新闻活些,头部的动作可以大些;但在播严肃稿件时,头部的动作就要少,保证新闻的严肃性。

无提示器口播时,播音员主持人不能一直低头,因为是出图像,所以播音员主持人要由低头看稿到抬头看镜头和受众进行交流。抬头时,播音员主持人稍微扬起头,眼睛直视镜头的中下部,也就是镜头的三分之一处。看稿时,播音员主持人的头不能横向移动幅度太大,尽量用目光扫看文字,无论是抬头的上下动作,还是看稿的左右动作,播音员主持人的头都要有所控制,把握好度。

(2)眼睛

眼睛在电视新闻口播中有很重要的作用:第一,口播时,播音员主持人要用眼睛看稿;第二,眼睛有时可以传递所播内容和主题。电视新闻口播时,播音员主持人不要总眨眼,否则会让受众感觉你非常紧张。有提示器口播时,眼睛不能总盯着屏幕上的文字,眼神要自然一些,一句话一句话地扫,所以在做节目之前,一定要认真备稿。

(3)眉毛

在电视新闻口播中,主持人的眉毛动作幅度不能太大,很多新上岗的主持人有挑眉的习惯,这个毛病需要我们通过自己对镜子练习改正。电视新闻播音员主持人口播时,出镜图像比较大,所以任何的面部表情都很明显,而且会被放大,所以我们一定要时常对镜子练习，发现自己的毛病并及时改正。

（4）嘴

在电视新闻口播中，嘴也非常重要，嘴型影响着画面的美观。电视播音员主持人的嘴型一般不能动得太大，但也不能因此而不敢张嘴。正确的做法是：保持口腔内部的开合度，形成一个枣弧形，同时咬字有力，口腔外部要注意提颧肌。

（5）身体

电视新闻口播时，播音员主持人不能缩脖、塌腰、窝胸，要坐在椅子的前端，脖颈、脊背、腰部挺直，两肩平直，胸部微含，下颌与腹部微收，两臂自然弯曲，小臂平放于桌上，身体不能乱晃动，应表现出播音员主持人良好的精神风貌和屏幕形象。

现在的新闻口播形式比较多，有坐播也有站播，前面我们讲的是坐播，现在来讲讲站播。站播的优点是，播音员主持人显得更加有精气神，符合新闻的特性，早间新闻一般比较轻松、活泼，所以更适合站播。播音员主持人站播时，下半身要伸直，双腿并拢或以丁字步站立。

（6）手

在电视新闻口播中，手的功能有两个：一是发挥体态语的辅助作用，二是操作提示器以及翻文字稿件。播音员主持人手部动作幅度要小，自然简洁。

2. 形象造型

（1）服装

服装作为副语言的元素之一，具有一定的象征性。如每逢过年过节，电视播音员主持人的服装都比较靓丽，以红色居多，营造出节日的喜庆气氛；如在平时，主持人播音员的服装一般都比较大方、素雅。

（2）发型

电视新闻播音员主持人的发型：女主持人一般以短发为主，显得大气、干练；男主持人一般以分头、背头、寸头为主，显得有精气神。

（3）化妆

电视新闻播音员主持人化妆一般不宜太浓艳，区别于舞台妆。底色不能太白，也不能太黑，应和自己本身肤色协调；眉毛不能太细或者太粗，要和自己的眼型、脸型相称；嘴唇不能太红、太艳，要和自己的衣服颜色相称；眼睛要有神，但不能化得太妖艳，要自然、真实。

（4）饰物

电视新闻播音员主持人的饰物和其他节目类型主持人的饰物稍有区别。电视新闻播音员主持人讲究干练、大气，所以在工作时一般不戴饰物，尤其是夸张的耳环、戒指等。

女主持人在适当的时候可以戴细的项链，项坠要小；也可搭配丝巾，或者在胸上别上胸针等，起到点缀作用。

三、电视新闻片配音

1. 定义

电视新闻片配音，是指电视新闻播音员主持人在画面外对新闻片内容进行说明、介绍、补充、讲解以及评述，用以解释、补充、阐释画面内容。配音语言与画面语言同等重要，有时甚至超出画面语言。

2. 电视新闻片配音方式

（1）片子编辑后再配音：最常见的电视新闻片配音方式，符合电视的表现规律，有利于播音员主持人对配音进行处理，使有声语言与画面的情绪、位置、长短相吻合。

（2）先配音再编片子：出于各种原因，电视台有时需要先配音再编片子，但这样做不利于播音员主持人对新闻片配音的处理。

（3）二者兼而有之：这是目前我国电视新闻片配音制作经常采用的方法。

3. 电视新闻片配音的特点

（1）承接性：电视新闻片是一则新闻的主体，配音要承接电视新闻口播导语的内容，所以不能自成一体、自说自话，应体现一则新闻的完整性和统一性。

（2）非连续性：电视新闻片配音受具体画面的影响，时断时续。因此，配音语速要根据具体情况灵活处理，语言呈现非连续性。

（3）讲述感强：从整体上讲，电视新闻播音主持相对于广播新闻播音主持对象感更强，讲述感也更强，但其讲述感弱于电视新闻片配音。这是因为电视新闻片配音的内容往往是一则新闻的主体，是对导语的展开和对具体内容的详细介绍，语言表达更需要自如、从容，让人听得清楚、明白、舒服。

第三节　电视新闻评论类节目主持

我国电视新闻评论类节目的出现是以 1993 年 5 月 1 日中央电视台《东方时空》面世作为标志的。这种节目形式的出现是传媒发展的必然产物，也是为了满足受众的需求。20 世纪 80 年代初，我国就已经出现主持人节目，但唯独评论类主持人节目足足晚了十年才出现，虽然姗姗来迟，但是准备充分，后来者居上。多年来，我国电视新闻评论类节目发展迅猛、稳健。

电视新闻评论类节目以其客观、深度、全面的报道成为当今重要的新闻报道形式。作为节目中难度最大、层次最深、涉及面最广的节目，主持人对节目的质量影响深远。目前新闻评论类节目的节目形态有三种，分别是消息类、杂志型、专题型。其中，杂志型节目借鉴杂志多栏目的编排方式，由不同栏目、版块构成，比如《新闻周刊》；专题型节目对新闻事实做详尽而有深度的报道，比如《新闻调查》《焦点访谈》。

一、新闻评论类节目的主持

（一）撰写与修改导语、串联词

对于电视新闻评论类节目主持人来说，自己动手撰写与修改导语、串联词并非额外的负担，它是主持人积极投入工作状态以及创造性劳动的进一步深化。导语和串联词的作用主要包括四个方面：突出新闻重点；寻找方便理解、吸引受众的导入角度；必要的简短议论；有机串联、整合节目。

主持人应迅速、正确地理解新闻信息，提炼要点，把握新鲜点及新闻价值，掌握必要的背景及相关信息。主持人的受众意识、服务意识要在导语、串联词中有所体现。具体做法有以下五点。

1. 分解长句，突出重点

主持人应将原来导语中的长句分解为短句，根据受众理解信息的需要，把重要的信息点及受众关注的信息点在导语中予以突出。信息点贵在准确、精当，能够吸引受众的注意力，使导语听起来简洁明晰。请看《世界报道》中主持人对导语的修改。

原导语：成为学校中的体育明星是很多孩子的梦想之一。今天，6岁的亚当终于又能像正常的孩子一样，圆他的棒球梦了——由于医生创造的奇迹，身患骨癌的亚当保住了他的右臂。

主持人改为：很多孩子都渴望成为学校里的体育明星，6岁的亚当也是其中之一。可骨癌差一点打碎他的棒球梦。而今，由于医生的努力，亚当奇迹般地保住了他患有骨癌的右臂。

2. 寻找切入点，感性地贴近受众

主持人应熟悉受众的需求、关注的重点，多从贴近受众生活和心理的角度寻找那些“直观可感”的切入点，可用由近及远、由此及彼等方法导入新闻，或抓住新闻的核心，以设问方式提出悬念，或用“讲故事”的方式讲述新闻事实的细节以吸引受众的注意力。请看《焦点访谈》中主持人对导语的修改。

原导语：托尔斯泰说“幸福的家庭总是一样的，不幸的家庭各有各的不幸”，我们的记者在东北看到这样一个家庭——

主持人改为：此刻在电视机前的，可能有当爸爸妈妈的，也有当爷爷奶奶的，假如在你的身边有个七岁的孩子，那他过着怎样的日子呢？在东北，我们记者见到一个七岁的小孩，他的父亲得了重病，他的母亲离家出走，而这个七岁的孩子就过着这样的日子。

3. 扩大视野，补充信息

主持人可以提供一些新闻背景或相关知识性材料，帮助受众更好地理解新闻的本质。请看《世界报道》中主持人对导语的修改。

原导语：以色列工党北京时间今天凌晨顺利通过了当选总理巴拉克提出的下一届内阁名单。现在这份内阁名单已经由巴拉克提交以色列议会审议。我们现在接通中国国际广播电台驻耶路撒冷记者刘玲。

主持人改为：以色列工党北京时间今天凌晨顺利通过了当选总理巴拉克提出的下一届内阁名单。现在这份内阁名单已经由巴拉克提交以色列议会审议。如果获得议会通过，新政府将宣誓就职。我们现在接通中国国际广播电台驻耶路撒冷记者刘玲。

4. 适当点评，简短交流沟通

主持人以朋友身份和受众一起关注新闻，必要时，可以把自己对新闻事件的感悟，有分寸地在导语或串联词中体现出来，与受众做简短的交流。

（点评）如果您遇到过“碰瓷”的话，一定要站出来，千万不要自吞苦果，这样只能助长犯罪分子的嚣张气焰。

5. 有机衔接，巧妙转换

消息间贴切有趣的勾连，是整合信息、优化传播的重要手段之一。主持人可在相邻的消息之间构建对比、联想等逻辑联系，增强新闻传播的整体性。

中央电视台《新闻早8：00》前则为《饥荒威胁南部非洲国家》，后则为《沃尔沃推出新款概念车》。

原串联词：科幻电影中的高科技汽车总能为英雄们提供全方位的安全保护。最近，瑞典沃尔沃公司推出了一款新型概念车SCCII，也许能让科幻变成现实。

主持人改为：想到非洲还有这么多饥饿的人民，总觉得再讨论一些奢侈的事情是一种罪过。不过，科技的发展还是令人欣喜的。最近，瑞典沃尔沃公司推出了一款新型概念车，它提供的全方位的安全保护让你不得不刮目相看。

（二）“播说结合”及“说新闻”

新闻评论类节目主持人必须有较强的信息处理能力、语言加工能力和口语表达能力，因此，我们平时应加强“播说结合”与“说新闻”的训练。

“播说结合”及“说新闻”时，主持人状态要专注积极、自信而有活力，与受众交流的眼神和表情要真诚到位，可辅以自然恰当而明确简洁的手势。吐字清晰，不拙不涩，语流的松紧疏密、高低强弱应有变化，紧扣新鲜的信息要点，并与受众的信息需求相契合，态度基调贴切具体且有适度的变化。

1. 文稿的口语化处理

词语处理——将生涩刻板的书面语换成通俗易懂的口头语：生动简洁、明快晓畅。

多用双音节词,不用生僻成语、典故。句式处理——将成分复杂的长句改为短句、少用倒装句。语音安排——避免同音字误听误解,考虑朗朗上口、入耳动听的听觉效果。

2. 语序调整

为了便于受众对稍纵即逝的有声语言信息的接受和理解,主持人有时需要对新闻事实较为复杂的消息做语序的调整。调整的思路为背景、新闻点提前,或以新闻事件发展的时间或空间为序,或由主到次一一交代,或根据因果等逻辑关系进行结构调整。

3. 增强交流感和讲述感

主持人可以从故事性的个案切入,适当使用细节描述、口语句式,用富于交流感的设问或自问自答的方式增强评论节目的交流感和讲述感。

4. 强记信息要点和叙事的逻辑顺序

主持人依据上述原则重新组织语句,不必拘泥于原有的句式,注意叙事的流畅性,不要为偶尔的“磕巴”所困扰。

二、新闻评论类节目的评论

(一)主持人言论的特点和作用

对新闻事实、社会现象作出实事求是、合情合理的分析及议论,是新闻评论类节目主持人应当具备的能力。主持人言论专指主持人以个人名义在节目中对新闻事实、社会现象直接发表的议论。主持人言论一般有两种形式:一是“三言两语”的点评,二是独立成篇的短评。传播身份的平等性、议论话题的贴近性、谈话时的交流性及语言表述的个性化是主持人言论的特色。主持人言论与一般的媒体评论相同,都是亮出观点、摆明态度,从而达到影响和引导舆论的目的。

(二)议论能力的训练

主持人言论的创作,无论是写作还是临场发挥,基本要素就是“论点、论据、论证”,对此可供参考的书籍比较多。我们也可以另辟蹊径,从思维方式、思维能力的角度,拓宽思路、提高主持人的思辨能力和思维组织能力。

因此,本文议论能力的训练重点围绕两个方面:一是主持人思维能力的提高,二是主持人言论语言特点的把握。综合起来就是拓宽思路,有话可说;运用材料,言事见情;分析说理,透彻易懂;语言表述,平易鲜活。

训练注意要点:(1)力求:内容正确,结构合理;语言灵巧,表达自然;视野开阔,分析透彻;思想深刻,导向正确。(2)力戒:不痛不痒,人云亦云;没话找话,啰唆。(3)不能:油腔滑调,戏说调侃;矫揉造作,自我欣赏。

(三)“三言两语”的点评

这种点评是在串联词或采访报道中,对新闻事实或社会现象所做的简短议论。每段点评百字左右,也许只有十几个字。点评的内容出自主持人对新闻信息迅速而敏锐的反应、对新闻价值的把握、对新闻背景的了解。

(四)独立成篇的短评

这种短评是主持人以个人身份针对典型的新闻事件和群众关心的问题,直接面向受众阐明观点态度的语体和节目样式。篇幅少则三五百字,多则上千字。

短评的创作:一方面,要确立短评的观点立意和框架结构;另一方面,要通过语言组织能力和语言包装能力引起受众的共鸣。

思考题

1. 新闻播音的基本要求是什么？如何做到?
2. 电视新闻口播的内容与要求是什么?
3. 根据自己实际谈谈在新闻播音中如何把握自己的形象造型和体态语的运用?
4. 谈谈电视新闻片配音的特点是什么？应如何把握?
5. 主持人言论有哪些特点？在写作与表达方面有哪些规律?

第八章　现场报道

第一节　现场报道概述

一、现场报道的概念

关于现场报道的概念,常见的有几种说法。叶子在《电视新闻:与事件同步》中认为"现场报道是电视记者在新闻事件现场,面向摄像机(观众),以采访记者、目击者或参与者作出图像的报道"。[①] 宋晓阳在《出镜记者现场报道指南》中认为"现场报道是电视报道者置身于新闻现场,面对摄像机,以采访者、目击者和参与者的身份向观众描述新闻现场、叙述新闻事实、点评新闻事件,并同时伴以图像报道的一种报道形式。现场报道分为录像型现场报道和直播型现场报道"。[②] 我们据此将现场报道定义为"新闻报道者置身于新闻现场,面对摄像机或话筒,以采访者、目击者和参与者的身份向受众描述新闻现场、叙述新闻事实、点评新闻事件,向受众传达新闻现场的一种报道形式"。

二、现场报道的作用

现场报道已经成为媒体展示新闻现场的首要选择,之所以选择现场报道的形式展示新闻事件,是由现场报道的作用决定的。那么现场报道有哪些作用呢?

(一)增强新闻报道的可信度

在电视新闻报道中,声音和画面"两张皮"是长期存在的弊病,而现场报道则解决了这个问题。因为记者在新闻现场首先展示的信息就是"我在现场",在新闻现场获取的信息无疑是最值得信赖的,因此,新闻报道的可信度大大增强了。

如 2015 年"8 · 12"天津爆炸事故中,记者蒋林在天津港海关大楼发回的报道:

---

① 叶子.电视新闻:与事件同步[M].2 版.北京:北京师范大学出版社,2007:136.

② 宋晓阳.出镜记者现场报道指南[M].北京:中国广播电视出版社,2008:30.

那么说到昨天爆炸的一个影响,就在距离爆炸地点直线可能也就800米的距离范围,就是天津港的海关大楼。我们今天抵达这个地点的时候发现整个的新港大楼,包括底下的这个验放区域,整个的这个区域现在已经全部停止了工作。我们在征得了同意之后,今天下午2点半的时候进入到这个人员已经疏散、撤离的区域当中去拍摄到了一些画面,这也可以说是受到昨天爆炸影响最核心的一个区域。我们请大家来看这样的一个画面:这是我们在大楼的9楼的一个楼梯间所拍摄到的一个小的细节,爆炸时这样的一个气浪是把玻璃直接震碎,而玻璃直接插到了水泥的墙体上。这时我们大概上到11层会发现,在9层到11层的这个区域当中玻璃损坏得特别严重,插入墙体当中的玻璃碎裂得特别明显,这是不是也在告诉我们,其实我们通过很多的视频也可以看到,整个爆炸产生了一个巨大的波及力量。现在我们看到的就是天津港海关大楼内部的一个画面:所有的天花板的顶棚全部都已经掉落。而现在,无论是面向天津港,就是这个事故现场爆炸区域的玻璃,还是大楼背面的几乎所有的门窗全部都受损。这是我们爬到天津港海关大楼的15层的楼顶上所观察到的今天下午2点半钟核心现场的这样一个实时画面:我们看到这些消防车辆和消防人员距离这个核心现场可能只有500米到600米的距离,而我们站在这个地方其实可以闻到非常明显的燃烧过之后的味道。我不是这方面的专家,无法通过这个气体所带给我的感受去做一个明确的判断。但我自己最直观的一个感受就是当我离开这个大楼之后,我的鼻腔、口腔变得非常干燥,而且有一定的这种刺激的感受。

这段文字是记者进入到天津港海关大楼内部,对大楼内部受损情况的详细描述。如从损毁严重的9楼至11楼的楼梯间玻璃插入水泥墙的画面,受众可以直观地感受到爆炸的严重性。记者特意告诉受众不管是面向爆炸区域的玻璃还是背向爆炸区域的玻璃全部都受损,并通过玻璃、顶棚、待命的消防车和消防人员、闻到的燃烧过后的气味等多角度地展示了现场,信息的可信度大大增强。

(二)现场报道的新闻信息经过记者梳理,便于受众接受

新闻现场的信息很庞杂,记者亲临现场,将所见、所闻、所听、所嗅、所感等收集、筛选、整合后,形成一定的主题或关键词,信息的条理性大大增强,毫无疑问,传播效果也将大大增强。如张泉灵"芦山地震特别报道"中关于宝兴地区的报道:

"宝兴"这两个字于我来说,这一天是担忧和惊喜两种感情反复的一个过程,但我想最新的关于宝兴的消息是惊喜的部分,因为这跟我在凌晨所预判的这个结果有非常大的差别。首先呢要说一下今天早上我给自己布置的几个任务,我说宝兴今天有几个问题是必须搞清楚的。宝兴在今天凌晨的时候有2 500名伤员,这些伤员当中到底有多少是急于转移的重伤员?到底哪条路能把他们送出来呢?我想劳春燕之前也跟大家介绍了,因为截止到今天凌晨的时候,事实上在宝兴,无论是空中直升机,还是用陆路三条以及水路的方式,如果想要运送重伤员的话应该说都是非常不安全的方式。但是在今天中午我抵达距离宝兴非常近的芦山县的双石镇的时候，非常意外地看到了一件事情：我见到了当地的卫生所里面有一群新运来的医疗救护人员。我问你们怎么来的？因为陆路过来非常困难。他们告诉我说，是直升机送进来的。我很惊讶，因为截止到今天早上还在说当地的这个地形，对于直升机的起降会非常地不安全，很难找到一个安全的起降场。结果要说的是今天首先是有一个好天气，然后是我们的直升机的驾驶员下了非常大的勇气，用他非常高超的这个能力，在河滩旁边找了一块庄稼地就降落在那里，所有的医护人员就从庄稼地来到了卫生所，医护人员被送进来了，伤员被送出去了。那宝兴也是相同的情况，2 500 名伤员中有 86 名是重伤员，今天下午基本上全部都用空中的这个线路以最安全、最快捷的方式给送出来了，所以我想这是今天的第一个惊喜。第二个惊喜那就是预判和结果上的这个差异，其实就来自我身后的这个消防系统的指挥部。那你要知道今天早上在这个凌晨的时候，这边的负责人告诉我说进入宝兴的总共有 106 名消防队员，在外围可能有 200 到 300 名的预备力量，今天最好的情况可能会有 600 名消防队员进去，但截止到今天下午 2 点的时候，所有的消防队员都进入到宝兴县城，总共是 870 人。这个源于在芦山的时候就相对来说比较顺利，他们已经把整个芦山县扫过两遍，所以有更多的力量可以挺进到宝兴里。今天更让人惊喜的是救援队在蜂桶寨青坪村救出了一个 17 岁的姑娘，有什么比生命的获救更让人惊喜的呢？

我想今天通过我本人一天的徒步经历，对宝兴产生了另外一种担忧。因为即便在很多惊喜的结果下，我们依然要看到目前的这个救灾还面临着很多困难。首先我想请大家看一下芦山县城在晚上 8 点钟左右的这样的一个主干道交通繁忙的状况，非常地拥堵。今天早上我 7 点钟出发，从芦山县城通过 210 省道再通过龙门乡进入到双石镇，这段路呢之前大概一个小时就够了，但你知道我去时开车花了 3 个半小时的时间，返回用了 4 个半小时的时间，大大超过了预期，堵车非常严重。因为这条省道呢，它是一条盘山路，它的道路非常狭窄，只允许两辆小车非常小心地交错而过，如果其中有一辆稍大一点的车辆，像是救护车辆在这条省道上是没有办法交错的，它会造成全线瘫痪般的拥堵，所以这是在未来的救援当中必须认真注意的。第二个是之前报道过的今天下午 2 点双石镇到宝兴的灵关镇的这条道路虽说是被打通了，但之后立刻就会有余震，很多大石头滚下来。在我采访的时候发现，这些大石头甚至只相隔 100 米就会出现很大的滑坡体，而这些滑坡体成了从这条路进入救援的人员的最大的障碍，这也是我们非常担心的一个问题。因为按照目前路上的滚石来说，我们认为要把它们清理干净是有相当大的难度的。第三个让人担忧的是我今天在路上遇到了一位老大爷，他请我去他住的寨子特地看了一下，我们注意到这个寨子已经形成了大概 1 万方到 20 万方不等的数十个这样的滑坡体，下错 60 公分宽，当中已经有了一二十公分的间隙，非常大。我们非常担心天气的变化，因为明后天一旦下雨的话，那么滑坡体就会引发次生灾害，我觉得这是在未来两三天当中需要特别注意的部分。

记者张泉灵通过惊喜与担忧的对比，报道了地震救援现场的三喜：一是足够的医护人员进入了灾区，受伤严重的伤员被安全地转移出了灾区；二是比最好的预计还多了近300名消防救护人员进入了宝兴进行搜救工作；三是一个生动的细节，一位17岁的姑娘获救了。但还有三忧：一是灾区交通拥堵严重，记者用时间对比来说明；二是余震不断，道路被滚石阻挡，救援人员如何进入灾区成为一个问题；三是滑坡体很多，如果下雨很可能引发次生灾害。这段报道的内容很多、很杂，但是记者通过"惊喜"与"担忧"这两个主题词，把"三喜""三忧"报道出来了，并且在报道过程中，多处使用数字对比说明，内容直观、清晰、明确，受众易懂，效果很好。

（三）记者可以充分发挥能动性，向受众介绍"立体"的现场

毫无疑问，摄像机能够记录丰富的信息，但是也有一部分内容是摄像机无论如何不能记录的，如人内心丰富的情感、物体的温度、现场的味道等，这些信息就需要记者到现场充分发挥自己的能动性，将"立体"的现场展示给受众。如2009年北京西单购物中心发生火灾后记者的现场报道：

这里就是发生火灾的西单购物中心临街的铺面，今天119接到火警后，经过1个小时的奋力扑救，现在大火已经完全被扑灭了，现在北京市消防局的现场勘查人员正在对火灾的原因进行进一步的调查。我现在所站的位置就是大火曾经烧过的地方，那么站在这里依然可以感觉到一定的辐射热，用手摸一摸屹立在购物中心门口的石狮子，还可以感觉到它是热的，用手碰一下，有石头的碎渣掉下来，可见当时的火还是比较大的，所幸大火并没有造成人员伤亡，而且过火面积也就是临街的110平方米左右的铺面。

由于记者发回报道时明火已经被扑灭，那么火灾当时到底是什么情况，就需要记者向受众进行描述。记者充分发挥能动性，通过感受到的辐射热，摸摸门口的石狮子感觉到的热度，用手碰碰石狮子有碎渣掉下来等，让受众了解到现场的状况。

（四）记者能够深入现场，发现更多有价值的新闻

新闻现场的信息有些是摄像机可以记录的，有些是摄像机不可记录的。不可记录的信息需要出镜记者现场发现并利用镜头去展示、表达。同时摄像机记录的信息有些是真实的，有些未必是真实的。因为摄像机记录的是表象，而真实的信息有时候会被表象所掩盖，所以记者在现场通过观察和采访等，可以深度发掘事实，发现更有价值的新闻线索，解答受众的疑惑。

如在2008年汶川地震时，张泉灵在成都经都江堰通往汶川的213国道抢修现场发回的现场报道中，向大家解释了为什么在急需打通道路的现场工作的人少，而围观的人多，"……需要300多个小时也就是十几天时间才能把这里的土方挖走，那么为什么现在在这里看的人多而工作的人少呢？这其实也是一个相当无奈的事情，因为大家可以注意到，以下这段路是一个什么样的情况，它宽也就7米左右，往这一边，下面就是岷江。路面太窄，没办法展开工作"。接着通过对现场负责人的采访了解到，原来旁边看似围观的

3个人实际是监测员，由于山体不断滑坡，挖掘机操作员的人身安全也是个大问题，因此监测员要时刻注意观察山体滑坡的情况，保证操作员的安全。记者的现场采访和报道解答了受众的疑惑。

三、现场报道的分类

现场报道可以按照新闻事件的类型、现场报道的表现形式、新闻叙事的角度以及时间切入点等进行不同类型的划分，我们按照最常见的新闻事件的类型将现场报道分为两类：事件性现场报道和非事件性现场报道。

事件性现场报道指的是以一个独立的新闻事件为核心而展开的新闻报道。它强调新闻的时效性，其新闻价值与时效性密切相关，要求迅速地反映新闻事件发生、发展的情况。

非事件性现场报道通常是对一段时间或若干空间发生的情况、经验或问题等进行概貌性或阶段性的反映，其时态往往是渐进式的。非事件性现场报道包括典型报道、深度报道、经验性消息、述评性消息等。

事件性现场报道又可以分为预测性事件报道和突发性事件报道。预测性事件报道往往对事件的发生有所准备，报道与事件同步进行。通常，预测性事件报道较多地运用在大型活动的直播中，因为这类活动可以预知并事先做大量的准备工作。

此类报道的优势主要体现在以下三个方面：

第一，可以提前策划报道。

由于新闻事件属于预测性事件，记者在报道前就可以收集、整理大量的事件背景信息，这样在实际报道的过程中，就可以信手拈来，填补话语空白。

第二，可以提前设置多元化的信息点。

为了突出某一报道主题，媒体可以精心设计、安排。在有利于媒体报道的环境中，记者可以依托报道脚本展开多空间、多角度、多层次的信息发布。

第三，可以利用新闻背景来充实报道。

为了使报道内容丰富、翔实，记者可以将事先收集到的信息按照一定的传播目的融汇到具体的语言表达中去。除了对事件进行目击式报道之外，背景信息可以以“夹层”形式出现在报道中。

如近几年的钱塘江大潮直播，记者往往会在大缺口、盐官、老盐仓、萧山观潮城、美女坝等几个观潮点进行多空间的现场报道。在报道的过程中，记者既会对现场进行描述，如潮水的形状、声音，观潮的群众等，又会对背景信息进行大量补充。如2014年记者在盐官进行现场报道时说“新水文塔装有压力感装置……盐官的旅游接待能力日益增强……今天的潮头高度约1.9～2米，差不多是近十年最高的潮头，这与刚刚经过的台风密切相关……潮水的一般速度在18～20公里/小时，昨天超过20公里/小时……”然后记者告诉受众在盐官观潮时应该关注两个问题：一是破碎的潮头在盐官能否连成一线；二是潮水在通过有着400年历史的占鳌塔时能否形成壮观的“一线潮”。大量的背景信息夹杂在现场信息中，就如同旅游景区的导游解说一样，使受众不仅“知其然”，更“知其所以然”，为受众观潮提供了重要参考。

突发性事件的现场报道就是报道者在突发性事件现场，对突然发生的事件作出及时报道。突发性事件可以分为社会性突发事件和自然性突发事件。由于突发性事件的现场报道有不可预知性，报道者只有具备丰富的知识储备、较强的应变能力和报道现场的信息驾驭能力，才能在此类事件的报道中为受众传递出客观、准确的信息，才能有效引导社会舆论、化解社会矛盾、疏导公众情绪。因此，掌握突发性事件的现场报道是一名合格的记者必须具备的基本技能。

突发性事件的现场报道具有如下显著特点：

第一，准备时间短。

突发事件从发生到媒体报道，对于记者来说，并不比受众提前知道事件的具体内容。因此，记者的反应速度一定要快，要在准备时间非常短甚至毫无准备时间的情况下，完成报道内容。

第二，记者要用现场证据预测事件的发展。

突发性事件报道几乎没有时间去准备，记者需要在现场对事件未来的发展方向做一个预测。因此，在报道突发性事件时，记者只能通过现场证据来深化新闻报道。由于突发性事件往往难以预测、时间紧迫，记者在报道时很难把握报道的角度，所以这对记者的新闻素养提出了极为严苛的要求。

第三，难以捕捉核心内容。

有经验的记者在报道突发性事件时往往会先抓住新闻报道的核心，再以此为中心展开报道，而一些初入行的记者则会将大量繁杂的信息包裹到报道中，一旦如此，报道就会没有主次之分，信息点也会被打乱，最后就可能变成人们常说的“一团糨糊”的报道。

央视记者蒋林在现场报道时反应敏捷，善于通过观察挖掘细节，懂得有效引导镜头，语言精练、准确、客观，赢得了受众的认可。请看以下蒋林的报道：

白岩松：我觉得首先要关注你的位置，你的报道现场现在离爆炸点，也就是核心的这个地方有多远？

蒋　林：今天我在离爆炸现场最近的时候，直线距离不超过1公里。我在爬到天津海关大楼15层的时候，可以非常清晰地看到，就像刚才通过无人机所看到的这个画面。今天下午，我站在这个窗口旁，一度觉得很刺痛，蒸腾起来的这种浓烟，我们在15层的这种大楼上其实也可以闻到。我现在的这个位置，在今天下午有一次向外的撤离，其实这是因为今天的风向有了一个小小的变化：从面向我们这个海关大楼右侧的方向，调整到了海关大楼的左侧，虽然这可能只是修正一点小小的角度，但是对于周边的不少救援抢险，包括我们现场报道的人员来说，可能又有了新的威胁。所以在今天下午大概4点钟的时候，我转移到现在的这个位置，距离核心现场是1.3公里，但是并不遥远。

白岩松：蒋林我要打断你一下，因为其实我并不希望此时此刻，你离的距离非常近，1.3公里也已经足够近了。我注意到你在准备期间的时候，就没有戴口罩，现在连线也没有戴，那么你是否接到相关的这种信息，比如说空气是安全的，或者是否有一些有害的这种物质，你们得到这样一种提醒了吗？

蒋　林：那我就把今天下午的这个感受做一个梳理。在到达核心现场，也就是最近大概隔1公里的这个位置上，因为当时的风向是和我们擦肩而过的，所以其实浓烟是从我身旁大概50米的地方过去的，那么在这个时候闻不到现场有任何的爆炸或者燃烧之后的味道，但是当我爬上海关大楼的时候，风向发生了变化，能够非常清晰地闻到味道。而且直到现在，其实我都觉得自己的鼻腔或者自己说话的时候，嗓子会有一点小小的刺激性，因为这毕竟是一个堆放化学品的仓库。而我现在所站的这个区域，其实是和现在的风向成一个平行的状态，风朝我们现在所说的可能偏向于渤海这个位置继续在吹，我们距离它的这个1公里的距离，其实就是一个平行于现在烟所飘的这样一个距离。

今天下午6点钟的时候，我得到了一个消息，就是北京军区防化团在相隔500米的范围之内，没有检测出氰化物，但是这个消息停止在了今天晚上的6点钟。我们也希望随时更新这样一个空气检测的信息。他们派出了很多流动检测车，变成一个环状围绕在仍然在燃烧的区域检测，但是现在现场仍然在会商，所以我们没有能够拿到最新的一个消息，目前距离这个平行的风向，我是闻不到任何气味的。

在这段报道中，蒋林主要围绕报道位置的转换原因以及在该位置上的所见所闻，尤其是围绕白岩松的后续提问“比如说空气是安全的，或者是否有一些有害的这种物质”等对当地空气的情况进行了报道，这完全是记者在新闻现场根据演播室主持人的提问作出的即兴报道，是对记者临场反应能力的巨大挑战。

第二节　如何做好现场报道

一、准备充分

常言道，“不打无准备之仗”。对于工作在第一线的记者而言，现场报道就像是一场硬仗，要打好这场硬仗就需要记者在出镜之前做好充分的准备。因此，记者在到达第一现场前就要做好策划，以防被现场其他因素所干扰，以致未能抓住新闻要点，甚至浪费第一现场。

（一）信息搜集

新闻现场千姿百态，如案件审理的现场、地震灾难的现场、台风的现场、危险品爆炸的现场等。在面对这些现场尤其是突发事件现场时，记者要在短时间内将现场搜集到的信息报道给受众，而且语言要通俗易懂。因此，记者在日常生活中就需要注意多方面知识的积累，如果能够成为某方面的“专家”最好，如若不能，至少应该成为一位“杂家”。

具体来说就是围绕新闻的“5W + H”来搜集信息。

时间（When）——包括事件发生、结束的时间，以及事件发展过程中重要的时间节点。

地点（Where）——记者所在的第一现场以及其他与第一现场密切相关的地方。

人物（Who）——包括当事人、目击者、相关人员等。

现状（What）——事件目前的发展情况、事态情形等。

起因（How）——任何事件的发生都是有原因的，记者在第一现场应该找机会把原因弄清楚。

上述要点中，除了地点以外，其他都有可能发生变化。记者出现在第一现场，目的就是为了将其他重要的信息点传达出来。

（二）深入采访，选择好采访对象并准备好采访问题

记者报道越来越多地使用直播采访相关人员的方式。这种方式的优点一是可以让受众更直观地感受到事件亲历者的真实状况，增加新闻的真实性和生动性；二是使报道的形式更加多样化，丰富新闻的表现手段。记者在采访时，首先应该明确目的是了解新闻事件的真相，所有采访都是为展示新闻事实服务的；其次要做好采访对象的选择工作，通常要选择总揽全局、统筹事件的关键人物，如施救组织者、信息发布者等；最后对采访的主题、问题等进行设计，做到心中有数，避免提出空泛的问题。

如白岩松在《岩松看日本》中报道日本的传统艺术形式——落语（类似于中国的单口相声）时，采访了日本比较有名气的落语师桂三若：“这是不是一个挣钱很多的职业呢？”在了解了其收入后，他又对落语师的生存现状进行了了解，接着又采访了落语研究专家近畿大学的客座讲师：“落语师在大阪有 200 多人，在东京有 600 多人，他们是否很安心地待在落语这个行当里头？他们会不会一方面在这里演出，但是更多的时间去上电视、拍广告或者利用自己在落语获得的知名度去做其他一些更能赚钱的事情？”在了解到随着时代的发展，落语也在借助媒体来扩大影响时，白岩松又采访了另一位上电视的落语师：“从你现在这样演出的角度来说，是喜欢在这样一个小环境当中演出呢，还是喜欢到更大的场面或者是到电视上去给更多的人演出呢？”在采访了两位落语师和一位落语研究专家后，白岩松发出了这样的感慨：“在语言落下的时候，现场是要有效果的，这就是落语名字的由来，有点像中国的包袱。因为今天是周末，所以来这儿的人比较多，但是对于落语这个有着 300 多年发展历史的艺术形式来说，今天，人即使再多，跟它辉煌的时候恐怕也没法相比。显然，落语和漫才以及歌舞伎等艺术形式，都要在变化的时代里寻找它们继续存在的空间。”两个问题是采访落语师本人的，另一个问题是采访落语研究专家的，白岩松对落语师的收入、发展现状以及落语师对于在媒体演出的态度这三个问题进行提问，与采访的主题息息相关——了解日本传统文化的发展现状并对我国传统文化的发展提供借鉴。可见，采访对象的选择和采访问题的设计都是经过记者深思熟虑的。

（三）选好出镜地点和时间

现场报道记者对出镜地点和时间的选择要心中有数。出镜地点一般选择在新闻事件发生地，如车祸、火灾的现场，或者是事件发展过程中的典型转换地点，如香港回归时白岩松选择了“落马洲大桥上的管理线”这一具有历史转折意义的地点进行报道。如果是预测性事件的报道，记者应该提前到现场走场，找好现场报道的最佳地点，如钱塘江大潮的报道，记者通常会在大潮临近的前几天到现场寻找最佳地点。同时，出镜时间的选择也非常重要。尤其是某些会议或演出由于现场秩序的要求，不允许现场报道，记者就可以选择在会议、演出开始或者结束时做现场报道。如上述提到的白岩松在对日本的落语演出进行现场报道时，就选择了演出即将开始时和演出刚刚结束时，此时的画面现场感极强，而且记者在保证语音清晰的同时有意识地压低音量，不干扰现场，体现了良好的道德修养。

（四）信息的多层次采集

新闻事件的现场往往情况复杂，它所释放出的信息也是多层次、多角度的，因此记者报道时必须注意信息的多层次采集，如上述提到的蒋林对天津爆炸事故的现场采访。

白岩松：对不起，稍微要等一下，马上我们要继续连线在前方的蒋林，他身后的这种情况有所变化。蒋林，你身后的究竟是火，还是其他的什么信息发生变化了吗？

蒋　林：好的，我只能够在这样一个范围之内，描述一下最新看到的一个情况。大概就是在我刚刚和你通话结束之后，现场出现了将近40秒时间的火光，我们可以明显地感觉到火光在变大，而且有一股白烟蒸腾起来，现在还不能确认这样一个光亮的增加，是否是有了新的这种燃点，更靠近我们的燃点。那么还有一种可能，是我们今天下午，其实听到消防部门，对于他们抢险的一个情况预案处置的时候说到，他们可能会通过一种轻度爆破的方式，把一些堆放的化学品炸开，通过这种点对点的轻度爆破的方式，来进行灭火。我先把这个消息告诉大家，然后我现在马上去核实，我们身后刚才到底是一个什么样的情况，岩松。

白岩松：谢谢蒋林。

上述报道在进行连线的时候，现场发生了新的情况——火势变大且伴随着白烟，记者蒋林马上将现场情况加以描述并推测了火势发生的原因，表示要进一步核实，这对记者的临场反应能力要求是很高的。

（五）确定报道方案

报道方案的确定不是出镜记者一个人的工作，而是记者与现场同事沟通、协商的结果。出镜记者作为新闻现场的报道者，在搜集、整理信息之后，应该有一个结合自己报道特点和语言表达风格的报道意向，并且要随时注意现场的动态变化，与现场负责人沟通，尽量在符合整个现场报道主题的基础上，加入自己个人的思考和观察，使现场报道更加人性化、个性化，增强新闻的可看性和吸引力。如在香港回归大型直播报道中，白岩松在直播前一天对现场进行信息搜集时发现落马洲大桥上有一条明显的管理线，这个管理线在地理上明确地划分了深圳和香港，而在 1997 年 7 月 1 日之后，这条管理线将成为一个历史，不再发挥作用。这条线所在的地点，并不是白岩松在事先的报道方案中确定的地点。他及时与现场负责人联系，调整方案，使得在香港回归这一天，中国人民解放军驻港部队跨越这条线的现场报道成了整个直播中的经典，而这一打动人心的报道也明显地刻上了白岩松的个人风格。

二、遵循新闻规律，新闻因现场而变

现场是活生生的，即使是预测性新闻事件的现场，也可能因天气、技术等因素与预测的情况不一样，需要记者及时调整思路，从新的角度进行报道，而不能拘泥于原来的“预测”和“策划”。如 2014 年杭州“7・5”公交车纵火案中，记者原计划在医院病房进行现场报道，以反映医生工作的辛苦，却不料医院考虑到过多的媒体采访会影响病人的情绪和休息，因此禁止记者进入病房，并统一安排到办公室进行采访。这个“意外”却恰恰体现了医院为救治伤者所作出的细致入微的安排，这是比病房更生动的现场，于是当时的报道就成了“我们原本计划到病房中了解情况，但医院为了保证伤者能够安静地休息，不允许记者进入病房，只能在安排的房间对医生进行采访，而且伤者家属也限时探望，虽然有遗憾，但恰恰是这些细节让我们看到了医院对病人细致入微的关照”。新闻因真实而生动，“预测”是为现场服务的，而不是“限制”现场的，如果一切都可以预测，现场也就失去了魅力，记者也就成了可有可无的点缀。

三、语言表达口语化、通俗化、形象化

现场报道的语言不同于书面语言，应当是较为日常化的口头语言。颇费思量的术语、容易引起歧义的多音字，逻辑严密、因果推理复杂的长句子，修辞豪华的铺陈等，也许在书面语言中可以称得上是优点，可是到了现场报道中，这些就成了短处，甚至是缺点。要解决上述问题，记者必须做到出口成章，语言既通俗易懂、简洁明了，同时内在逻辑性又要强，这种对新闻现场记者语言表达上的高标准，也是一名优秀电视记者成功的关键所在。如白岩松在台湾小林村村民的临时安置点龙凤寺的现场报道：

白岩松：可能在直播当中最大的挑战就是如何把这种味道传播出去，这是一件很困难的事情。我想今天看我们直播的很多电视观众一定非常关心，小林村几乎不复存在了，那么那些幸存的小林村村民们又在哪里？还有甲仙乡幸存的村民们又在哪里？其实呢他们就在离小林村只有 13 公里的龙凤寺里头

临时安置,而我现在就是在龙凤寺的其中一处食堂里来为您报道。因为刚才夏丹已经说了,现在正好是吃晚饭的时间,那我们一起来给大家直播一下味道。大家也看到了,这是今天下午志愿者送来的粽子、米饭,然后可能是灾民过来领一个饭盒,不要领了自己拿就好了,这个筷子和汤,看,汤就有好几种,主食有米饭啊、粥啊,还有面食啊,等等,可以说是非常非常丰富,而且更重要的是,它们是热乎的。我们再来看菜,4 张桌子上每张都摆了 3 到 4 个大菜,虽然有重复的,但是我刚才算了一下,菜的种类大概也有七八种的样子,而且都是温菜。可能正是因为有了热菜、热饭,所以社会各界人士捐助的这些方便面的箱子码成了整整一面墙,但是由于热饭、热菜、热汤、热面保持得非常充分,所以这些方便面呢,暂时就用不上了,我想这对于很多灾民来说是一件好事。傍晚时分,很多灾民可能坐在这里头凝一凝神儿,吃一顿饭。然后那边的房间放了一台电视机,这样的话大家可以边吃边看,而且下午我发现这个食堂不仅仅是一个吃饭的地方,很多灾民还在考虑一些大事,包括自己的村子向哪里迁,会也是在这里开的。好,我这个点就是介绍的这样,接下来要把镜头转给同样在龙凤寺的卢秀芳。

卢秀芳:各位观众,灾民在物质上是够的,但是在心灵上是空虚的。想想看,几年下来辛苦建立的家园还有亲密生活的家人就在一瞬间化为乌有,可能到现在为止,有人仍然认为这是一场醒不过来的噩梦,因此对于灾民来讲,重建心灵跟重建家园一样迫切。正是为了帮助灾民重建心灵,因此我们看到了这里出现了过去不可能出现在同一个地方的画面。从这个地方我们可以感觉到这里是一个佛寺,再往前走,在佛寺旁边那有基督教,有道教的摊位,等等。也就是说,在台湾,大家为了救灾打破了门户之见,不分党派、不分色彩,不分任何的地域和宗族,大家统统团结在一起,通过宗教的力量进行心灵的抚慰和心理的治疗工作。同时我们可以看到,来自宗教界的义工在帮灾民们进行一些身体上的按摩,通过身体上的抚慰来愈合灾民们受创的心灵。在这我们也看到一些现象,非常普遍的现象,比方说,这边的义工人数非常多,甚至在刚开始的时候义工的人数比灾民还要多。我们也看到很多很多的善者在这边从来不留下名字。他们抱来一箱又一箱的物资,像婴儿纸尿片、奶粉等,来了之后放在地上转身就走,也不留下姓名,不希望造成大家的负担跟困扰。这一切一切我相信灾民们都看在眼里,对他们来讲,这正是一个最好的心灵抚慰。在这里,我们看到了灾区重生的力量。

作为主持人的白岩松,平时主持时语言严谨、发人深省,而在这段现场报道中,他使用的都是通俗易懂的生活语言,既有关于灾民的报道,也有跟另一名记者卢秀芳的衔接,在多重话语角色中转换,对龙凤寺里灾民的饮食安排作了细致的报道,使这段报道充满了人情味。而记者卢秀芳侧重报道了龙凤寺是如何做好灾民的精神抚慰工作的,描述了一个佛教、道教和基督教等众多教派的义工同处一地的“奇异”景象，细致描述了悄无声息、不给灾民增加任何心理负担的做善行的人们，让受众了解到社会各层面人们对灾民贴心的支持，报道瞬间充满了温暖的力量。白岩松和卢秀芳两位记者分别从灾民的物质生活和精神生活两方面进行细致的介绍，使受众对灾民的安置情况有了一个较为全面的了解。

四、非语言符号运用要恰当

在现场报道中，非语言符号的出现频率与有声语言的出现频率是相等的，但却往往被忽视。非语言符号的恰当运用能够与有声语言相辅相成，强化现场感和互动性，使现场报道更立体、更全面。

首先，记者的着装要反映出现场环境、个人立场、情绪氛围等信息。经常出镜的记者，发型等不宜常变，衣着应简洁大方，与所处新闻现场相协调。在条件允许的情况下，记者对出镜服装的色彩和款式可以进行适当的设计，但要避免因衣着服饰等影响传播效果的情况发生。

其次，体态语应自然得体。我们所说的体态语主要包括表情语、体势语和手势语。表情语是体态语中最直观、重要的部分，记者的表情语往往能够比有声语言更能反映其内心。如在汶川地震报道中，央视记者李小萌偶遇老乡时，满眼都是关切，记者对灾民发自内心的人文关怀溢于言表，深深地感动了受众。表情语的直观性也要求记者尽可能地控制好自己的情绪，表情不宜太夸张，应尽可能客观地展示现场。体势语指由人体姿态所传递的信息，如记者的坐姿、站姿、走姿等，都向采访对象和受众传递了一定的信息。手势语指的是记者的上肢所传递的信息，在表达记者态度、情感交流以及强调语言信息等方面发挥着重要作用。记者要得体地运用体态语，避免引起误解的行为和习惯性的无意义行为出现。

最后，合理使用“道具”。在现场报道中，为了展示镜头无法展示的抽象内容，如声音、温度等，或者镜头不可能真实展示的内容，如物体的高度、大小等，记者可以使用一定的“道具”。如记者在报道郑州到西安的高铁首次开通时，将空矿泉水瓶、硬币、手机等倒立在小桌板上，通过倒立保持的时间展示高铁的平稳程度；而在展示列车运行时的噪音时，则使用了专业的分贝仪。通过这些“道具”的使用，受众可以直观地了解到镜头无法传递的信息。在没有其他“道具”时，记者个人的身体也是展示现场的良好“道具”。如记者在展示 2008 年杭州大雪的厚度时，直接用自己的手掌丈量，直观地量出了 3 个手掌厚；而在展示新疆暴雪时，记者直接站在雪墙下，显示出积雪有一人半高，这些都取得了良好的传播效果。因此，在新闻报道的现场，记者应该尽可能地使用“道具”展示镜头无法确切展示的信息，给受众以直观的感受。

五、正确使用语言表达技巧

记者的普通话是否标准，语气、语调以及停连、重音等语言表达技巧使用是否得体也影响着现场报道的效果。语言表达技巧的正确使用归根结底取决于记者对现场信息的掌握以及对现场报道主题等的整体把握。有些记者缺乏对有声语言表达的重视和训练，认为只要把内容传达出来即可，导致报道时的语言表达与新闻现场出现“两张皮”的现象，严重削弱了现场感，影响了传播效果。因此，记者不仅要加强语音发声等基本技能的训练，还要加强语言表达技巧的训练，注意新闻现场、自身情感与语言表达的融合，使新闻现场因记者的语言表达而生动。

六、充分挖掘现场细节，使报道“可信又好看”

在完成基本信息报道的前提下，记者应该充分挖掘现场细节，使报道成为“可信又好看”的新闻。如前文所述，以逻辑严谨、语言犀利深刻为人们所熟知的白岩松，在报道遭受台风“莫拉克”引发的泥石流重创的台湾小林村时，突出了人情味。尤其是白岩松在比对字迹后发现“想念墙”上的出自同一人之手的两张纸条，一个妇女既失去了丈夫，又失去了孩子，但依然勇敢地面对生活，使我们感受到了灾民面对灾难的坚忍和勇气，结尾“祝愿所有的台湾灾民在不久的将来有一个自己喜欢的家！”等细节和言语深深地触动了受众的心。也正是白岩松细致入微的观察力，才有了 1997 年香港回归直播时落马洲大桥上管理线的经典镜头，以及解说词“今天，驻香港部队越过管理线的这一小步，却是中华民族的一大步！”记者张泉灵在玉树地震灾区格萨尔广场与主播进行现场连线报道的最后，通过一个被解放军救助的小婴儿“金珠拉毛”的故事来告诉大家救助站的工作细节，情节生动感人。毫无疑问，细节的发现对于提升整个现场报道的质量非常关键。

因此，现场报道的记者应该增加信息储备量，如果没有前期在现场进行细致的观察采访，报道当中的很多闪光点就不可能得到有效呈现。现场报道不仅要真实，还要生动，这是记者不断提高自身水平的动力。

七、做好现场报道短评

大多数现场报道是对新闻现场的传达，评论部分往往由演播室内的专家来完成，但由于记者处于新闻事件的发生现场，是新闻的目击者或亲历者，了解现场最新鲜的信息，因此其短评能够起到画龙点睛的作用。记者恰到好处的短评是十分必要的，做好现场报道短评要注意以下几点。

第一，现场报道短评要短小精悍，观点明确，避免长篇大论。这就要求记者必须具有缜密的分析能力和高度的概括能力，语言表述要一语中的，直指新闻的关键，避免低信息量语言的出现。

第二，现场报道短评一定要根据现场有感而发，有针对性，不能脱离现场。记者通常是在事实信息报道完成的基础上，对新闻进行深层次的挖掘，从全面掌握信息的角度对此次新闻报道进行评论。如白岩松在香港回归时发出的感慨，“我们今天经历的也是一个送别的场面，但这个送别却是喜庆的，因为今日的送别意味着香港和祖国的相聚”，就是现场报道短评的典型。

第三，短评也是评论，要以事论理。由于短评是记者在现场短时间内形成的，个人主观性较强，因此在形成观点时应避免“只见树木不见森林”，要以事实、法律为依据，形成具有说服力的观点。同时，观点不限于就事论事，应该能够以小见大，引导受众从事件中汲取经验教训。如白岩松在《岩松看日本》中在日本目黑区立东山小学的防震防灾演习结束时站在现场发出的评论：“这次演习结束了，但是我觉得对我们很多人来说，这样的演习只是一个开始。刚才校长说了一句话我印象非常深刻，因为在日本3月1号到7号是防火宣传周，今年的口号也许我们每个人都应该记住——不要熄灭你内心的防范之火。”“不要熄灭你内心的防范之火”是白岩松在了解到日本学校每个月都要进行一次防灾演习，看到日本即使是一年级刚入学的小学生也可以从容规范地在5分钟之内完成防灾演习后发出的评论，而这句评论可能也正是电视机前的受众呼之欲出的感慨。再如白岩松在了解了日本民众是怎样做好灾难预防后，作出了这样的评论：“灾难固然可怕，但比灾难更可怕的是在灾难来临时缺乏保护常识，社会和个人都有责任最大可能地减少地震的影响，只有这样，出入平安才不只是一句吉祥话。”这段评论也是他在了解了日本政府和民众在有关防灾工作方面的所作所为后有感而发的，精练、深刻，令人“过耳不忘”。

思考题：

1. 什么是现场报道？现场报道有什么作用？
2. 记者在进行了现场报道前应该做好哪些准备？
3. 结合实例，说说如何作出“可信又好看”的现场报道。
4. 记者现场短评有哪些要求？

第九章　社教服务节目主持

第一节　社教服务节目概述

社教服务节目是社会教育、文化教育和生活服务类节目的总称。这类节目寓教育于娱乐,寓教化于服务,寓宣传于文化知识的传播之中,因此它也被称为“社会窗”“知识库”“服务台”。目前我们在电视上看到的除了新闻节目和综艺娱乐节目外,绝大多数的节目都属于社教服务节目。

一、社教服务节目的概念

正如施拉姆所言,“所有的电视都是教育的电视,唯一的差别是它在教什么”[①]。“社教”到底是指什么？我们可以查到与之相关的两个词:一个是“社会教育”,另一个是“社会主义教育”,这两个词都简称为“社教”。我们一般把教育分为社会教育和学校教育。社会教育是指为各种不同职业、年龄的人,在正式学校教育以外办的学校式和社会式教育。从这个意义上说,它相当于民众教育[②]。早在20世纪30年代,有全国社教总枢纽之称的中国社会教育社应运而生[③]。抗战时期,进步社教人士提出“社教机关要灌输救国教育精神,确定实施救国教育的目标和具体方法”。[④] 可见,中国近现代“社教”一词出现后,就主动纳入国家话语体系中,成为国家政治话语的一个组成部分。新中国成立后,社教的重点是社会主义教育。在这样的背景下,中央人民广播电台成立了社教部。在新闻、专题、文艺三足鼎立的时代,除了新闻节目和文艺节目外,其他节目都归入社教部。从此,社教和专题成了广播电视界通用的名词,或是干脆连在一起,称为社教专题。从20世纪60年代开始,中央电视台的前身北京电视台开始制作各种适合电视播放的节目,如《长江行》《珠江三角洲的农村》《美丽的橄榄坝》《欢乐的新疆》《芦笛岩》《大庆铁人》《美

---

① 施拉姆.传播学概论[M].陈亮,周立方,李启,译.北京:新华出版社,1984:174.

② 顾岳中.民众教育[M].北京:商务印书馆,1948:17.

③ 中国社会教育社.中国社会教育社第三届年会报告[R].无锡:无锡民生印书馆,1934.

④ 中国社会教育社.中国社会教育社第三届年会报告[R].无锡:无锡民生印书馆,1934.

丽的侗乡》《厦门风光》《苏州园林》等，这些专题节目客观上承担了社会教育的功能，是新中国较早的电视社教节目①。其中，《芦笛岩》《美丽的侗乡》是16毫米光学有声片②。从当时节目的名称上看，社教节目既有社会教育的内涵，也有社会主义教育的内涵。从我国社教节目的发展史来看，政治性是它的一个重要属性。

"文革"中，北京电视台中断了《科学知识》《卫生常识》《文化生活》等社教节目的制作播出。当时负责《文化生活》采编播工作的著名播音员沈力多年后感叹，"1966年到1974年……因无事可做，虚度了8年。在人生旅途中，这是一个空白点"③。据统计，自1971年8月至1976年"文革"结束，北京电视台的社教节目《卫生常识》播出43期，《国际知识》播出62期，《科学知识》播出26期，节目数量远远低于"文革"前④。而"文革"时期的社教节目，如《兰考人民战斗的新篇章》《三口大锅闹革命》《铁人还在战斗》《海空雄鹰团》《泰山压顶不弯腰》《大庆在阔步前进》等都明显地打上了那个特殊年代的烙印，题材单一化、创作模式化，具有极强的宣传教化色彩，削弱了社教节目的功能性和艺术感。

改革开放以来，社教节目"从以往的宣传教育为主，转变为以服务引领为主，最重要的是它摒弃了媒体高高在上的教育意味，更适应今天中国的政治氛围与社会现实"⑤。学界和业界很多人称之为社会生活类节目，如罗莉就认为"社会生活类节目（目前在我国）是指除新闻类、娱乐类、体育类节目以外的所有关于社会与生活内容的节目"⑥。显然，罗莉所指的社会生活类节目包括军事节目《军情连连看》，法制节目《社会与法》《一线》，科学节目《人与自然》《走近科学》，教学节目《百家讲坛》，以及生活服务节目《家政女皇》《交换空间》《天天美食》等。然而在我国电视频道细化、节目细分的发展趋势下，电视荧屏上出现了以综艺类节目为主的综艺频道和以体育类节目为主的体育频道，这些频道中既有资讯类的综艺、体育新闻，也有很多知识性和服务性新闻，甚至设置了专栏。如在综艺类节目中我们经常可以看到一些人物访谈，在体育类节目中也可以看到体育知识竞赛。这些具有知识性和服务性功能的综艺类和体育类节目是否应该归属于社教服务节目呢？这是我们应该思考的一个问题。

二、社教服务节目的分类

有学者将社教服务节目分为知识性节目、对象性节目、服务性节目、教学节目等，但是这一分类并没有科学的分类标准，如知识性节目与教学节目在概念上就相互混淆，因为教学节目本身就具有传授知识的功能。《百家讲坛》被归入教学节目，但是我们不禁要问：《百家讲坛》难道不是传授知识的节目吗？对象性节目本身很多又是服务性节目，如

---

① 张庆，胡星亮．中国电视史［M］．北京：中央广播电视大学出版社，1996：123.
② 刘习良．中国电视史［M］．北京：中国广播电视出版社，2007：61.
③ 白谦诚，胡妙德．中国荧屏第一人——沈力［M］．北京：中国广播电视出版社，1999：36.
④ 刘习良．中国电视史［M］．北京：中国广播电视出版社，2007：101.
⑤ 罗莉．当代电视播音主持教程［M］．北京：中国传媒大学出版社，2011：255.
⑥ 罗莉．当代电视播音主持教程［M］．北京：中国传媒大学出版社，2011：255.

《夕阳红》是典型的对象性节目,但它也具有为老年朋友服务的功能。所以这样的分类在逻辑上是经不起推敲的。因此,我们按照节目内容和制作目的将其分为党建宣教类节目、道德法制类节目、经济财富类节目、科学教育类节目和生活服务类节目。

(一)党建宣教类节目

党建宣教类节目是指宣传中国共产党的路线方针、政策法规的节目,制作目的是加强党的领导。根据中组部关于党员教育要“上电视、上手机、上互联网”的要求,党建电视节目、电视频道应运而生。党建频道实现了宣传由点到面的转变,宣传对象由农村党员扩大到全体党员,内容由宣传组织工作扩展为全面宣传党的建设,宣传方式由封闭型变为开放型,由过去在系统内宣传转变为面向社会广泛传播。党的十八大之后,很多电视台开办了党建宣教类节目。如山西省长治县电视台在党的群众路线教育活动中,开办了一档电视专题节目《群众大讲堂》,采用现场讲座、电视录播、网络互动的方式,让身边人讲述身边事,用身边人教育身边人,收到了很好的社会效果。为纪念中国共产党成立90周年,激励广大共产党员在改革开放和社会主义现代化建设中创先争优、建功立业,中组部党员教育中心组织摄制了全国优秀共产党员电视系列片《人民的好儿女》。由中组部党员教育中心、浙江省委组织部、宁波市委组织部联合摄制的《和村三十六法》,以十八大精神为指导,通过介绍基层党组织的工作经验,归纳提炼“和村之道”,为基层社会管理创新、新农村建设提供成功范例。六集系列专题节目《突围——国门初开的岁月》根据李岚清同志著作改编,通过对上百位当事人的寻访和大量文献资料的发掘,再现了20世纪70年代末80年代初,以邓小平为核心的党的第二代中央领导集体带领全党全国人民解放思想、冲破阻力,实行改革开放的难忘岁月,讴歌了改革开放第一线的广大干部群众敢为天下先的探索精神,彰显了改革开放对于实现中华民族伟大复兴的重要性和必要性,是教育和激励广大干部特别是青年干部的生动教材。这些专题节目越来越多地强调了社教服务节目的宣教功能,成为十八大以来社教服务节目的一个显著特点。

(二)道德法制类节目

社教服务节目在传播社会主义核心价值观的过程中发挥着重要作用。道德节目作为社教服务节目的一种,表现了社会主流意识形态,弘扬了社会主义核心价值观。如道德节目《感动中国》是对社会大众在工作和生活中体现出的真善美进行表彰。每位由大众选出的道德偶像,反映出大众对道德理念、时代精神和民族精神的认同和崇尚,说明社会主义核心价值观已经深入到社会各个阶层。这既是对大众本身的关怀和尊重,也是使真善美走进大众内心的有力途径。从《感动中国》几年来的评选结果可以看出,大部分获奖的人都是平凡岗位的工作者。他们将平凡的角色与高尚的道德精神有机融合在一起,使受众在获得亲切感的同时感受到一种直达心灵的震撼力。这种节目对于社会的道德风尚具有引领作用。

法制节目以规范社会秩序、尊重法制规律为前提,以宣传社会法制建设观念和培养人民法制观念为目的，为建设和谐社会制造一个良好的舆论环境，给法制社会打下坚实的群众基础[①]。法制节目与建设和谐社会之间有着紧密的联系，建设和谐社会要充分调动社会大众的积极性，缓解社会矛盾，保障大多数人的利益，维护社会秩序稳定，促进法制建设发展。从20世纪80年代上海电视台创办的法制节目《法律和道德》开始，到现在中央电视台的《今日说法》，这些法制节目都是为了帮助人民树立正确的法制观念。近些年，各地推进创建“国家园林城市”“国家卫生城市”“国家生态环境保护模范城市”“全国文明城市”等工作，对与创建工作相关的国家《森林法》《环保法》《爱国卫生法》《大气污染防治法》《交通安全法》《广告法》等进行了大力宣传[②]，特别是利用法制节目对法律条文进行宣传，对典型案例进行播报，对不文明行为进行监督，营造出浓郁的法制文化氛围，社会公众受到了有益的法制文化熏陶。

（三）经济财富类节目

经济可以定义为在有限的边缘范围内，如何获得最大利益的一种艺术，有经世济民的含义[③]。目前我国经济财富类节目涉及的范围越来越广，大到国家宏观调控的方针政策、国内外的经济动向，小到白菜萝卜的价格、网店微店的经营，都可以在经济财富类节目中得到反映。理想的经济财富类节目是人们经济活动的服务者、指导者和批判者[④]。

中央电视台农业科技频道的《致富经》以百姓视角解读他们身边的致富明星，报道涉及经济发展过程中涌现出的致富经验和创新做法。中央电视台财经频道的《生财有道》，着力挖掘最具指导性的致富故事，以奇妙、有趣的致富项目，富有传奇色彩的人物故事为节目亮点，为百姓致富服务。《对话》是中央电视台财经频道2000年推出的一档演播室谈话节目，致力于为新闻人物、企业精英、政府官员、经济专家和受众提供一个交流对话的平台。每期节目由突发事件、热门人物、热门话题或某一经济现象导入，捕捉鲜活经济事件、探讨新潮理念、演绎故事冲突，着重突出思想的交锋与智慧的碰撞。比如当摩托罗拉公司作出在中国增资19亿美元的重大决定之后，董事长高尔文先生在《对话》中与现场观众一起回顾摩托罗拉走出困境的点点滴滴；当思科公司意欲斥资100亿美元控股斯坦福大学之际，思科首席执行官约翰·钱伯斯先生在《对话》演播室谈笑风生，畅谈“高处不胜寒”……在这个节目中，高水平的现场观众为节目增添了不少亮点，可以说，对观众的重视与仰仗，成就了《对话》。随着国内外经济环境的不断变化，经济财富类节目不断用创新发展的策略对经济及其关联因素进行解读，给予受众更全面的观点和视野，让受众透过纷繁复杂的经济表象，把握经济运行的本质和规律。正如一位研究者所言：经济财富类电视节目将以更加多元化的声音，守望公众的最大利益[⑤]。

---

① 闫建强. 法制节目在构建和谐社会中的作用[J]. 西部广播电视，2015(17)：49.

② 唐巍巍. 城市台法制节目推进依法治国的三个落脚点[J]. 中国广播，2015(11)：78.

③ 陈世清. 中国经济解释与重建[M]. 北京：中国时代经济出版社，2009：38.

④ 郑德梅. 经济类电视节目的创作策略解析[J]. 影视制作，2012(6)：78.

⑤ 郑德梅. 经济类电视节目的创作策略解析[J]. 影视制作，2012(6)：81.

（四）科学教育类节目

从中国电视诞生之日起，科学教育类（简称科教类）节目就备受重视。1958年4月29日，中央广播事业局党组在给中央的报告中提出“北京电视台将根据自己的工作特点，担负起宣传政治、传播知识和充实群众文化生活的任务”①。创办之初的科教类节目有《摄影爱好者》《生活知识》《科学知识》《医学顾问》等，但当时办节目条件艰难、设备简陋、形式枯燥。学术性较强的科教类节目通常是请一些专家学者拟题，撰写稿件，或请一位专家坐在演播室讲话，从头到尾只有一个人头画面。为了提高科教类节目质量和收视效果，电视台后来在节目的适当地方插播一些模型、图片和影片资料。1978年3月，全国科学大会胜利召开，我国电视科教类节目迎来了真正的春天。据统计，从1978年到1991年，中央电视台每年播出各类专题讲座节目达800小时，包括《家电维修讲座》《微机基础讲座》《计算机应用讲座》等②。20世纪90年代中期，电视媒体的频道专业化意识开始加强，逐步走上了频道专业化之路。2001年7月9日，中央电视台科学·教育频道正式开播，以“教育品格、科学品质、文化品位”为定位，开办了《走近科学》《科学历程》《异想天开》《探索·发现》《百家讲坛》《健康之路》等20多个节目。

（五）生活服务类节目

我们把服务于人类生活衣食住行的电视节目称为生活服务类电视节目。如服务于受众穿衣打扮、美容养颜、形体塑造的节目有中央电视台经济频道的《购时尚》、黑龙江卫视的《美丽俏佳人》、湖南卫视的《我是大美人》等，服务于受众饮食方面的节目有中央电视台综合频道的《天天饮食》、浙江卫视的《爽食赢天下》、凤凰卫视的《美女私房菜》、香港有线电视娱乐台的《肥妈私房菜》、台州电视台的《主播私房菜》、广东卫视的《型男私房菜》、北京卫视的《食全食美》、四川卫视的《兰妹厨房》等，服务于受众购房家居的节目有中央电视台经济频道的《交换空间》、宁夏卫视的《家装总动员》、凤凰卫视的《完全时尚手册·私家享》等，服务于受众出行的节目有旅游卫视的《行者》、中央电视台经济频道的《车风尚》、北京卫视的《我爱我车》、黑龙江卫视的《车行天下》、广东卫视的《纵横天下游》等，服务于受众健康养生的节目有中央电视台的《健康之路》、北京卫视的《养生堂》、山东卫视的《养生》、重庆卫视的《健康大学堂》、黑龙江卫视的《健康总动员》、广东卫视的《健康来了》、辽宁卫视的《健康一身轻》等，还有像中央及地方电视台每日必播的气象节目，也属于生活服务类节目。

三、社教服务节目的特点

（一）知识性

社教服务节目具有知识性。社教服务节目向广大受众普及历史文化、自然地理、科

---

① 杨伟光．中央电视台发展史［M］．北京：北京出版社，1998：5．

② 许建华．中国电视科教节目半个世纪之路［J］．成都大学学报（社会科学版），2012（5）：54．

技卫生、法制环保等方面的知识，也是广大受众获取知识的重要渠道。以中央电视台为例，有介绍国外文化艺术、人文风情的《环球》，传播自然生态、野生动物知识的《人与自然》《经典人文地理》，传播美术知识的《美术星空》，普及法律知识的《社会经纬》《今日说法》等，还有很多系统性的专业知识讲座节目，如《希望英语》《百家讲坛》等。

（二）对象性

社教服务节目具有对象性。对象性是指节目设置有目标对象，有些社教服务节目的目标对象比较宽泛，适合大多数受众观看。但随着社教服务节目的发展，对象细分的趋势越来越明显。目前，社教服务节目根据受众的年龄、职业等方面的特点开办了大量的节目，如中央电视台分别为学龄前儿童、少年儿童、青年观众、老年观众设置了《七巧板》《大风车》《第二起跑线》《夕阳红》，为军人和军事迷开办了《军事天地》《人民子弟兵》，为工人开办了《当代工人》，为妇女开办了《半边天》等。而且，近些年社教服务节目在电视频道化的过程中，发展出很多为专门对象服务的频道，如为汽车爱好者开办的汽车频道，为围棋爱好者开办的围棋频道，为广大农民朋友开办的农村频道等，都体现出社教服务节目的对象性。社教服务节目的对象性还体现在节目主持这一环节。社教服务节目要求主持人热爱传播对象，能够把握传播对象的特点，熟悉传播对象的生活，了解传播对象的要求。

（三）服务性

社教服务节目具有服务性，如《天天饮食》《交换空间》《生活》《健康之路》《中华医药》等为受众提供衣食住行方面的服务，《有法大家帮》《致富经》《农广天地》《打工服务社》《金牌调解》《第三调解室》等为受众提供创业就业、经济法律方面的服务，《寻宝》《国宝档案》等为受众提供收藏方面的服务，《股海观潮》《股往金来》等为股民朋友提供股票金融方面的服务。社教服务节目的服务性还体现在节目主持人真诚的服务态度、精心的服务行动中。

（四）教育性

社教服务节目具有教育性。教育具有重要的社会功能，这是教育的本质特点之一。社教服务节目是电视教育的重要形态。电视教育能够促进社会生产，巩固经济基础；电视教育可以成为政治宣传的手段，推进国家法制建设；电视教育还可以保存、传递，甚至创造人类文化。因此，电视社教服务节目的教育性是多方面的，影响深远、意义重大。

第二节 社教服务节目主持的基本类型

一、串联型主持

串联型主持是主持人用串联词等手段将零散的节目片段有机地组合起来，形成一档整体性节目的主持方式。

从20世纪90年代开始,电视节目类型不断扩展:经济类、体育类、娱乐类、音乐类等节目的出现,为广大观众提供了丰富多样的选择空间。就社教服务节目来讲,电视节目形态由过去结构完整的专题片转变为由主持人进行串联的一系列小专题。在这样的结构中,评述的内容大多由主持人来完成,小专题中大多为描述性和叙述性的相对独立的片段,如中央电视台的《本周·英雄模仿秀》。

主持人:在北京海淀区实验中学,孩子们横跨了半个多世纪,和革命先烈来了一次亲密的接触。

小专题:她叫付跃平,是这所中学校园电视台的台长。付老师说,她从小做梦都想当英雄,可后来她发现自己当英雄的可能性越来越小了。她就琢磨,如果现在的孩子也能和她有一样的英雄梦那该多好啊!于是付老师就精心策划了一个活动——英雄模仿秀。付老师说,活动是她发起的,但是孩子们这么感兴趣,这么认真,她没有想到。"董存瑞"说,他的这身行头都是曾经当八路军的姥爷奉献出来的。小演员们说,要想表现英雄的勇敢,流血牺牲的场面不能少,所以这些墨水、颜料,只要是红色的都被他们毫不犹豫地抹到了脸上、衣服上。

主持人:孩子们说,这脸上、衣服上的红色都是烈士的鲜血,抹上这个,一下子就来了英雄气概。

小专题:演江姐的小姑娘才上初一,平时说话细声细气的。她说,表演江姐时的几句台词比她以前说过的任何话声音都大。小姑娘的血液都沸腾了,小伙子就更不用说了,满头满脸的汗,还直说演得过瘾。演英雄的都风光了一把,给英雄作陪衬的反面角色们心里也都痒痒得不行。

主持人:电视片在全校公映了,好多孩子没看过张良演的董存瑞、于兰演的江姐。第一次看到这些英雄形象都是自己最亲的同学、最好的朋友。我们问孩子们你们最大的梦想是什么,孩子们说他们想让那些他们扮演的英雄回来,和他们一起分享今天的好日子。

小专题:电视片展播的时候还来了好多家长,看着自己的孩子模仿自己心目中的英雄,家长们都挺吃惊。孩子们的表演让这些从小听着英雄故事长大的家长们仿佛又回到了那个英雄的年代。

主持人:看到这我想起了一个故事:从前深山里住着一对母子,灾难来了,妈妈为了救孩子死了,孩子想,我是唯一记住妈妈的人,我活下来,妈妈就会活着,她会活在我心里。于是,孩子顽强地走出了大山,活了下来。我在想,只要我们一代一代的孩子们都能记住这些为我们牺牲的先烈,先烈就会永远活在我们心里。

在串联型主持人节目中，串联词又称为“框架语言”，包括开场白、应变语、衔接语与结束语。“串联词是连接一个节目各个组成部分的话语，具有承上启下、衔接转换的作用。串联词可以揭示节目不同组成部分内在的联系，可以开门见山地引出下面的节目内容，也可以对刚播出的内容进行简单的议论。它能显示出节目编排的结构意图，能引起观众的注意，能提示情绪的转变。”①小专题与其他采访、图片等串联在一起，往往能成为节目主持人主持节目、控制节目进程的手段。

二、讲解型主持

讲解型主持一般以极具个性化的讲述人（主持人）现场讲述和展示为基本形态，节目形式以案件或事件现场实录回放为线索，解密国内大案要案、社会传奇、情感故事等。代表性的节目有北京电视台的《档案》，节目活用各种元素，如舞台元素、活动影像元素、音效元素、实物元素等强化节目效果。主持人石凉、谭江海等都极具个性魅力。节目选题广泛而深刻，通过解密档案中的历史秘密，探寻各种历史人物和事件的缘由脉络，告诉受众一个又一个惊人的事件和传奇背后的真实故事。如《档案·解密摩萨德“天谴”行动》。

讲述人：慕尼黑惨案发生的第二天，时任美国国家安全委员会主任的亨利·基辛格博士收到了下属萨缪尔·霍斯金森发来的备忘录。这份备忘录是在2004年解密的。霍斯金森在里面这样说：“慕尼黑惨案是一桩令人发指的罪行。”但请注意，美国国家安全委员会接下来的分析：“我们不得不面对这样一个严峻的现实：我们，或者其他任何主流国际力量对目前的局势，都很难作出改变。我们可以在道义上表示愤慨，我们可以呼吁国际社会加强安保措施，但我们无法保证类似的事件在今后不会发生。”

怎么就这么难呢？如果不是这份文件最终解密，我们可能真的想不到，像美国这样，一向把谁都不放在眼里的国家，居然在防范恐怖势力上，也会碰到这样的事，这样无可奈何。不过，在同一件事情上，以色列并不这么想。

同期声：这是在人质劫持现场拍摄的真实影像，随着武装分子头戴滑雪帽，在阳台上张望的镜头反复在电视上播出，全世界都记住了这样一个名字，Black September“黑九月”。

讲述人：“黑九月”，巴勒斯坦众多武装派别中最为激进的一只。它的成员主要是来自约旦、叙利亚、黎巴嫩境内难民营的青年，参与袭击奥运村的是八个平均年龄不到二十岁的毛头小伙，可单凭他们，就能干出这样的惊天大案吗？

当然不能！那么，泽维·扎米尔为什么会咬着牙说出我要一个一个地收拾他们这样的话呢？因为他比任何人都清楚，“黑九月”早就在欧洲建立了一个庞大的网络。慕尼黑屠杀，从策划到实施，这个网络才是真正的幕后黑手。

---

① 吴郁. 主持人的语言艺术[M]. 北京：北京广播学院出版社，1999：313.

分析到这里，以色列总理梅耶夫人微微地点了点头，然后，她对摩萨德局长说了这么一句话：Send forth the boys，把小伙子们派出去吧。小伙子们都是谁啊？我们这里暂时先不说，我们得先来看看小伙子们以前都干过些什么。

同期声：1956 年，小伙子们在苏联偷出了一份秘密报告，于是，揭开了一个惊天秘密。原来赫鲁晓夫是反斯大林的！1961 年，小伙子们万里奔袭，在阿根廷活捉了纳粹魔王艾希曼回到以色列受审。在被处死之前，艾希曼还迷迷糊糊地说了一句“我真是想不明白，你们是怎么抓到我的”。1963 年，小伙子们在伊拉克，策反该国的王牌飞行员穆尼尔，偷回了一架米格 -21；1968 年，小伙子们策反瑞士工程师弗朗克·内希特，取得了幻影战机的图纸。

讲述人：说到这儿估计您已经猜出来了，这些小伙子们都是些什么人，没错，他们就是摩萨德的特工。

《王刚讲故事》是 2008 年辽宁电视台携手全国著名表演艺术家王刚打造的一档节目。节目选题既有闻所未闻的现代传奇，也有社会热点下隐藏的旧闻秘事等，通过主持人王刚的讲述，呈现出生活本身的多样性。江西电视台《传奇故事》通过主持人讲故事的方式，加上故事背景的重现，给受众提供了一种全新的看故事、听故事的途径。《传奇故事》的成功在很大程度上是因为有一位出色的主持人——金飞。他能够在一个“大雅”的平台上，用通俗易懂的话来与受众交流，给受众创造了一种“雅”的享受。《老梁故事汇》是山西卫视推出的一档节目。它以调侃时下社会热点为切入点，将受众带回到与这些热点相关的老故事中，让受众在故事中体味变化的时代和不变的真情。

讲解型主持人作为讲述者，是拥有资料、道具的现代说书人，是节目的主宰。主持人根据节目内容抛出悬念和疑问，设计演播室内的行动线，综合使用节目元素，从而形成独特的戏剧化的节目亮点。

三、演示型主持

演示型主持人以动手操作或演绎人物的行为为主，边讲解、边操作，或化身为某一具体人物在某一特定场景中操作，展现制作的全过程。主持人讲解必须口语化、生活化。1998 年 6 月 1 日，《走近科学》开播，它是中央电视台首个大型科普节目。十几年来，《走近科学》播出了大量优质的电视科普节目，在各类节目评选中屡次获奖，多次受到党和国家领导人的表扬，已成为中国电视科普节目的一面旗帜。《走近科学·奇趣实验》通过一些实验来进行科普教育，主持人张腾岳通过他的实验演示让受众明白其中的科学道理。

演示型主持不仅应用于科教节目，也应用于生活服务类节目。如美食节目的主持人就经常自己动手做菜；购物节目的主持人经常要演示器具的使用方法；生活小妙招节目的主持人经常要演示怎样清洗羽绒衣、怎样清洁天花板……演示型主持人的特点是具备边做边说的能力。

四、体验型主持

体验型主持是指主持人亲身投入到某种不曾经历过的活动或尝试一些新的设备，以主持人的身体与心理感受向受众展示节目所要传达的信息。

旅游类节目大多为体验型主持，这类节目的播出目的就是满足受众的旅游体验需求。旅游就是在时间和地域的跨越中，从别样文化和环境体验中，寻求愉悦的审美享受。因此，以体验为创新导向制作的节目，关键在于与受众形成情感的共鸣。这就需要节目制作者对节目与受众之间的关系有着清晰的认知，深入研究受众的实际需求，针对受众的心理诉求，制作出与他们生活贴近、关系密切的电视节目，使他们领略到独特的心理体验。《远方的家》百集系列特别节目《百山百川行》走进中国雪乡，主持人李七月的开场白平静自然、简洁朴实：

爱美丽的中国，看远方的家，《远方的家·百山百川行》摄制组现在正位于北京驶往牡丹江市的K295次列车上。这一次我们到黑龙江省张广才岭的补拍，本来是计划乘坐昨天的早班飞机，但是因为东北地区大范围降雪，所以我们的航班被取消了，我们只好改乘火车前往牡丹江站。其实，昨天过了山海关之后，我们的列车就开始行进在一片白茫茫的世界当中了，今天早上我看雪也是一直在下，天上的雪，再加上火车驶过卷起地上的雪，白茫茫的一大片雪景伴随着我们这一路的行程。虽然下雪会对出行带来很多不方便，但是我觉得我们很幸运，因为这样的雪天拍雪乡是最漂亮的。

Discovery探索频道播出的节目《荒野求生》的主持人贝尔·格里尔斯（Bear Grylls）是英国的一名前特种兵、登山家。因此，每期《荒野求生》几乎都会出现贝尔勇猛惊险地在极端恶劣的环境中求生的画面。比如贝尔在没有潜水面具的情况下，一边潜水一边传授经验："很难看清，事实上没有面罩也能潜水，你可以把你的双手罩在前额上，然后潜在水下时，用你的鼻子呼气形成一个小气穴，可以让你看清楚几秒钟。眼前形成一个气穴，我就可以在水下看清物体，也更有机会找到一个海螺。"体验型主持可以弥补大多数受众渴望去旅行却难以实现的遗憾，舒缓生活压力带来的负面情绪，为受众传授间接经验与人生感悟。另外，汽车节目的试驾版块也是体验型主持，主持人试驾汽车，将感受分享给受众，如北京卫视生活频道的《我爱我车》等。

在满足了受众的初级体验后，主持人应挖掘节目对于受众的意义，对受众产生的心理影响，使之进入更高层次的心理体验。

五、谈话型主持

随着我国经济迅速发展，人民精神文化需求日益提高，电视谈话节目越来越受到受众的喜爱。谈话节目以题材广泛、制作简便、成本低廉等优势，迅速成为制片人偏爱的节目类型，在我国有着相当大的发展空间。社教服务节目的谈话型主持人通过与专家、嘉宾的互动交流传递知识或帮助人们解开情感困惑，如《心理访谈》《健康之路》《养生堂》《金牌调解》等都属于谈话型社教服务节目。主持人在这样的节目中充当专家的助手、受众的代表和调解员。

北京卫视的《养生堂》开播于2009年，节目采用演播室访谈结合专题片的方式，以“传播养生之道，传授养生之术”为宗旨，系统介绍中国传统养生文化，同时有针对性地介绍实用的养生方法。节目充分体现了“贴近实际、贴近生活、贴近群众”的原则和本土化的特色，成为市民的“信息超市”。在《养生堂》节目中，主持人悦悦能够熟练驾驭节目的流程，提问准确到位，与嘉宾和受众的交流亲切自然，深受受众的好评。江西卫视倾力打造的《金牌调解》由主持人、调解员、观察员、当事人共同进入演播室录制。这档谈话节目用舞美、灯光、镜头等诸多表现手法，给普通民众提供了不一样的情感诉求平台。《金牌调解》将真实事件和电视手段完美融合，塑造了全新的节目模式，有着广泛的互动性和教育性。深受受众喜爱的《金牌调解》主持人章亭被同事认为是“令人意想不到的一位智慧型主持人，每一段结束语都让人叫绝，堪称冷峻天使”。调解员胡剑云因为在多期节目中对女性当事人表现出尊重与理解，被受众誉为“最懂女人心”的金牌调解员。

谈话型社教服务节目关注的是与广大受众生活息息相关的话题，在谈话中为受众传授身心健康的知识，为解决受众的身心健康问题献计献策，将生活中的争议、纠纷化解于入情入理的调解之中。这种类型的节目因为贴近百姓的生活而深受大家的喜爱。

六、竞技型主持

竞技型主持是指主持人通过担当评判的角色，对不同领域、不同内容的竞赛进行传播。随着我国社教服务节目的发展，竞技被广泛引入到节目中。最早的竞技类社教服务节目是知识竞赛。1983年，赵忠祥在中央电视台主持《五四蒲公英青年智力竞赛》，在这个节目中，中国内地首次使用了节目主持人这个称谓①。三十多年来，知识竞赛这一形式在电视节目中长盛不衰。由中央电视台和台湾中天电视台联合主办的《海峡两岸知识大赛》已经举办十几期了。这项大赛由两岸各高校组队参加，宗旨是“弘扬中华文化，传承中华文明”，用知识文化交流建立起两岸沟通的桥梁。

除了大赛以外，社教服务节目中的《厨王争霸》《交换空间》《谁与争锋》等都将竞技引入到节目中，增加了节目的观赏性和趣味性。四川卫视于2013年8月开播的《两天一夜》更是将旅游体验与竞技游戏融为一体。真人秀元素与地方旅游的完美结合成功地吸引了人们的眼球，并推动了四川旅游业的发展。

---

① 白谦诚，胡妙德. 中国荧屏第一人——沈力[M]. 北京：中国广播电视出版社，1999：64.

七、综艺型主持

综艺节目原本是指由音乐、舞蹈、曲艺等多种艺术门类组合而成的电视文艺节目①。我国社教服务节目在发展过程中引入了越来越多的综艺元素,从而呈现出综艺化趋势。综艺型主持是指主持人对于具有综艺元素的社教服务节目进行组织、串联、调动与控制。

《非诚勿扰》是江苏卫视制作的一档大型生活服务类节目,其综艺化的节目包装非常精美。从舞台整体来看,无论是环境、灯光、服装、化妆、道具,还是节目的背景音乐、节奏控制都可以同国内的任何一档高水准的综艺节目相媲美。介绍男嘉宾的 VCR 在拍摄中使用电影叙事的手段,镜头、灯光、音乐等都充满了文艺气息。每位男嘉宾在 VCR 中仿佛都是一位韩剧的主人公,这一拍摄方式是节目综艺化的一个表征。节目中,“内心独白”环节带有明显的表演性,是节目综艺化的另一个表征。24 位单身女生以亮灯和灭灯的方式决定男嘉宾的去留,经过“爱之初体验”“爱之再判断”“爱之终决选”“男生权利”等环节来决定男女嘉宾的配对。参与者外形靓丽养眼、打扮时髦前卫、表现大胆奔放,为节目创造了非常多的看点。这种综艺真人秀的手段成为《非诚勿扰》非常重要的关注点。另外,节目安排的游戏规则合理准确又充满趣味,使得整个节目过程中出现很多戏剧性的场面,每三五分钟就有一个小高潮,每十多分钟就有一个中高潮,到了尾声必定有一个大高潮。这种看似偶然的戏剧化的情节,事实上都是《非诚勿扰》编导们精心安排的。节目主持人孟非具有主持民生新闻的历练和主持娱乐选秀的经验,主持时既有悬念又不矫情,既风趣幽默又有分寸感。正如 2011 年《新周刊》评价的那样,“他能让嘉宾说真话、演自己;也能与点评人相得益彰,并让后者也精彩纷呈”,这也是孟非能够驾驭如此复杂的综艺化的生活服务节目的根本原因。

第三节　社教服务节目主持人的专业能力

一、节目策划与创作能力

在媒体竞争激烈的时代下,电视工作者只有善于抓住节目题材,对电视节目进行全面的运作策划,创作出更多、更优秀的电视节目来提高收视率,才能立于不败之地。优秀的电视节目不光是做出来的,更是精心策划出来的,所以做好电视节目策划,对于保障收视率具有重要的意义。有的人可能会说,电视节目组有编导,何必还让主持人策划节目呢？殊不知,随着媒体的快速发展,那种光会看稿读字的“说话机器”已经慢慢被淘汰了。主持人具备编导的能力,可以更好地理解节目、驾驭节目。另外,编导虽然能够策划节

---

① 罗莉.实用播音教程:第四册 电视播音与主持[M].北京:中国传媒大学出版社,2003:257.

目、编写稿件，但是由于每个人的说话、思维方式都不一样，编导的稿件未必适合主持人。主持人要想在节目中充分发挥自己的主观能动性，就必须具备策划与创作的能力，使自己真正成为节目的名片。

二、较强的语言表达能力

语言生活化是社教服务节目主持人语言的一大特点。社教服务节目面向广大老百姓，受众的知识水平参差不齐，这就要求节目将受众定位在中等知识层面甚至偏下，这样才能让信息传播更加有效。生活化的语言会让节目内容更丰富、更具有趣味性，表意浅显、通俗易懂。社教服务节目中常常需要给受众解释一些科学道理，主持人必须先理解、消化这些科学、专业知识，再深入浅出地进行讲解，让老百姓听得懂、学得会。语言的个性化表达是主持人个人风格的一个重要组成要素。主持人的语言风格越鲜明突出，越能表现出特殊的魅力和感染力。一方面，主持人的个人风格会给受众留下深刻的印象，主持人用个人魅力征服受众，受众潜意识中会认为那就是节目的风格，也会用主持人的个人形象来评价整个节目；另一方面，主持人的风格形象要符合节目的需求，不能为了追求个人风格而超越节目的需要。主持人如果要成为节目的标志，就必须与节目的风格形象相统一。首先，主持人要准确把握节目的定位，了解节目的宗旨、内容范围、风格特点以及这一节目与同类节目的区别；其次，主持人要清楚节目的服务对象，了解受众的心理需求；最后，主持人要完整地了解自我，知道自己有什么优势和不足，再结合前面的认识，扬长避短。主持人与节目之间的关系既相互限制，也相互促进。长期的磨合和总结可以让主持人与节目共同提高、共同成功。

三、驾驭节目、引导话题的能力

谈话节目对主持人提出了一个更高的要求，那就是如何驾驭现场，如何与嘉宾、现场观众进行交流，使节目按照预期的策划进行下去。如果一期节目的前期策划非常周密，但是主持人在现场没能调动起嘉宾和观众的情绪，致使该深入的话题没有深入下去，该展开讨论的部分又没有展开，那么即使这期节目的前期工作做得再好，最终的结果也还是失败的。因而现场交流这一环节，既是对谈话节目主持人主持功力的考验，也是检验谈话节目成功与否的关键。

四、具有一定的专业知识

如今，媒体竞争日趋激烈，受众需求更加细分化，传播者更加专业化。在这种变化和发展趋势下，科学、教育、法律、经济几乎无所不包而又分门别类的社教服务节目专业性特点显而易见。受众往往青睐那些具有权威性、可信度高的主持人。当然，受众对专家型、学者型主持人的渴求并非是让某一学科领域的专家、学者来专职主持节目，而是希望主持人是某个领域的“知情人”。因为真正具有传播魅力的主持人不能光靠背稿子来主持节目，他应“掌握这个领域的专业基础知识及新动向、新信息，拥有和有关专家平等对话的资格，能主动积极而又迅速正确地收集节目所需要的信息，善于把握节目的策划立意，能调动自己有关的知识储备，以颇具个性的观察及叙述方式向受众进行传播”①。

思考题：

1. 什么是社教服务节目？
2. 社教服务节目主持从形式上可以分为哪几种类型？
3. 从感受、理解、表达三个层面论述如何才能主持好体验型社教服务节目。

① 王明辉，李丹，任云芳．如何培养学生成为老百姓喜爱的社教节目主持人？[J]．科教文汇，2014(5)：41.

第十章 综艺娱乐节目主持

1981 年,广东电视台首创杂志型综艺节目《万紫千红》,成为中国内地电视综艺娱乐节目的发端。[①] 而 1983 年的中央电视台春节联欢晚会,则从真正意义上开启了我国电视综艺节目从无到有、从明星表演到明星与民众互动直至全民参与、从单一体传播到多元化呈现的时代。作为当下最流行的电视节目样式之一,综艺娱乐节目成为各大电视台出奇制胜的"法宝"和屡创佳绩的"王牌",它们不仅给受众带来了艺术性和娱乐性的享受,也体现了我国社会的审美判断和价值体系的变化。在如今飞速发展的传媒领域,综艺娱乐节目主持人应该具备哪些专业素养、职业技能和综合素质?如何才能成为一名优秀的、受欢迎的综艺娱乐节目主持人?这是本章着力探讨的内容。

第一节 综艺娱乐节目概述

综艺娱乐节目伴随着大众文化在中国的兴起而逐渐走进受众视野,它的出现解构了以精英文化为中心的创作视角,"流行""快乐""个性""时尚"等成为新的关键词。随着节目形态的发展,综艺娱乐节目的样式日益丰富。"综艺"和"娱乐"作为两大核心,在一些节目中独立成型,在另一些节目中又互相融合,共同构建了复杂的节目形态体系。

一、综艺娱乐节目的概念

综艺娱乐节目是指在演播室或外景现场,运用电子技术和艺术手段,包含文艺表演、游戏竞技、轻松谈话、生活情境等多种内容,为受众提供文化娱乐和审美感受的节目样态。

二、综艺娱乐节目的发展历史及现状

起源于欧洲和北美的综艺娱乐节目经由港台地区传到大陆,台湾地区最早将这种 Variety Show 翻译成综艺节目,并认为它是一种把新闻性、记录性、戏剧性、谈话性、音乐

---

① 张琦. 论中国电视综艺娱乐节目思想性的嬗变之路[J]. 社会科学论坛,2015(8):225.

性、舞蹈性、游戏性、运动性结合在一起的表演形式。综艺娱乐节目在中国发展的数十年间，共经历了四个主要阶段。在这四个阶段中，综艺娱乐节目呈现出两大特点：从审美取向上看，节目从艺术欣赏转变为娱乐体验；从传播形态上看，受众从被动观看转变为主动参与。

（一）20世纪90年代初期至中期："综艺晚会"时期

1990年，《综艺大观》在中央电视台周末的黄金时间播出，这是一档集音乐、舞蹈、相声、小品、杂技等多种艺术形态为一体，在演播室内录制，并邀请现场观众参与的节目。历任主持人包括倪萍、王刚、周涛等。在当时人们的娱乐生活相对比较简单甚至贫乏的情况下，每周一次的《综艺大观》让受众颇为期待，收视率一直居同类节目之首。而且《综艺大观》在内容和形式上可以说体现了当时中国综艺节目最高的制作水准。几位主持人各具特色：曾是话剧演员的倪萍，舞台掌控力好，情感表达细腻；拥有浑厚嗓音，因播讲评书版《夜幕下的哈尔滨》而备受关注的王刚，思路清晰、妙语连珠、幽默风趣；而科班出身的周涛，落落大方、张弛有度。这些主持人在《综艺大观》中迅速成长起来，得到了大家的喜爱，而倪萍和周涛也因此走上了春节联欢晚会的大舞台，陪伴受众度过了很多美好的时光。

可以说，以《综艺大观》《曲苑杂坛》等为代表的节目是当时中国综艺娱乐节目的主流样式，这种"晚会类"的综艺娱乐节目颇有阳春白雪的意味，偏重于审美诉求，为人们的文化生活提供了相对高层次的艺术享受。

（二）20世纪90年代中期至20世纪末："娱乐游戏"时期

随着欧美发达国家综艺娱乐节目形态的日趋成熟，西方的娱乐理念逐渐渗入到国内，受众对于多元化节目的心理需求也日益提升。这时，湖南卫视的《快乐大本营》、北京卫视的《欢乐总动员》等节目脱颖而出，以"明星+游戏"为核心的新综艺娱乐节目引发了新一轮的收视热潮。在节目中，明星嘉宾不仅是艺术表演的主体，更充分参与到节目设计的各种游戏中，在游戏中卸下了所谓的明星光环，暗合了受众"去偶像化"的收视心理。在游戏中，明星表现出的成败得失之心也给予了受众较强的心理参与感。此后，"快乐"成了综艺娱乐节目生产的内在追求和自觉自省，湖南卫视还进一步提出了"快乐中国"的频道发展核心理念，为中国的电视文化打上了深深的"娱乐"烙印。此时的综艺娱乐节目主持已经跳脱出之前的文艺表演的串联模式，语言样态更加轻松自然。

（三）2000年至2004年左右："益智竞技"时期

进入21世纪，娱乐的多元化趋势加快了综艺娱乐节目整体形态及娱乐形式多元化发展的步伐。借鉴英美流行节目模式《谁想成为百万富翁》的中央电视台《开心辞典》成为这个时期益智类节目的代表。在本土化改造中，节目原有的"一夜暴富"的博彩意味被大大减弱了，而"实现梦想""奉献爱心""家庭温情"等中华传统文化中颇受推崇的理念被融合进节目中。节目在兼顾知识性和趣味性的同时，激发了受众的收视兴趣，符合社会变革时期在生活和心理上都处于重新认识和调整阶段的受众"颠覆世界与他人的关系"的替代性和虚幻性诉求①。普通受众也由冷静旁观者转化为直接参与者,获得了不一样的娱乐体验。

随着《开心辞典》《幸运52》的热播,这两个节目的主持人成了家喻户晓的明星主持人,地方台纷纷效仿,这标志着新的主持风格正在逐渐形成。

(四)2004年至今:"真人秀"时期

2004年之后,中国综艺娱乐节目呈现出爆炸级的加速发展态势。无论是向欧洲、北美洲的节目公司购买模式,还是与韩国电视制作团队亲密合作,都助推着国内电视制作向更好的方向发展。

2005年,湖南卫视《超级女声》的万人空巷点燃了平民选秀的星星之火,当年的冠军李宇春登上《时代》周刊,颠覆式的女性审美引发了国内外的讨论热潮。而短信投票的实时参与,首次将选择权交予电视机前的万千受众,实现了从"客体审美"到"主体融入"的真正转变。尽管这种方式因为颇受争议,并没有在之后的节目中延续使用,但受众因此获得的"媒体社会人"的"身心自由"的收视体验,使得这一届的超女比赛在中国综艺娱乐节目发展史上留下了浓墨重彩的一笔。接下来,东方卫视的《我型我秀》《加油,好男儿》,江苏卫视的《绝对唱响》,直至近几年出现的浙江卫视的《中国好声音》《中国好舞蹈》等,形式越来越多样,影响越来越广泛。这些"平民选秀"打造的"草根明星""素人演艺"已经占据了中国综艺娱乐节目格局中的重要一方。尽管才艺比拼的范畴日益扩大,但节目的核心仍然稳固不变:解构、多元、审美平民化,让受众在狂欢中忘却现实困境,获得片刻快感。

与此同时,"明星+游戏"或"明星+表演"的节目模式出现了进阶版,尤其是90后网络受众成了这种类型节目的追捧者。从东方卫视的《舞林大会》《非常有戏》,到近年来更为流行的《我是歌手》《蒙面歌王》《奔跑吧,兄弟》《极速前进》《爸爸去哪儿》《极限挑战》《了不起的挑战》《二十四小时》《全员加速中》《十二道锋味》《我们相爱吧》《旋风孝子》等,节目模式层出不穷,令人眼花缭乱。中国的综艺娱乐节目已经进入巨额经费、电影制作、话题不断的"大片时代","明星+游戏+剧情+表演"的复合型节目样态已成为主流,视频网站的崛起,为节目样态的扩展注入了更多的演变因子。

如今,"真人"与"秀"的模式被不断细分、重构,以原子化的元素方式进入到很多节目中,如脱口秀节目《壹周立波秀》《金星秀》,相亲类节目《非诚勿扰》等,给受众提供了更多悦己的可能性。

不难发现,在真人秀节目中,主持人的角色发生了有趣的变化。他们有的隐身侧幕,在节目中起穿针引线的作用,如《中国达人秀》的程雷、《中国梦想秀》的亚丽、《中国好声音》的华少;有的身兼数职,既是嘉宾,又是主持人,如《了不起的挑战》的撒贝宁;也有不

---

① 张琦. 论中国电视综艺娱乐节目思想性的嬗变之路[J]. 社会科学论坛,2015(8):228.

少真人秀节目以旁白的方式来带动整体的节奏。可以说,多元立体的节目语境给主持人带来了新的创作机遇。

三、综艺娱乐节目的分类

如果说梳理纵向的发展历程有助于厘清中国综艺娱乐节目的发展逻辑,那么横向的节目类型划分则可以从另一个角度勾勒出综艺娱乐节目的发展轨迹。

(一)娱乐资讯类

娱乐资讯类节目是以报道娱乐事件、人物等为主要内容的时效性较强的新闻节目。光线传媒曾凭借《中国娱乐报道》而声名鹊起,成为国内民营节目制作市场的先行者。此后,北京卫视的《每日文娱播报》以及湖南卫视的《娱乐无极限》等先后开播,娱乐资讯类节目遍地开花,轻松愉快的播报风格、青春靓丽的主持阵容、娱乐八卦的幕后内容,迅速吸引了大批年轻受众。

(二)综艺晚会类

以春节联欢晚会为代表的节庆晚会是20世纪80年代电视综艺的典型形态。这是将个体、家庭情感与国家、民族认同连接起来,以多种艺术表演为载体的节目形态。“文以载道”“寓教于乐”是晚会创作者的理念追求。由于节目录制空间相对较大,摄像机位、景别多变,因此综艺晚会类节目主持人需要有较强的现场驾驭能力,一直保持饱满甚至亢奋的演播状态。主持人董卿在接受采访时曾说:“我一定要把自己最饱满的情绪、最美好的笑容、最真诚的祝福表现出来,这就是不变的状态。”

(三)谈话脱口秀类

《鲁豫有约》《非常静距离》《艺术人生》等都是以明星为访问对象的谈话类节目。此类节目将明星的成长历程、演艺生活、个人情感,甚至心理困惑等展现在受众面前,满足了受众对于神秘的明星生活和了解他人内心的窥探欲。主持人往往是娱乐谈话节目的灵魂与核心,优秀的娱乐谈话节目主持人在节目中能够很好地把握起承转合,引导谈论方向,掌控演播现场,调节谈话气氛。

脱口秀节目源自西方,如《今夜秀》(*The Tonight Show*)、《大卫深夜秀》(*The Late Show with David Letterman*)等脱口秀节目因其大胆的题材(政治家是经常被调侃的对象,包括美国总统)、幽默犀利的语言风格、大腕明星的加盟以及现场乐队、歌手的精彩表演,受到美国民众的喜爱。随着这一类型的节目样式逐渐传入中国,各电视台也出现了不少颇受欢迎的节目,如《壹周立波秀》《金星秀》《晓松奇谈》《今晚80后脱口秀》等,每个节目的主持人都具有极强的个人色彩,从节目样式、题材选择到话题包袱、语言风格等都是节目组为主持人量身打造的。如《壹周立波秀》每期节目既有涉及国内国际时政的“大”话题,又有关乎百姓生活的“小”话题。主持人将个人展示、嘉宾访谈等内容很好地融入其中,体现了节目的综艺性。收视目标为年轻受众的王自健的《今晚80后脱口秀》和近年来成功跨界的现代舞者金星的《金星秀》或多或少都具备以上这些脱口秀的共性。

（四）益智游戏类

益智游戏类是以游戏为节目主体，结合文体知识、生活常识等内容，实现受众广泛参与的综艺娱乐电视节目。从《幸运52》《开心辞典》《智勇大冲关》到最近的《一站到底》《最强大脑》等，传播技术的发展改变了传统电视时空组合相对单一的状况，多维时空的组合，由主持人在其中引导、把控节奏，丰富了节目的叙事层次，也增加了受众与节目的黏性。

（五）演讲辩论类

随着敢于在荧幕上进行个性化表达的80后、90后越来越多，《奇葩说》《超级演说家》等以特立独行的话语片段作为主体的节目样式应运而生，而开创者正是主持人中的佼佼者，如鲁豫、马东等，这些以访谈能力著称的主持人，将古希腊、古罗马时代便盛行的公共演讲、辩论之风发扬光大。在这些节目中，主持人往往以“导师”的角色出现，如《奇葩说》中的马东、蔡康永、高晓松，他们的人生经历和知识储备丰富了主持人的语言容量，也成为节目的一大亮点。

（六）真人秀类

这是指参与者在规定情境中，为了达到某种目标，按照特定的规则所进行的含有某种竞争行为的电视娱乐节目形态。这种节目形态既有真实记录，也有艺术加工。2010年，东方卫视引入《英国达人秀》，推出了《中国达人秀》，不但严格落实国际节目版权方开发的模式，而且首次按照西方节目生产的标准体系来运作。《中国达人秀》的成功，让更多电视台对海外节目模式有了全新的认识。2010年可谓我国引进节目模式版权的启蒙之年，而这种本土化打造的季播、制播分离模式也逐渐成为中国真人秀节目的基本样式。在这种节目中，主持人不仅仅是规则的主导者、串联者、旁观者，更是掺杂了个人情感体验、思想与意志的亲历者、见证者，赋予了节目更多的个性化表达。

第二节　综艺娱乐节目主持人的语言表达

一、娱乐资讯节目主持

娱乐资讯节目主要面向的是年轻受众和对娱乐资讯比较感兴趣的群体，让他们在舒适愉悦的状态下接收信息。因此，主持人大多由靓丽帅气的年轻人来担任，一方面拉近与受众的心理距离，另一方面也体现了节目的时尚性。就主持人的语言表达而言，在强调内容准确、语言清晰、重点突出的前提下，还要亲切自然，尤其要加强对象感和交流感。在现有的娱乐资讯节目中，主持人以演播室的站姿为主，这就要求主持人的体态语轻松大方，如手势语简单自然、眼神交流积极主动、着装打扮符合节目氛围。

不过，目前这种类型的节目往往也存在一个误区：单一地追求节目的娱乐效果，而忽略了媒体应该具有的文化品位和引导力。大量年轻主持人的启用，不得不说是一把双刃剑：一方面吸引了受众，另一方面也出现了一些主持资历较浅、文化积累不深、模仿能力强但辨析力不足的主持人。这些主持人在主持过程中，经常出现备稿不精，吐字不清，表达含混，语气、语调不当（如港台腔）等问题，视频网站自制的娱乐资讯节目中这样的情况相对更多。例如对娱乐资讯节目中这段稿件的播报：

观众朋友们，大家好，我是×××。回首刚刚过去的春节档，在《美人鱼》《西游记之三打白骨精》《澳门风云3》等影片的带动下，电影市场迎来了爆发式的增长。从大年初一到初七，连续7天，单日票房均超过4亿，单周票房更是达到了惊人的36亿，票房纪录不断被刷新，2016年也无疑成了“史上最强春节档”，马上送上记者的一线调查。

主持人播报这样的稿件，整体基调应积极向上、语速较快、语势稍扬，数据和日期等要用重音处理。因为是节庆中的好消息，吐字力度可稍稍加强，但字音要清晰、轻巧、灵活。

二、综艺晚会主持

播音学泰斗张颂教授曾经指出：广播电视传播，其根本属性是“新闻性”，而语言传播带有明显的“艺术性”①。综艺晚会主持是对主持人的声音条件和语言素养要求最高的节目种类之一。综艺晚会主持人的作用主要是：以感情饱满的串联、临场的即兴发挥、现场情绪的调动和组织，来拓展节目的表达空间，连缀起节目之间、荧屏内外的情感互动，形成欢快、喜庆、祥和、向上的融洽而和谐的气氛。② 因此，能够担负起这样职责的主持人，首先要具备比较好的声音条件，如男声低中音区宽厚富有磁性，高音区高亢朗润；女声甜美悦耳、清脆敞亮。当然，良好的声音形象要焕发出独特的个性魅力，需要持续不断的训练，掌握科学的用气发声方法。

在集合了众多美与艺术的综艺晚会中，主持人的语言已经超越了简单的串联功能，更多地承担了激发受众情感共鸣的美学功能，因此，在大型的主题综艺晚会中，如中央电视台的春节联欢晚会，主持人力求在字正腔圆中展现音韵美，在庄重稳健、高雅大气中展现整体美。主持人的语言还要极具表现力，通过语气语调、音长音高、虚实气息的变化，使受众在听觉空间中实现自我构建和想象共鸣，尤其在情绪的酝酿和积累中，主持人语言要拿捏得当，表达真情实感，体现艺术语言的感染力。在地方卫视的跨年歌会、元宵喜乐会等综艺娱乐晚会中，主持人可以采用更多元的语言样态和表现形式，拉近与受众的距离，给人以清新流畅之感。例如2015年中央电视台春节联欢晚会中主持人的语言表达。

---

① 金重建. 播音创作主体论[M]. 北京：中国广播电视出版社，2008：1.

② 罗莉. 实用播音教程：第4册 电视播音与主持[M]. 北京：中国传媒大学出版社，2003：256.

男：春到福来，春上昆仑云天外；

女：春到福来，春下黄河冰雪开；

男：春到福来，春绿神州舒心怀；

女：春到福来，春潮四海歌豪迈；

男：春到福来，春风万家又一载；

女：春到福来，春满中国大舞台。

男：中国中央电视台，

女：中国中央电视台，

女：观众朋友们，此时此刻我们是在中央电视台一号演播大厅通过综合频道、国际频道、少儿频道、农业军事频道为您现场直播2016年春节联欢晚会。

男：在这辞旧迎新之际，我们向全国各族人民，向香港特别行政区、澳门特别行政区同胞，向台湾同胞和海外侨胞，向全世界的中华儿女拜年了！

男：我们向中国人民解放军全体指战员拜年了！

女：我们向武警部队官兵、向公安民警、向此刻仍然坚守在工作岗位上的朋友们道一声，过年好！

女：在这里呢，我们也要特别向遭遇地震灾害的台湾同胞表达我们最深切的关怀和问候。在这里，也向大家拜年了！

男：在以习近平同志为总书记的党中央坚强领导下，全国各族人民努力奋斗，"十二五"规划圆满收官，我们又满怀着丰收的喜悦昂首步入了"十三五"决胜小康的开局之年！

女：2015年，随着全面建设小康社会、全面改革开放、全面依法治国、全面从严治党的总布局的协调推进，我国的经济、政治、文化、社会、生态文明建设和党的建设，迈上了一个新台阶。

男：新的一年，我们将全面贯彻创新、协调、绿色、开放、共享的发展理念，你我中国梦，全面建小康，这是全体中华儿女共同的心愿。

女：东西南北中，全民大联欢！今年的春晚，我们除了北京的主会场，还在陕西西安、福建泉州、广东广州、内蒙古呼伦贝尔设置了四个分会场，我们要和大家一起共度除夕夜，欢庆中国年！

三、谈话节目主持

在谈话节目中，主持人占据了非常重要的位置，强烈的个性特征是谈话节目成功的必备条件，如《鲁豫有约》《金星秀》等，主持人的个性特征都很明显。那么，谈话节目主持人一般需要具备哪些素质呢？

首先，在以访谈为主体的节目中，主持人需要具备较强的访谈能力：善于寻找话题切入点，善用细节起承转合，善于出其不意制造亮点，善于提升、归纳、总结。其次，主持人应真诚聆听、真心交流。节目中，主持人一般语速适中、语调平和，营造出舒适的访谈氛围。不过有合适的机会时，主持人也可以适时抛出敏感话题，或在尴尬时刻，帮助嘉宾转化情绪，缓解压力。

近年来，脱口秀节目语言形态更加丰富多样、个性十足：或节奏紧凑、另类犀利；或张弛有度、搞笑幽默。如《壹周立波秀》《今晚80后脱口秀》等。请看《金星秀》中的一段对话。

金星：情人节过去了，我们和大家谈谈失恋。

沈南：停，等等，姐，你这思维太跳跃了，这情人节刚刚过去三天，你和大家谈失恋，合适吗？（现场笑声）

金星：合适呀。现代人呀，这爱情保鲜度都比较差。学会好好分手，可能比学会怎么谈恋爱更重要。所以呢，我们今天就好好说一说“失恋那些事儿”。我年轻谈恋爱那会儿，一般都是我和别人提分手的，但唯独有一次是别人和我提分手的，而且还分得蛮惨的。

沈南：来来来，说这段，说说这人被你打得有多惨。（现场笑声）

金星：那次是我的初恋。我的初恋男友是个美国人，名字我记得非常清楚，叫格里菲斯，平时戴着一副黑框眼镜，身上有一种男人的狂野，但又带点绅士的斯文，两条大长腿。他是我在达拉斯演出的时候遇到的，他是一个牛仔，在得克萨斯经营自己的农场，我在美国百老汇跳舞。我们两个在一起以后呢，我疯狂到什么程度，当时我觉得为了爱情，我可以放弃一切。我就离开了百老汇，跟着他去得克萨斯放牛去了。（被打断……）

沈南：等会儿，姐。我没听错了，你，去放牛？

金星：对呀，铲草料、挤牛奶、帮母牛接生。如果我们当时没有分手的话，可以说到现在这世界上就少了一个舞蹈艺术家，多了一个美国地主婆。（现场笑声）

沈南：那这生活不是挺美好的吗？你挤奶来他放牛，那他怎么把你甩了呢？是不是你挤奶把人家牛挤疼了？（现场笑声）

金星：什么甩不甩呀，别说得那么难听好吗？说起来我们之所以分手，也是很多男女初恋时经常会遇到的问题。爱情嘛，刚开始的时候，总是充满新鲜感的，只要和情人腻腻歪歪地在一起，卿卿我我，做什么都可以。你别说和他一辈子放牛了，一辈子吹牛都可以。可现实生活中呢，那段时间，我住在得克萨斯他们家农场，这方圆几百里除了格里菲斯就是牛呀，人家是对牛弹琴，我呢，只能是对牛跳舞，关键牛也不懂我呀！

沈南：你可以穿红衣服试一试。（现场笑声）

金星：穿红衣服就给我顶了。相比之下，纽约大都会多新鲜、多刺激呀！我这种情绪呢，格里菲斯已经看出来了。有一天早上，他拿着一杯咖啡，看似漫不经心地走过来了，就和我说，哎，金星，你要不要回纽约跳跳舞呀？我高兴地打了包，就回去了。回到纽约后,我还经常和格里菲斯打电话,说得兴高采烈了,格里菲斯都是沉默的。有一天,我问:你怎么话那么少呀,你让我回纽约,是不是想和我分手呀?

沈南:姐,我都看出来了。

金星:我说,那你为什么不在得克萨斯和我说分手呢?

沈南:姐,其实这个可以理解,毕竟他也怕死嘛!(现场笑声)

金星:格里菲斯说,金星,你不属于农场,你属于舞台。我知道你是个自尊心非常强的人,如果我主动和你提分手的话,你肯定会很伤心的,会有种被抛弃的感觉,所以我等你回到纽约,等你回到属于你自己的舞台时,再和你提分手,你才能很自然地接受。

沈南:姐,说说后来的事情吧,你是想用手段报复他的。(现场笑声)

金星:报复什么呀,现在回想起来,我还是很感谢他的。他分手的方式比较温婉,至少保护了我的自尊。所以小伙子、姑娘们记住了,如果你们最终没能走下去,分手形式很重要,态度可以坚决,但是手段一定要温婉。

四、益智游戏节目主持

2015年年底,中央电视台《中国成语大会》引发了新一轮收视热潮,参与节目的选手年龄跨度大、来自各行各业,还出现了不少网上热议的"明星选手",如被称为美貌与智慧并存的"邯郸四美"。这让益智游戏节目重新回到了受众的视野中,中央电视台也一鼓作气,推出了《中国诗词大会》《中国谜语大会》等节目,加上前两年颇受欢迎的《中国汉字听写大会》,可以说这种寓教于乐的文化益智类节目已经成功占领了中国电视业的一席之地。

益智游戏节目主持人对于节目的进程、环节应该掌控细致、表达精准、语流顺畅,既要让节目悬念迭起,营造紧张刺激的比赛氛围,也能够用幽默风趣的语言化解、安抚选手答不出题时的尴尬,推动节目进行下去。

五、真人秀节目主持

这是一种主持人的功能非常有争议的节目类型。有人说,在这种节目中,主持人的角色是被弱化的,甚至在有些节目中已经没有主持人这个符号了。但也有人说,这恰恰是主持人角色泛化的体现,不是只有站在舞台中央的人才是主持人,类似的串联推进、节奏掌控、点评呼应等话语功能已经被节目的其他人物所承担,如选秀节目中的评委、室外游戏节目中的主导参与者(如《奔跑吧,兄弟》的邓超)等。我们认为,无论哪种观点,主持人也好,串讲人也罢,自然亲切、受众喜闻乐见是基本的衡量标准。

第三节 综艺娱乐节目主持人的素养

著名主持人汪涵曾尝试汲取“六艺”的精华来解读综艺节目:追求“诗”的优美和节律;学习“书”的深邃与博大,节目中不可哗众取宠;与嘉宾要有“礼”的谦逊与辞让;节目内容要像“易”一样变化与神秘;把握“乐”的律动与节奏;知晓“春秋”的大义,千万不可造次。主持人要有礼有节,有所为有所不为,在追求节目的形式美(包括艺术价值和娱乐价值)的同时,注重人文关怀,坚守道德底线,并具备一定的社会责任感。不难看出,随着综艺娱乐节目的不断发展,人们对于主持人的要求也在日益提升。拥有多年主持经验的前辈提出了自己的理解和期许,那么我们不妨在这样的框架内,仔细说一说综艺娱乐节目主持人的素养问题。

一、政治理论素养

播音员主持人作为媒体人,一定要具备过硬的政治理论素养,具体表现在政治立场和理论素养两个方面。播音员主持人要对国家的大政方针、政治局势、经济形势有清晰的认知,对党的路线、方针、政策有与时俱进的认识,并把历史使命感和社会责任感都潜移默化地体现在对节目内容、形式、节奏等的正确把控中。

无论是娱乐资讯报道、综艺晚会主持,还是真人秀节目主持,主持人都应该从各自的节目特点出发,时刻关注社会发展状况,从受众的角度来解析政策变化,有意识地将受众关心的社会热点、核心关键词、情绪感受等融入节目中,传播主流价值观,让受众喜闻乐见。相对于新闻类节目,综艺娱乐节目大多传播的是软性话题,也不乏家长里短,随着商业元素的广泛渗透,“收视率”“广告投入”等都成为影响综艺娱乐节目制作的重要因素,在主持人中也出现了不少浮躁,甚至庸俗之风,因此更需要主持人具备较高的思想觉悟、正确的判断力、敏锐的眼光和观察力,加强对于话题走向和节目格调的把控力。

二、文化艺术素养

作为当代大众文化的重要组成部分,广播电视及网络媒体所具有的文化传播能力不可小觑。播音员主持人作为文化的传承者,应该提高自身的文化艺术素养以及传承文化的自觉意识和责任心、使命感,最终提升媒体有声语言的文化品位。

美学家苏珊·朗格在她的美学著作《艺术问题》中说:“艺术本质上是一种表现情感活动的结构模式。”综艺晚会呈现出的是中国传统文化和艺术精髓,作为其中的重要一环,主持人肩负着传播中华民族优秀文化以及不断与时代融合的现代艺术作品的神圣使命。主持人通过自己独有的表达方式将节目内容呈现出来,将串联词中蕴涵的意境和精神激活,需要深厚的文化底蕴和艺术涵养。

三、专业素养

综艺娱乐节目形式灵活多变，内容丰富多彩，优秀的综艺节目娱乐主持人不仅语言能力要强，还要有很强的控场能力，能够制造欢快热烈的气氛。① 因此，主持人需要具备较高的专业素养。

（一）语言能力

主持娱乐资讯节目时，主持人语言表达应该轻快灵活，用音乐、道具、图片、视频等表现手段来增强娱乐气氛；主持综艺晚会时，主持人语言表达应该沉稳大气，具有较强的表现力和艺术感染力；主持谈话节目时，主持人语言表达应该自然亲切，营造出舒适的访谈氛围；主持益智游戏节目时，主持人语言表达应该精准流畅，营造出既幽默风趣，又紧张刺激的比赛氛围；主持真人秀节目时，主持人功能可以适当弱化，更多地承担串联的职责。

（二）控场能力

控场能力在综艺娱乐节目主持中至关重要。它一方面是指在正常节目进程中，准确呈现节目主题，保证各环节的流畅串联；另一方面是指当节目发生意想不到的情况时，如出现技术方面的故障、演员表演失误、节目时间不够或者过长等，主持人凭借扎实的专业功底和日常积累，即兴发挥、圆场补台，甚至制造超出节目预期的效果。

在 2009 年春节联欢晚会上，零点之前的一个舞蹈节目临时调整到零点以后，为了给同一拨舞蹈演员争取更换演出服的时间，总导演郎昆临时给主持人布置了任务：把这一分钟补上。主持人迅速整理了思路，走上台的那一刻，台词应运而生："亲爱的朋友们，新春的钟声已经敲响，又一个明媚的春天向我们走来。在这里，我们再一次给大家拜年，祝大家己丑牛年大吉。此时此刻，一定有很多朋友在给自己的朋友送去新春的祝福和问候。我想说，在您送去问候和祝福的时候，千万别忘了我们最容易忽略的人，那就是常伴我们身边的人。如果您的父母还没有休息，请起身给您的父母鞠一个躬，感谢他们的养育之恩，感谢他们一年的劳累，感谢他们带给这个家庭的温暖。请用您的笑容为您的丈夫、您的妻子、您的儿女送去祝福，感谢一年来我们互相搀扶走过的日子。最后我想说，也让我们感谢我们自己，感谢我们这一年来自信与坚强，感谢我们这一年来所取得的工作成绩。"

主持人的这段话并没有华丽的辞藻，朴实之言反而更令人感动，而且 2008 年中国发生了很多大事，雪灾、地震等灾难让大家学会了坚强、惜福。在当时，这段话也给受众提供了一个表达内心情感的契机，使得晚会在零点报时后，又出现了一个情绪的小高潮。

（三）表演能力

在综艺娱乐节目中，越来越多的场合和环节中需要调动主持人的表演能力，进行不

---

① 曾致. 节目主持艺术基础[M]. 北京：中国传媒大学出版社，2015：130.

同角色、造型、声音的形象塑造或者演绎。《快乐大本营》的谢娜以搞怪模仿著称，没有美女包袱的扮丑表演，让谢娜在众多综艺娱乐节目女主持人中脱颖而出。台湾也有一批被称为“女丑”的综艺娱乐节目主持人，如小S、阿雅、谢依霖等，她们大都善于模仿、敢于大胆表演，与一本正经的主持人形成反差，娱乐性更强，赢得了受众的喜爱。

（四）幽默风趣

有人曾说：幽默来自于人素质的积累，是对人生的一种态度、一种价值观，言语及文字不过是它的一些表露罢了。[①] 的确，幽默的语言是语言艺术再创造的精华。综艺娱乐节目是为了给受众提供赏心悦目的艺术欣赏、欢欣愉悦的感官享受以及积极向上的情感体验。可以说，幽默风趣是综艺娱乐节目主持人必备的基本素养。

幽默是智慧的表现，必须建立在丰富的知识基础之上。主持人只有拥有审时度势的能力、广博的知识，才能做到谈资丰富、妙语连珠。幽默也是宽容精神的体现，因为幽默往往与辛辣的讽刺、善意的微笑分不开。主持人应广泛涉猎、充实自我，善于从浩如烟海的书籍中收集幽默的浪花，从名人趣事中汲取幽默的宝石。

综艺娱乐节目主持人应该给予受众机智的诙谐而非粗俗的逗乐，幽默风趣的主持人也是各有风格，例如李咏是幽默中带有激情，刘仪伟是幽默中饱含生活气息，而窦文涛则是幽默中透着机敏。这些各具特点的主持人都让受众津津乐道。

幽默往往需要突破常规、巧妙夸张。幽默是一种感染力，内核是自信。自嘲就是其中的一种。在表达时再辅以特殊的语调、语气和语速，能获得意想不到的节目效果。那么如何提高主持人的幽默能力呢？以下几点可以作为借鉴。

第一，有高超的洞察力，善于观察细节，将细节化为幽默素材。杨澜采访台湾作家李敖时，注意到李敖穿了一件红色的衣服，就马上改变了开场白：“李先生，我发现您特别喜欢红色，是不是这辈子经常与人相斗，所以有一种红色的火焰？”李敖听了，也不禁宛然一笑。杨澜很善于捕捉现场的细节，并将之转化为采访的内容，李敖的直率犀利众所周知，而杨澜将一个相对尖锐的问题以比较幽默的方式提出，也可以化解一些不必要的尴尬，让采访得以顺利进行。

第二，善用双关语，增加言语趣味。有一次，在歌手满江的新歌发布会，汪涵送上一束大麦，说道：“祝你的专辑能够大卖。”满江开玩笑说：“你这把好像是水稻啊。”汪涵马上接着说：“那更好，一切都是水到（稻）渠成嘛。”汪涵的临场应变能力不禁令人佩服。

第三，仔细观察，寻找最佳时机。在全国首届金话筒颁奖晚会上，主持人赵忠祥从信封里抽出了题目——目前综艺晚会的通病是什么？叶惠贤面带笑容，即兴说道：“节目老一套，掌声挺热烈。不看舍不得，看后全忘掉。”台下报以热烈的掌声，接着他又说道：“刚才我说的这些通病在今天的晚会上一点儿也没有。”台下的观众更是掌声、笑声一片，晚会气氛达到了一个小高潮。[②]

---

① 曾子恒．吴宗宪的幽默之道[M]．北京：中央编译出版社，2011：16．

② 叶惠贤．荧屏瞬间：叶惠贤即兴主持100例[M]．上海：上海人民出版社，1998：103－104．

总之，综艺娱乐节目主持人要培养机智、敏捷的反应能力，快速捕捉事物本质的能力，以恰当的比喻、诙谐的语言主持节目，才能使受众产生轻松的感觉，从而进入节目的语境之中。

四、其他素养

（一）过硬的心理素质

随着人们审美水准的日益提升，综艺娱乐直播节目成为常态，如大型综艺晚会、选秀节目的决赛现场等。直播对于主持人的要求非常高，除了具备扎实的语言基本功、即兴应对能力之外，还需要过硬的心理素质。之前提到的每年的春晚零点倒计时就是“事故”多发时段。2007 年的春晚零点倒计时被称为“黑色三分钟”，主持人后来在自传中也提到了这一终生难忘的职业时刻。他说：“2007 年春晚的‘黑色三分钟’并不是主持人互相拆台、人为抢词造成的，而是大家都在想办法补台，怀着一份责任心和善意，但是由于当时我们应对危机经验不足，相互没有配合好，再加上过于紧张，所以连接造成了口误。”身经百战的春晚主持人团队都不可避免地会因为紧张而出现失误，可见直播节目的压力之大。主持人要做到精确而不着痕迹，需要练就过硬的心理素质，不仅平时要勤学苦练，还要准备好应急补救预案。

（二）真诚的人文关怀

任何节目都要以人为本，尤其在真人秀节目中，不少是有普通百姓参与的，如《超级女声》《快乐男声》《中国达人秀》《中国梦想秀》《出彩中国人》等，这种类型节目的初衷是给有梦想的人一个展现的舞台，呼唤真善美。但由于节目赛制限制，不可能所有参与者都进入到最后阶段，我们往往会看到失落、懊悔，甚至眼泪，这时候，主持人往往能给予选手最及时的安慰和关怀。《出彩中国人》的撒贝宁和《中国达人秀》的程雷都在侧幕承担了这样的责任：在选手上台前给予积极的鼓励，让他们放松心情、享受表演；在表演过程中为他们喝彩；在表演结束后与选手共同庆祝成功，或者安抚失利之人。这些都体现了节目和主持人真诚的人文关怀。

（三）爱岗敬业

综艺娱乐节目元素众多、规模较大、涉及面广，对于主持人来说，是体力和脑力的双重比拼。尤其是室外的明星游戏类节目或真人秀节目，往往在不同的气候、人文地理环境中拍摄，需要主持人迅速地适应不同的环境，保持积极的状态。韩版 *Running Man* 的主持人刘在石，每次在节目中都特别忘我地投入各种比赛环节，对参加节目的明星了如指掌，对来宾体贴入微，使节目有血有肉。而且为了节目效果，刘在石总能放低自己，不顾形象爆自己的“料”，展现了牺牲奉献的节目领导力。

第四节 综艺娱乐节目的主持群模式

在当今的综艺娱乐节目中，主持群已经成为一种颇受欢迎的主持样态。2009 年 3 月，《新周刊》杂志将“最佳娱乐秀主持人”奖颁发给湖南卫视综艺娱乐节目《天天向上》的主持群，将“年度节目主持人”奖颁发给央视新闻频道节目《众志成城 抗震救灾》的主持群。学界也开启了对这一主持样态的讨论热潮。

一、主持群的兴起与发展

所谓主持群，是指三个或三个以上各具鲜明特点的主持人按照特定规律组合在一起的一种形式。中国电视产业的迅速崛起，推动了主持群的出现。

首先，电视媒体的发展以及“多屏抢滩”的激烈竞争，成为催生新的节目模式出现的最直接的外在动力，作为“门面担当”和节目最终效果呈现者的主持人首当其冲。

其次，受众不断变化的收视心理和不断提升的欣赏品位，更加主动、智慧、个性化的收视特点，都给节目策划者提出了新的课题。主持群个性鲜明，又能互相契合的特点，为打动受众提供了更多的可能性。

最后，对于节目的主持力量而言，主持群也起到了以老带新，培养后备力量和新生力量，优化主持人资源配置的作用，对于整个主持行业的发展也颇有益处。

其实，从中国的节目发展历程来看，由多名主持人共同主持一个节目的现象并不鲜见。例如中央电视台每年的春节联欢晚会，都由四到六位主持人联袂主持。尽管这种主持实践已经显现出主持群的创作特征，但大都是在特殊时期、特定场合中出现，并非日常化的主持模式，也没有与节目的常规生产形成有机的互动，成为节目中的固定元素。因此，真正使节目主持人团队化、群体化成为中国综艺娱乐节目主持模式之一，湖南卫视可谓首开先河。

1997 年开播的《快乐大本营》作为国内游戏类综艺节目的先锋，伴随很多 80、90 后走过了青春岁月。2000 年，李湘、何炅、李维嘉开始合作主持，三人灵动、活泼，亲和力、互动性强的主持风格给综艺娱乐节目吹来一股清新之风，将电视“湘军”敢为人先的创作精神发挥得淋漓尽致。2005 年，《快乐大本营》举办全国主持人新秀大赛《闪亮新主播》，既为节目注入了新鲜血液，也借此摸索出了新的节目形式和主持样态。初出茅庐，没有太多主持经验但颇有辨识度的海涛和年轻、活泼的吴昕脱颖而出，加上之前加入的“演艺新人”谢娜，《快乐大本营》2006 年正式以“快乐家族”的名义推出了这个主持团队，不仅在节目中不断强化五人主持的完整性和不可替代性，也率先从品牌塑造、商业推广、周边产品等各个方面来力推这个五人主持群，打造了中国大陆最早具有受众辨识度的主持团队。经过一段时间的磨合，湖南卫视初尝甜头之后，再接再厉，在 2008 年开播的“大型礼仪公德文化脱口秀”《天天向上》中，汪涵、欧弟、钱枫、田源、俞灏明、小五等人组成了“天天兄弟”,集结出发,突破了原有的主持模式,使得彼此之间产生了新的“化学效应”,丰富了综艺节目的层次内涵,强化了娱乐效果。

自此,主持群迅速成为各个电视综艺节目优先考虑的主持形式,如安徽卫视的《周日我最大》、湖南卫视的《天下女人》、北京卫视的《欢乐英雄》等。若将眼光放及早于大陆掀起综艺节目热潮的港台地区,《我猜我猜我猜猜猜》《大学生了没》《雅典娜轰趴》等热门节目都采用了主持群模式。加之近年来,韩国综艺节目模式在国内“大行其道”,以 *Running Man* 为代表的综艺节目更是拓展了主持群模式的内涵,跨领域的演艺界明星成为此类综艺节目的主持人。如果说韩版的 *Running Man* 中,被称为韩国国民主持人的刘在石的核心角色仍然是主持人,那么在浙江卫视的《奔跑吧,兄弟》中,演艺界明星则承担了主持串联的功能。他们既是节目的主体参与者,又由核心成员(如队长邓超)推动节目流程、引爆冲突点、制造娱乐效果,不同特质的主持人相互配合与协调的优势可见一斑。

因此,在受众审美标准日益提升、节目选择范围越来越广、媒体竞争日益激烈、信息量爆炸的融媒体时代,各有特点又浑然一体的主持群模式符合受众越来越“挑剔”的观赏需求。

二、主持群的结构类型

主持群的出现既满足了受众求新求异的观赏需求,也吸引了趣味多元的不同收视群体,拓展了节目的影响力。法国著名社会学家布迪厄提出了经典的“场域(field)”观点,“场域为位置间客观关系的一个网络或一个构型,这些位置是经过客观限定的”。这个观点无论是对于主持人团队内部的小场域,还是节目演播环境中的大场域,都有很好的解释作用,可以从整体与个体、话语与声音、形体与位置、角色与功能等各方面展开。相较于传统的综艺娱乐节目主持,主持群在构成形态、创作特征、功能优势等方面拥有自身的特点,大致可分为以下三种类型。

(一)核心层型

这种类型是目前综艺娱乐节目主持群中最常见的模式,即以一个核心人物为主导,其他主持人按照各自能力和特点围绕核心形成外围的不同圈层,各司其职、层层包裹、积聚能量,形成“爆点”。湖南卫视的《快乐大本营》和《天天向上》就是这种主持群模式的典型。两个王牌节目都有一位核心灵魂人物:何炅、汪涵,负责节目整体的主线穿引、基调把握、话题走向等。《快乐大本营》中,谢娜、李维嘉是第二圈层,或搞怪逗趣,或亦庄亦谐,帮助何炅抖响包袱,而吴昕、杜海涛则是第三圈层,相对“弱势”,话语不多,或体力担当,或“冲锋陷阵”。《天天向上》中的“天天兄弟”也是类似的圈层结构,互相铺垫,如各股激流裹挟着汪涵,力求使节目达到最佳传播效果。

当然,在某些特殊环节中,处于第二、三圈层的主持人也会独挑大梁,由其他成员作出配合,这是固定的主持群多年磨合的默契。

（二）对抗冲突型

为了增强综艺娱乐节目的可看性，制造或催生矛盾冲突是节目经常使用的方式，而主持人团队的对抗冲突就是最显性的表达方式。这种类型的主持群往往根据不同的主题分成针锋相对的两个或几个阵营，如浙江卫视的《奔跑吧，兄弟》就经常组成互相对抗的两队，每队内部讲求不同角色的互相调配，形成话题性较强的“CP”（Coupling 表示人物配对关系），如李晨、陈赫的“晨妈赫宝”组合，郑恺、杨颖的“周五荧幕情侣”组合，王祖蓝、王宝强的“宝蓝兄弟”组合等。2016 年，浙江卫视推出的《二十四小时》更是将这样的对抗主持群“发扬光大”，陈坤带领的“颜霸队”和徐峥带领的“笑霸队”，不仅幽默搞笑，而且辨识度高，颇得年轻受众的喜爱。队与队之间的激烈竞争也给受众带来了极强的参与感。

此外，近年来，不少卫视的跨年晚会也采取这样的主持群模式。如 2016 年江苏卫视和湖南卫视的跨年晚会，前者以李湘、彭宇为首的“幸福队”和以李好、李响为首的“荔枝队”展开各种才艺比拼，后者则派出了经典组合“快乐家族”和“天天兄弟”，不断制造各种戏剧冲突，增加了晚会的趣味性，让受众感受到中国传统联欢会的欢乐氛围，使得节目高潮迭起。

（三）“调味点缀”型

这种类型的主持群是指在节目原有两位或几位主持人的基础上，增加一位或两位主持人，如同做菜时最后一道工序中的调味品，或者摆盘时的点缀物，为节目锦上添花。台湾地区的综艺谈话节目《康熙来了》，在小 S 和蔡康永的固定搭档之外，在 2007 年加入了一位模仿达人陈汉典，他常常以各种人物造型出现在节目中，根据节目不同主题发挥了不少作用：引导开场、热场互动、舒缓尴尬……也引领了设置此类“丑角”式主持人的热潮，尤其在台湾地区，催生了一批这样的主持后备军，其中不乏优秀之辈。

综上所述，我国的综艺娱乐节目已经进入了百花齐放、争奇斗艳的时代。多屏时代受众审美品位的日益提升、受众对节目品质要求的不断提高，促使电视台和主持人不断与时俱进、开拓创新。主持人唯有练好内功、兼收并蓄，才能紧紧握住手中的话筒，发出自己的声音。

思考题：

1. 中国综艺娱乐节目经历了哪几个发展阶段？每个时期的特点是什么？
2. 请列举出现有的几个受欢迎的综艺娱乐节目，并指出它们属于哪种类型。
3. 请举例分析优秀的综艺娱乐节目主持人应该具备哪些专业素养。
4. 请指出主持群模式在综艺娱乐节目中的语言特点和传播优势。

第十一章　体育节目主持

从1958年中央电视台的前身北京电视台开办第一个体育节目《体育爱好者》至今，我国电视体育节目经历了60年的探索和发展。如今，体育已成为电视节目的优势资源，体育节目也成为电视台的重要节目之一。体育节目有哪些特点，与其他类型节目相比有哪些差异，体育节目主持人需要具备哪些专业素养，这些问题需要我们不断去思考。

第一节　体育节目概述

一、体育节目的概念

体育节目是指以传播体育信息（包括体育赛事、体育新闻、体育专题等）为主的节目。比如CCTV－5就有《体育晨报》《体育世界》《体育人间》《城市之间》《天下足球》《武林大会》等体育节目，这些节目传播的主要内容就是体育信息。

二、体育节目的性质

（一）新闻性

体育节目多以报道体育赛事、评论体育事实为主，节目须体现客观性、权威性，将体育信息真实、有效地传递给受众，因此，体育节目的编排应体现出新闻节目的客观性及思辨性。比如北京卫视体育频道的《体坛资讯》，作为北京卫视体育频道的重点节目，承担着准确报道国内外体育赛事和重要体育事件的任务。节目本着快捷、客观、公正的原则，在报道大量体育信息的同时，着重对体坛突发的热点、焦点事件进行深度的追踪报道。

（二）服务性

体育节目要把体育信息传递给受众，“怎么传”“传什么”，都需要考虑受众的感受，因此，体育节目还具有服务性。在传播内容上，节目应尽可能选取最新鲜、最全面、最受关注的素材，如CCTV－5体育资讯节目《体育晨报》《体育新闻》《午夜体育报道》等为受众提供各个时段的体育资讯；在传播方式上，节目应尽可能生动活泼，满足大众的审美需求，如北京卫视体育频道的《快乐健身一箩筐》，不仅有舞蹈秀、健身教学，还注重与受众的互动，节目以轻松的方式谈论健身之道，自2007年开播至今，是北京卫视体育频道生命力最强、社会影响力最大的节目之一。

（三）娱乐性

体育节目作为电视节目形态之一，在娱乐化铺天盖地的势头之下，也日趋娱乐化，这既是迎合受众审美的需要，也是向体育本体的一种回归。体育历来与娱乐的关系十分密切，体育运动的起源之一就是早期人类在闲暇之时的游戏。到了古希腊时期，体育才更多地成为人们展示自身力量、技巧与意志的一种方式，但娱乐的特质并没有消失。特别是时下的受众已不再满足于体育赛事的转播和体育新闻的单纯播报，而是对体育比赛的刺激、悬念等诸多元素有了新的需求。CCTV－5《城市之间》就成功融合了体育、娱乐、真人秀等元素，深受广大受众的喜爱。

（四）竞技性

体育节目还具有竞技性。近年来，体育竞技类节目颇为流行，节目通过设置竞技游戏等环节来增添节目的趣味性，如浙江卫视的《奔跑吧兄弟》、江苏卫视的《明星到我家》、北京卫视的《勇敢的心》、深圳卫视的《极速前进》等多个节目大打“竞技牌”，掀起了全民运动新风尚。

三、体育节目的分类

从内容来区分，体育节目大致可以分为以下五类。

（一）体育新闻节目

体育新闻节目是以国内外的体育赛事、体育人物、体育活动等为报道对象，向受众及时、快捷地传递信息、提供服务的一种节目类型，是体育节目中最基本、最主要的节目类型，具有时效性强、内容丰富、信息多样等特点，如CCTV－5的《体育晨报》《体育新闻》等。虽然体育节目自产生之日起就以体育新闻报道为主，但体育新闻真正的发展是随着1989年1月中央电视台《体育新闻》的播出而开始的。这档我国最早的专业新闻节目实现了体育新闻从量变到质变的飞跃，使体育新闻开始有了自己的阵地。

（二）体育专题节目

体育专题节目是指以体育为中心的电视节目。广义的体育专题节目包括集锦节目、纪录片节目、教学节目等；狭义的体育专题节目是指具有特定主题，真实记录被摄对象，对体育领域内容进行深加工，并用多种电视手段进行表现的体育节目。体育专题节目内容丰富、形式灵活，几乎涵盖了体育的各个领域，再加上不受赛事资源的限制，因此在体育节目中出现频率很高。体育专题节目有固定受众群、固定广告客户，能为电视台带来长期而稳定的收益。CCTV－5 在 1996 年 4 月 4 日推出的《足球之夜》是中国电视史上播出时间最长的现场直播固定性体育专题节目。

（三）赛事直播及转播节目

赛事直播及转播节目是指对国内外体育赛事活动进行现场直播或转播的体育节目，具有即时性、共时性、审美性、生动性等特点。体育比赛的现场直播充分满足了受众在信息方面“先知为快”的心理需求，同时使受众在心理上同步参与比赛的进程，从而产生身临其境的感觉。[①] 由于受众不可能经常到现场观看比赛，因此，收看电视台的赛事直播和转播是大多数体育爱好者的选择。

赛事直播及转播在体育节目当中可谓是重中之重，以 CCTV－5 为例，该频道的定位是“面向大众的顶级赛事专业频道”。该频道以赛事为核心，80% 的节目内容是赛事。赛事的播出分为“直播”和“录像”两类。赛事直播是体育频道提升社会影响力、传播力最重要的手段。因此，CCTV－5 采取的是“直播优先、赛事优先、大众优先”的动态编排原则，平均每周直播赛事 30 多场。2008 年北京奥运会，CCTV－5 为我们奉上了一场精彩绝伦的荧屏盛会。据统计，截至 2008 年 8 月 25 日零点，CCTV－5 播出节目 1,800 小时，回传现址系统节目1,900小时，网络直播节目占整个节目播出内容的比例超过 60%。

（四）体育谈话节目

体育谈话节目是指通过直播或演播室录制的方式对体育话题进行交流互动的节目类型，构成体育谈话节目的主要元素有：谈话人、谈话主题、谈话方式。谈话人一般包括主持人、嘉宾和现场观众；谈话主题既可以是体育事件、体育人物，也可以是体育现象；谈话方式一般有群言式谈话、互动式谈话等。近年来，随着电视谈话节目的兴起，从中央电视台到地方电视台纷纷开办体育谈话节目，如CCTV－5的《五环夜话》、五星体育的《唐蒙视点》等。

（五）体育竞技娱乐节目

我国体育竞技娱乐节目起步虽晚，但是发展迅速。它以独特的娱乐性、竞技性、互动性、参与性，成为目前电视体育节目中较流行的节目类型。体育竞技娱乐节目按照内容和形式可以分为体育竞技类节目、体育知识类节目、体育真人秀节目和体育综合类节目。体育竞技类节目有中央电视台的《城市之间》、湖南卫视的《智勇大冲关》等；体育知识类节目有中央电视台的《雅典猜想》《谁将主持北京奥运》等；体育真人秀节目有中央电视台的《CCTV 奥运舵手选拔赛》、广东卫视的《生存大挑战》等；体育综合类节目有北京卫视体育频道的《鸟巢——欢乐冰雪季》《海洋沙滩狂欢节》《健康男女》等。

---

① 张宏伟. 体育游戏节目的演变及发展趋势[J]. 青年记者，2012(12)：73.

第二节 体育节目主持人的语言表达

一、体育新闻节目播音

(一)体育短讯播音

体育短讯播音应突出说、快、活、变。说,即语流畅达、自然、松紧自如、交流感强;快,即语速稍快,但快而不乱、快而准确;活,即抓住短讯中的重点部分给予强调,灵活运用语气节奏;变,即思想感情色彩要变,喜怒哀乐要拿捏准确,要在变化中准确表达叙述、说明、议论等不同语言样态。

2011 年中国网球公开赛进入了第 4 个比赛日的争夺。在刚刚结束的一场女双次轮比赛中,7 号种子、中国金花组合郑洁/彭帅表现强势,仅用时 62 分钟就以 6:2和 6:3 直落两盘,完胜西班牙选手桑切斯与捷克球员扎科帕洛娃的跨国组合,顺利挺进女双 8 强。

以上材料是体育赛事短讯,主持人的语速要快而清晰,抓住重点,突出强调“谁”用“怎样的比分”赢得比赛,“结果怎样”。此则消息说的是中国选手在比赛中的优秀表现,语气中应该体现出喜悦的色彩,语调轻松自如,语势稍扬。

(二)体育背景、知识类播音

体育背景、知识类播音内容一般是为受众更好地理解一些体育新闻的内涵、意义而配发的相关资料。播这类内容时,应增强服务意识,热情、耐心地介绍,语言平和,语速相对稍慢,[①]要把稿件内容深入浅出地介绍给受众,体现出新鲜感。例如下面这段介绍。

接下来的时间,我将带领大家了解一项充满魅力与激情的极限运动——跑酷。跑酷又被称作“城市疾走”,英文是 Parkour。它诞生于 20 世纪 80 年代的法国,直译就是“到处跑”,此外它还含有“超越障碍训练场”的意思。跑酷把整个城市当作一个大训练场,一切围墙、屋顶都可以成为攀爬、穿越的对象,特别是废弃的房屋。这项街头极限运动非常具有观赏性。

(三)体育人物新闻播音

播这类内容时,基调要准确,态度要鲜明。是赞扬还是批评,是热情积极还是暗淡消极,播音员要结合具体内容,采用不同的语言色彩和适当的体态语进行表达。例如下面对这段新闻的播音。

---

① 罗莉. 当代电视播音主持教程[M]. 北京:中国传媒大学出版社,2011:16.

被视为劳资双方终极谈判的最新一轮劳资谈判在美国时间4日晚上5点30分终于落下帷幕,然而劳资双方依然没有就新协议达成一致。尽管双方都又作出了让步,可是他们彼此之间根深蒂固的矛盾依然令新赛季很可能面临推迟或者缩水的结局。科比表示,自己还没有确定是否去意大利打球,不过劳资谈判破裂对自己有一个好处,那就是他终于有时间去海外打球了。《底特律新闻》报道,有传闻称麦迪正在与CBA佛山男篮谈判,有可能为佛山男篮效力。对于这个消息,麦迪进行了否认,坦言他根本不考虑去海外打球。

(四)体育评论类播音

体育评论类播音的内容或是体育新闻的编后语,或是主持人就事件发表的短评。播这类内容时,可兼有介绍和评论之感,并依据内容不同进行变化,有的严肃分析,有的饱含深情,有的幽默灵活,有的强调意义。议论时,要态度鲜明、情感充沛、吐字饱满,发声气息力度稍强,语速不宜太快。例如对下面这段评论的播音。

一直有人说,中国足球与足球并不是一种运动,套用这个逻辑,中国国家队与中国足球职业联赛也越来越不像中国足球大家庭里的成员,国家队全面溃败,而职业联赛近两年却似乎咸鱼翻身,越来越有吸引力。这边,以广州恒大队员为主的国家队1∶5主场输给泰国,另一边,广州恒大在亚冠上见谁灭谁,这结果,绝不仅仅是广州恒大外援很强这一个原因造成的。于是就有人说,中国国家队是人民的足球,广州恒大是中国人民币的足球,人民干不过人民币,但这样理解又过于简单。越来越热闹的职业联赛,为什么依然不能为中国国家队提供上场的动力,人民足球与人民币足球真的弄不到一块儿去吗?

二、体育谈话节目主持

体育谈话节目主持人应该具有丰富的理论素养、敏锐的判断力、灵活的应变能力、丰富的情感和表达能力等。

首先,我们来看一看体育谈话节目主持人的功能。主持人居于访谈节目的核心地位,主持人与嘉宾的互动则是访谈节目的关键一环。主持人一要放松嘉宾情绪,使对方进入谈话氛围,二要在谈话过程中,按照节目的策划方案,不断引导话题,使谈话气氛不断走向高潮。主持人要时刻明确“说什么”“谁来说”“怎么说”,控制好节目进程和嘉宾及现场观众的情绪。

其次,我们来研究一下体育谈话节目主持策略。

(一)谈话开头

事件切入法:快速进入主题,语言精练,直接描述事件本身。例如:

大家好,欢迎收看《天天体育》。今天我们要聊的话题是关于亚冠联赛的,先认识一下节目的嘉宾……

话题转化法:围绕一个话题与嘉宾展开交流和讨论。话题或时效性强,或关注度高,或容易发散。例如:

欢迎收看今天的《高朋满座》,我是王铮。说到精英球队,很多人对打高夫球的球友的定义就有“精英”这个词,我想问一下三位嘉宾,“精英”的定义是什么?高尔夫球是不是只给“精英”从事的运动?

引用数据法:通过引用数据说明问题或进入主题,此方法可以令节目内容更加客观,令人信服。例如,黄健翔主持的《奥运三健客》这样开场:

昨天中国队拿到了奥运会的第200块金牌,于是有人开始统计,跳水队是大户,拿了32块金牌,举重和体操都是29块,并列第二,射击拿了21块,羽毛球拿了16块……在跳水队拿下第200块金牌,位居中国奥运军团金牌第一大户时,我们请来前跳水运动员、奥运金牌得主桑雪,来聊聊奥运话题。

提出问题法:类似于话题转化法,不同的是通过问题引发嘉宾的思考,引起受众的关注。例如,著名主持人白岩松做客贵州卫视《论道》,与嘉宾主持龙永图以球迷身份畅谈中国足球。两人分析了中国足球难以提升的原因,并为中国足球的发展建言献策:

龙永图首先提出:“我们中国缺乏足球文化,但是我不太理解足球文化的精髓在什么地方,中国13亿大国就缺乏足球文化?”

(二)谈话过程

学会倾听:主持人必须认真听,从言语中提炼信息;耐心听,放下自我,融入嘉宾的语言世界中;抓住要点,去粗存精,推进节目进程。

学会追问:主持人在倾听的过程中要善于发现问题、捕捉信息、迅速出击、不断追问,使交流不断产生新的火花。

承上启下:主持人对嘉宾的话进行简单归纳总结,然后提出新问题,使谈话条理清晰,过渡自然。

抓住细节:主持人在访谈过程中要根据现场情况捕捉细节,比如嘉宾的表情、状态、肢体语言等。通过观察嘉宾的状态,揣测嘉宾的心理,及时调整谈话方向,努力营造轻松愉悦的谈话氛围,以获得理想的访谈效果。

(三)谈话收尾

总结归纳:围绕节目主题对谈话进行归纳总结。这种结尾方式比较常用,主持人要注意语言的精练和生动。

自然聊天：到节目最后，主持人与嘉宾继续就话题聊天，在轻松的氛围中结束节目。这种方式给人的感觉比较自然随意，但要注意最后的聊天内容不能“喧宾夺主”，最好是轻松的话题。

祝福收尾：常见的结尾方式，对嘉宾、节目或讨论现象表达良好的祝愿和期待，使用时注意情感的表达要真实贴切。

提出反思：主持人与嘉宾就某一话题提出一些建议和意见，给受众以反思，如唤醒意识、号召行动等。

三、体育竞技娱乐节目主持

体育竞技娱乐节目通过竞技性、挑战性、惊险性、刺激性、娱乐性给受众带来愉悦和欢乐，这一类节目所特有的元素就是道具、环节、场地、游戏规则等，对主持人的要求是多方面的。

（一）敏锐的洞察力

体育竞技娱乐节目主持人要灵活把握现场，具有敏锐的洞察力。如在《智勇大冲关》中，选手在不同的关卡有不同的表现，主持人不仅要对其闯关表现进行描述、评价、提醒，还要考虑节目的娱乐效果。再如有一期《勇往直前》，由于挑战难度过大，嘉宾周艳泓没有那么强的体力去过红军当年爬过的铁索桥，便求助主持人李锐。节目规则规定，如果嘉宾不能完成任务，那么希望小学就无法建成，所以李锐答应替周艳泓爬过铁索桥，穿越峡谷。在半路上他体力不支，差点就滑落下去了，但最后他还是挺过来了，完成了任务。可见，主持人在主持体育竞技娱乐节目时必须灵活应对各种突发状况。

（二）较强的综合能力

体育竞技娱乐节目内容广泛，包括民间海选、才艺展示、娱乐表演、舞台秀、擂台赛、嘉年华、明星助阵、体育知识问答等众多内容[①]，这就要求主持人具备较强的综合能力，不仅要会主持，还要有一定的知识水平和社会阅历，在节目中挥洒自如，调动一切可以调动的元素，使节目更精彩。

（三）较强的现场互动能力

体育竞技娱乐节目主持人要具备较强的现场互动能力。因为在体育竞技娱乐节目中，观众参与的热情度极高，主持人需要与不同的参与者进行互动，控制节目节奏，营造节目氛围。这时，主持人的机智、幽默、灵活就显得尤为重要了。比如，国际版《城市之间》的主持人奥利弗，利用搞怪、夸张的动作和丰富的表情给人们留下了深刻的印象。奥利弗幽默的个性在外景录制中体现得淋漓尽致。他会停在一头牛面前，认真地和牛说：你好！他会和每一位不认识的现场观众打招呼，不停地大笑表达自己内心的喜悦。奥利弗的优秀主持使他成为《城市之间》的一个符号，代表着快乐、健康、自由的生活态度。

---

① 张宏伟.体育游戏节目的演变及发展趋势[J].青年记者,2012(12):73.

第三节　体育解说

一、体育解说的概念

《广播电视辞典》对于体育解说的定义是:体育比赛中,在现场报道比赛实况的播音活动。它使受众如身临其境并获得有关比赛的详细情况[①]。如今,体育解说已经不再局限于现场报道和解说实况了,还包括赛前分析预测以及赛后评论等。

王群在《电视体育解说》里写道:“体育解说是超越时间和空间的,它可以对发生在古今中外的任何一场比赛进行叙述、介绍、讲解、评论、烘托,而不仅仅是对新近或正在发生的体育活动所进行的实时性的解读。”[②]

魏伟在《体育解说教程》里写道:“体育解说是通过某种特定语言对竞技运动、身体锻炼和体育游戏等一切与体育相关的活动进行描述和叙述,可以兼具预测、评论和烘托等功能的一种体育播音形式。”[③]这个定义更加切合实际,解释也更加准确。

二、体育解说的分类

按照传播媒介来划分,体育解说可以分为广播电视体育解说和新媒体体育解说两大类。按照项目来划分,体育解说可以分为球类解说(足球、篮球、排球、网球、羽毛球、乒乓球等)、射击射箭解说、重竞技项目解说、田径项目解说、技巧类项目解说等。

三、体育解说的前期准备

(一)资料准备

解说员要搜集大量与体育赛事相关的资料并进行整理、筛选,以待利用。资料包括该体育项目的发展历史、世界纪录、奥运冠军以及相关新闻等。在体育活动开始前,解说员应该已经相对充分地搜集了各种相关信息,在体育活动进行的过程中,解说员要对所获得的信息进行筛选,并将其准确地传达给受众。功课做得越多、越仔细,解说就能越从容、越自信。

(二)现场勘察,了解情况

解说员要对体育活动现场进行了解,比如场馆的具体位置、文化背景,门票出售情况、上座率,观众群特征、媒体关注度、赛事动态变化等,尽量多角度、全方位地了解现场

---

① 赵玉明,王福顺.广播电视辞典[M].北京:北京广播学院出版社,1999:210.

② 王群,徐力.电视体育解说[M].北京:中国传媒大学出版社,2005:13-14.

③ 魏伟.体育解说教程[M].北京:人民体育出版社,2012:3.

情况，做到心中有数，为接下来的解说做好铺垫。比如，意大利足球队出访俄罗斯，当地寒冷的天气是否会使习惯于地中海气候的意大利人产生不适的感觉。又如，解说员可以观察在某比赛期间，观众席上除了有本国观众之外，还有哪些其他国家的观众，国外媒体的关注焦点有哪些等。

（三）对受众进行定位

解说员的语言要想有针对性，就要对受众进行定位。这种定位主要是对受众年龄、性别、职业、知识层次等基本情况进行大概的预测和分析，了解他们对该体育活动的掌握情况，设想他们对体育活动的关注点，需要解说员提供什么样的信息。比如，过去中国人对田径世锦赛的关注度并不是很高，但在 2015 年的北京田径世锦赛上，中国队的表现非常出色，苏炳添跑出 9 秒 99 的成绩，成为第一位站在田径世锦赛男子百米决赛跑道上的亚洲人，在国内外引起了巨大的轰动。之后由他和队友组成的中国男子百米接力队又在预赛中以 37 秒 92 的成绩刷新了亚洲纪录，并在决赛中以 38 秒 01 的成绩夺得银牌，改写了中国男子短跑的历史。大家之所以会关注这项运动，就是因为被中国运动员的历史性突破而深深感染，民族自豪感油然而生。

四、体育解说实践

（一）解说开场

解说员在比赛开场就要把相关要素一一呈现给受众，包括时间、地点、参赛人员等。语速适中，不宜过慢或过快，要把信息交代清楚，声音要富有激情和感染力。

（二）解说过程

首先，口语表达要灵活多变、生动形象，可以运用发散思维和逆向思维。比如，刘建宏解说时用了这样的比喻：“世界杯 64 场比赛就像电视剧一样，一共 64 集，韩国和多哥这场是第 12 集，要是给这集电视剧取个名字的话就叫《太极虎勇斗食雀鹰》。”再如，中国女排对战美国队，中国队表现不佳，解说嘉宾一直在批判运动员的场上表现，解说员却找到了积极的一面：“中国女排虽然大比分落后，但是状态依然有，我们能够感受到球员们尽力在拼。”

其次，适时互动。互动既包括与解说嘉宾的互动，还包括与受众的互动。解说嘉宾都具有一定的资历和专业背景，能够及时、有效地对场上赛况进行分析和预测。他们讲话的时候，解说员切忌抢话，要和解说嘉宾达成默契，共同完成体育解说。另外，如今手机短信、微博、微信平台的运用增强了解说员与受众之间的即时互动性，解说员可以在最短的时间内接收到受众的反馈。这是一把“双刃剑”，一方面，解说员要注意互动的有效性和时效性，及时发现有“分量”的互动信息；另一方面，解说员也要对反馈内容进行筛选和判断，体现责任意识和服务意识。

最后，适度把握个人感情色彩，这是每位解说员的必修课。人都有喜怒哀乐，解说员面对竞争激烈、对抗性强的比赛，难免或多或少、不由自主地表现出自己的个人感情，进而影响有声语言的感情色彩。但无论个人感情色彩多么强烈，解说员也一定要在客观、公正的立场上面对比赛、面对结果。

（三）解说收尾

体育比赛结束后，解说员既可以用描述性的语言对本场比赛进行总结，也可以对系列活动中下一场次进行预告和展望。总结既可以是对获胜者的赞扬和喝彩，也可以是对失败者的祝福和鼓励。总体来说，解说收尾要求语言流畅、思想清晰、中心明确、结构完整。

第四节　体育节目主持人的素养

体育节目主持人是一个多元化的角色，不仅要充当节目与受众的桥梁，还要成为体育知识的传播者、体育赛事的解说员、体育人物（嘉宾）的知心伙伴和体育爱好者的良师益友。体育节目主持人的素养主要包括政治理论素养、道德文化素养、体育知识素养和业务素养等几个方面。

一、政治理论素养

政治理论素养是指体育节目主持人要有一定的理论水平和政策水平，能够正确地运用辩证唯物主义和历史唯物主义的观点与方法来观察和分析事物，能够用理论和政策指导新闻采访和报道工作。

体育节目主持人的政治理论素养主要表现在具有坚定的政治立场上，即主持人在新闻采访报道中要坚持党和国家的立场、人民的立场，坚持正确的政治导向。我们常听到“体育无国界，体育不掺杂政治”，但是在历史上，不止一次地出现过某些国家因政治矛盾抵制奥运会的情况。在平时赛事采访中，记者也会遇到政治问题的干扰。因此，作为一个体育节目主持人，要有较高的思想觉悟、正确的判断力、敏锐的眼光和观察力，站在党和国家的立场上，以国家和人民的利益为重，作出客观公正的报道。

另外，体育节目主持人的政治理论素养还表现在对国家体育政策、方针、路线的掌握、领悟和学习上，要能够针对政策解读出新方向，能够就当前形势抓住新问题。同时，主持人还要了解广大人民群众的所需、所想，了解其感情、意见和呼声，在主持过程中及时发现问题、提出问题、解决问题。

二、道德文化素养

德国哲学家康德曾经说过，“在这个世界上有两样东西最能震撼人的心灵：一个是我们头顶上灿烂的星空，另一个就是我们心中崇高的道德”。中华民族传统美德源远流长，道德是中华瑰宝、文明之光。数千年来，它一直是激励中华儿女砥砺奋进的精神支柱。体育节目主持人作为一个传媒人、一个新闻工作者，必须具备较高的道德文化素养。

首先，体育节目主持人要具备强烈的社会责任感，一定要明确几个问题：节目做给谁看，话说给谁听，什么可以传播，什么不可以传播，节目宗旨是什么，受众需要的是什么。针对当前媒体环境出现的低俗、庸俗、媚俗现象，体育节目主持人更要加强自身的道德文化修养，做好节目内容的把关人，追求新闻的客观性、真实性，设身处地为受众着想，明辨是非，积极发扬广播电视寓教于乐的功能，传递真善美，传播正能量。

其次，体育节目主持人要有人文关怀意识和服务意识。体育节目的受众大多是体育爱好者，主持人作为受众和节目的纽带，除了传播体育信息外，还要充分满足受众的需要，不应该传播“急功近利”“唯金牌论”的思想。比如2008年北京奥运会，中央电视台的记者除了把目光聚焦在赛事、比分、名次排行外，还把摄像机对准了“人物”，于是我们看到了伊拉克运动员虽然身处战乱的国家，但还是从二手市场买来运动鞋参加比赛，展现了一个普通运动员对体育纯粹的热爱之情；我们看到了德国选手马·施泰纳把亡妻苏珊的照片和奥运金牌高高举起，感受到了他对妻子深深的爱。这些画面令人动容，这样的报道耐人寻味。体育作为人类的一种社会活动，以人的全面发展为研究对象，通过身体锻炼增强人的体质，通过社会实践促进社会发展和文明进步。在体育运动中不断产生和积淀的规范人类行为和思想的体育文化是体育工作的指导思想和灵魂，是社会主义精神文明建设的重要组成部分。因此，体育节目主持人要做一个有情怀、有服务意识和责任意识的传媒人，用心、用爱弘扬热情、积极、乐观的体育精神。

三、体育知识素养

首先，体育节目主持人需要积累专业的体育知识。体育节目主持人创作围绕的内容就是“体育”，且不说体育运动领域门类众多，单是提到各项运动的竞赛规则、战术要领以及该运动的发展历程和代表人物等，就需要大量的知识储备。从宏观层面讲，社会在发展，时代在进步，体育界和新闻界也都在不断变革，受众需要了解的体育信息和传媒信息日益增多，体育节目主持人有义务和责任为受众提供相应的信息服务①；从微观层面讲，作为体育节目主持人，只有掌握了丰富的专业知识，才能及时、准确地为受众传递有效信息。

其次，体育节目主持人要灵活掌握专业术语，把体育专业术语变为生动简洁、形象易懂的大众化语言，或者对专业术语进行解释说明，深入浅出，让受众易于接受。一个优秀的体育节目主持人应该能够将一些体育知识巧妙地传递给受众。例如，体育解说员贺炜曾经在解说时说：“为什么人墙距离是9.15米而不是一个整数呢？这是因为现代足球的发源地在英国，而英国普遍使用的长度单位是码，9.15米正好是10码，这就很好解释9.15米的人墙距离了。”

---

① 高佳义.如何做好体育节目主持人[J].青年记者,2010(24):84.

最后,体育节目主持人若想对体育知识了如指掌,必须从内心生发对体育的热爱,要有灵活的“体育敏感”和真诚的“体育激情”,而这需要主持人在日常工作和生活中,积累大量的素材,做足“广义备稿”,对体育知识不断补充、不断积累、不断思考、不断出新。要想成为一位优秀的体育节目主持人,必须既是“杂家”,又是“专家”,只有成为专家型体育节目主持人,才能给受众传播有效信息,才能在体育媒体竞争中立于不败之地。以乐视体育招聘为例,乐视体育招聘主持人要求:(1)是一名体育爱好者,热爱足球、篮球、网球或者高尔夫球等体育项目,并熟知其中一项或多项赛事;(2)执行能力强,学习能力强。腾讯体育招聘主持人也明确提出热爱体育,熟悉至少一项比赛运动,有丰富的体育知识积累等要求。由此可见,体育知识对于体育节目主持人是武器,是道具,更是必备之功。

四、专业素养

专业素养是指体育节目主持人应具备的广播电视语言传播相关的技巧、能力。

(一)语言能力

主持人驾驭节目主要靠语言来实施,语言承载着传播信息、表达情感、组织节目结构、调动沟通受众、控制现场情绪、驾驭节目进程的重要功能。主持人的语言应用水平直接关系到节目的整体质量。①

体育节目主持人的语言能力主要表现在以下五个方面:

第一,吐字准确、清晰、流畅。体育节目主持人应具有较好的声音形象。主持人马昕播报《体育新闻》时,语音标准、清晰、圆润,语流轻快而不失沉稳,力度、情感控制较好,既客观内敛,又细腻丰富、定位准确,得到受众的一致好评。

第二,良好的即兴口语表达能力。体育节目主持人应具有良好的即兴口语表达能力。白岩松在2010年广州亚运会的解说堪称经典:“我们今天将用5个时间维度去关注这场开幕式。第一个是2 000年,广州这座城市拥有2 224年的历史,它将怎样浓缩在这个开幕式里面? 第二个是200年,今天是在室外举办的开幕式,承载这个室外舞台的是海心沙岛,它是被珠江水冲击200年形成的。第三个时间是20年,中国人的记忆当中,从1990年的北京亚运会到2010年的广州亚运会,走过了20年的道路,这20年我们在变,中国在变。第四个是2年,从2008年的北京奥运会到2010年的广州亚运会,总导演就是当初北京奥运会的副总导演。开幕式会带来什么样的创意? 最后一个时间是2个多小时,那就是8点将要开始的开幕式了。在北京奥运会以及多哈亚运会已经形成精彩的印象之后,它究竟会有哪些特色? 2个多小时之后,这些精彩的瞬间能否成为我们记忆的开始? 在这5个时间维度当中,我们走进广州,走进这座重新给大家带来新的亚运记忆的城市。”白岩松自然、生动的解说取得了良好的传播效果。尽管没有用气势磅礴的播报体,但是这种自然解说带出了丰富的信息量,还相当有艺术

---

① 吴郁. 播音学简明教程[M]. 2版. 北京:北京广播学院出版社,2004:9.

魅力,这就是语言功力的体现。

第三,高超的语言表达技巧。语言技巧是表情达意的手段,主要包括内部技巧和外部技巧。体育节目主持人需要正确使用内外部技巧,使语言技巧与思想感情达到完美统一。

第四,具有快速备稿及串词的能力。为了适应体育新闻时效性强的特点,主持人需要平时坚持练习快速备稿,提高准确、流畅表达的能力。体育新闻中常常出现项目专业术语、外国运动员姓名以及竞技规则等内容,不容含糊其辞,更不能出错。前一段时间,网络上出现了体育主持人出错的视频集锦,都是一些比较低级的错误,人名念错、分数报混,甚至是比赛规则的混淆,应引起我们的重视。

第五,语言生动幽默。体育节目主持人除了必须具有一定的嗓音条件、准确的表达技巧外,还必须确保语言口语化、通俗化,并根据节目内容科学、巧妙、流畅、艺术地组织运用语言,加强语言随机应变的能力,使语言既准确无误,又不失趣味性、生动性。2010年南非世界杯斯洛文尼亚对阵美国的比赛中,中央电视台解说员贺炜的解说让我们领会到了诙谐幽默的语言魅力:“刚发出总攻的信号,就进球了,率先领会教练意图的是他的儿子布拉德利。‘打虎亲兄弟,上阵父子兵’,就是这个含义。”幽默的语言给人以无穷的回味和智慧的启迪。

(二)策划能力

节目的创新构思至关重要,体育节目尤其是体育专题节目的主持人,不仅要关注赛事,还要通过精心策划来制造热点,引领舆论、热点及时尚走向。[①] 因此,体育节目主持人要具备一定的策划能力。对于一个体育现象或体育话题,如何切入,通过什么样的角度和方式来表现,就成为节目策划中要考虑的核心问题。比如,CCTV-5重磅推出的《武林大会》自开播以来,凭借中国功夫的真实呈现稳居频道收视排名前列。节目成功的背后是节目组的精心策划和反复推敲。北京卫视体育频道2010年世界杯新闻节目策划特色鲜明,避开了与主要竞争者中央电视台在新闻专业性和深度挖掘方面的正面交锋,突出节目的亲近性、草根性,利用本土资源,延伸了世界杯的主题,拓宽了世界杯报道视野,最大限度地挖掘了新闻资源。其策划的新闻事件创造了全新的收视焦点,增强了与受众的互动,推动了节目运作市场化进程,获得了良好的社会影响力。[②] 对于电视节目来说,主持人是策划的终端,也就是说,所有的电视节目策划应该以主持人的最终实现为结果。而在电视节目制作的过程中,主持人自身也应该拥有创新的策划能力,即主持人不仅是策划的终端,也应当成为节目的开端。主持人可以从栏目定位、整体风格、节目宗旨、传播理念、目标受众、内容构架等方面着手,围绕做什么、谁去做、怎样做,如何提升节目质量、如何维持长久的收视率等问题进行创新策划。节目策划方案对整个节目的运作起着决定性的影响。

---

① 李辉.中国体育的电视化生存[M].上海:学林出版社,2007:283.

② 周圆.北京电视台体育频道2010年世界杯新闻节目策划研究[D].北京:北京体育大学,2011.

除了以上提到的素养以外，体育节目主持人需要具备的素养还有很多，比如较好的身体素质和适应能力。一方面，体育节目赛事跨度时间长、新闻点密集，面对重大赛事，解说员更要整场盯牢，注意力保持高度集中，边观察、边解说、边评论、边与嘉宾和受众互动；另一方面，体育新闻时效性、新鲜性和瞬时性的特点也要求主持人保持旺盛的精力，随时随地捕捉细节，抓亮点、关键点，找特色、挖内容。《中国体育报》副总编冯贵家在巴塞罗那奥运会上主动出击，不辞辛苦到处采访。他这样形容当时的报道："到奥运村国际区，见缝插针，抓住路过餐厅的教练员、运动员，聊上几分钟，新鲜的素材到手了；到运动员点录处，接触一下教练员，对即将开始的比赛心中有数了；到赛场运动员出口处，盯住比赛结束的运动员，最直接的感受抓住了。"冯贵家甚至通过代表团"内线"，抓住了运动员、教练员大量生活细节，写了不少独家报道发回报社，受到一致好评。

再如外语素养。报道体育赛事，尤其是国际赛事对体育记者的外语水平要求较高。如果没有这方面的能力，现场的资料就无法及时回传，国际采访也就无法正常进行，新闻的时效性必然大打折扣。新华社著名记者马胜荣曾说："体育记者要有较好的外语水平，在听、说、读、写等方面都应有相当的能力，否则只能采访中国队，采访其他国家的运动员就会遇到困难。"

思考题：

1. 结合一档你喜爱的体育节目，谈谈该节目的亮点和特色。

2. 如果你是一位电视节目制片人，你会怎样策划一档体育节目？

3. 体育竞技娱乐节目主持人应当具备怎样的语言能力？

4. 结合一种你喜欢的球类运动，进行解说实践，在实践中看一看自己会遇到怎样的问题，并思考出解决办法。

第十二章　电视片解说

第一节　电视片与电视片解说

一、电视片的分类

(一)纪录片

纪录片是以真实生活为创作素材,以真人真事为表现对象,并对其进行艺术加工与展现的影视片。它以展现真实为本质,用真实引发人们的思考。纪录片的逻辑基础与散文随笔相同:主张客观真实地再现一个事件、一个片段,并记录这个事件或片段带来的感受和引发的思考。纪录片美学观的奠基者是维尔托夫和弗拉哈迪。其中,维尔托夫开创了“电影眼睛派”,提倡镜头如同人眼一样“出其不意地捕捉生活”;弗拉哈迪虽然为拍摄《北方的纳努克》,让纳努克一家进行了真实扮演,并为拍摄建造了冰屋等,但并未对爱斯基摩人的生活进行创造,而是尽量还原记录,因此也属于纪录片。

(二)政论片

政论片是指具有强烈政治理论色彩的电视片。相对于新闻、纪录片和其他类型的电视节目来说,它以宏大的叙事方式和主题类的表现题材以及鲜明的思辨论证为突出特色,广泛应用于政治、经济、历史、军事、社会等各行各业的重大宣传报道中。

政论片的逻辑基础与议论文相同:有明确的观点、充分的论据、严密的论证过程。浓厚的思辨色彩是政论片的显著特点,议论或评论贯穿全片。政论片运用多种电视手段,将深奥的道理浅显化,将抽象的理论通俗化,使受众易于理解。如《改革开放二十年》《伟大的军队,光荣的战士》等,中共十八大之后更是涌现出很多优秀的政论片,如《较量无声》《旗帜》《百年潮 · 中国梦》等。

(三)专题片与电视栏目

有研究者认为“我国早期的专题片与纪录片是同一个概念,即专题片 = 纪录片”[①]。的确,新中国成立后,新闻纪录电影制片厂拍摄的纪录电影与后来的电视专题片有很多共同之处。中国第一部电视专题片诞生于 1958 年 10 月 1 日,是采用 16 毫米胶片拍摄的,片长 20 分钟,名为《中华人民共和国建国九周年》,这部电视专题片完全可以被看作是纪录片。在我国电视事业发展的过程中,专题片家族中又发展出农业专题、人物专题、气象专题、历史专题等内容,呈现出包罗万象之势。这些专题片曾经为新中国党的宣传事业作出过突出贡献,不仅是中国“形象化”的政治表达[②],而且为宣传党的路线方针政策、先进人物、先进单位、先进技术等立下了汗马功劳,成为人民群众接受思想教育的窗口。随着20 世纪90 年代中国电视节目的栏目化进程加快,主持人节目的大量出现,使得具有完整结构的、播出时间较长的专题片数量大大减少,形态也被“肢解”。专题片逐渐成为主持人节目中的一个个小专题,由主持人完成串联工作。

二、电视片解说

(一)电视片的构成要素

画面图像:画面图像是一部电视片的基础,有其自身语言,具有直观性、形象感。

解说:解说一般对画面有种依附感,但不是对画面的简单重复,而是对画面起到补充、丰富、点题、渲染等作用。

音乐:音乐是为配合图像与解说而存在的,具有渲染情绪的作用。

音响效果:音响效果是人为制造的自然声响,可以营造真实的环境,表现人的情绪,折射人物的心理,具有象征性和自身价值。

同期声:同期声是拍摄现场的自然声响与人物语言声音。

字幕:字幕可以代替说明性解说,起到解释说明的作用。

(二)电视片解说的作用

1. 解释说明

解释说明是解说最基本的作用。它对与解说词内容对位的画面进行说明、讲解,使人们对画面内容有更清楚的认识。如《流动的历史》,画面是大英博物馆阅览席的一个座位,解说词:“十五排七号这个座位,是马克思当年读书和写作《资本论》的地方,座位下的地板上,留下了这位思想家的印记。”

2. 补充丰富

补充丰富是解说的本质作用。编导往往将不易或不能用画面来表达的内容,通过解

---

① 熊高. 视觉传播下对电视专题片的再认识[J]. 视听,2012(9):6.

② 刘习良. 中国电视史[M]. 北京:中国广播电视出版社,2006:34.

说补充进去，扩大电视片的信息量，让受众更好地理解电视片内容。如《八闽风情》“惠安女”一段，人们对惠安女的穿戴颇为好奇。根据人们的疑问，编导写了这样一段解说词：“闻名遐迩的惠安女以她们奇特的装束和非凡的经历引起人们的普遍关注，但你不要弄错了，她们并不是少数民族。那么惠安女为什么要这样穿戴呢？当地流传着许多传说，披头巾、戴斗笠是为了遮挡烈日、躲避风沙，蓝色和黄色是为了与天空、沙滩和海洋的颜色相协调。也有说法是明代倭寇横行，惠安女与男子并肩作战，包头巾、戴斗笠是为了不露真相，穿短裤是为了行动利索。”

3. 深化主题

深化主题是解说的重要作用，即通过解说，将编导的立意、观点直接表露出来，成为全片内容的升华。如《一个讲不完的故事》（“文革”前北京周家五个孤儿受到中央首长、社会名人及街坊邻里的关怀，健康成长的故事）的解说词：“爱，是一种无形而伟大的力量，虽然不能移山填海，却有着极强的感情凝聚力。它给人以希望，给人以光明，可以振奋一个民族的精神，塑造一代人的品格。”“爱，是需要有一种牺牲精神的，因为爱是一种给予、一种奉献，而不是索取的代价和筹码。只有无私的、忘我的爱，才是真正的爱。”

4. 烘托添趣

烘托添趣，即烘托气氛、增添情趣，是解说的渲染作用。解说可以将画面上平淡无奇的形象引发为情趣盎然的联想，或将画面中本已具有的情感意进一步加深、加浓，从而使受众更好地感受画面语言。如《企鹅》的解说词，将一对面对面同时低头叨自己胸前的毛的企鹅说成“像久别重逢的小夫妻，又像互致问候的绅士”。又如《友谊之旅——泰、马、新三国旅游纪实》（女游客躺在大象下面，大象的脚在她眼前晃）的解说词：“这只大象对这位女游客发生了兴趣，以至于动手动脚。”

5. 抒情造境

抒情造境，即抒发情感，营造意境，是解说的艺术点化作用。它往往用虚化的手法，表现内心深挚的情感，或以精深的点化来营造高邃的意境。如《漓江水》的解说词：“诗在水影中沉浮，画在波光中隐现，曲在清流中回旋。”

6. 连接画面

连接画面是解说的又一个作用。解说可以将表面上互不相关的镜头画面，有目的、有机地联系起来，使受众形成准确的理解。如《闽土神韵》中对“桥”和“塔”的连接：“建桥的初衷不过是助人渡河，但后来却成为被人称赞的艺术品，这大概是建造者始料不及的。同样有趣的是，一些本来用于承载某种观念的东西后来却有极大的实用价值，这大概也是建造者始料不及的，福建沿海的许多石塔便是一例。”

第二节　电视片解说的呼吸控制与发声控制

一、电视片解说的呼吸控制

老一辈播音员从实践中总结出这样的规律：在播音发声过程中，呼出的气息是人体发声的动力。的确，对于电视片解说来讲，呼吸控制是进行解说的首要环节。我们将电视片解说与新闻播音做对比就会发现，电视片解说样态要复杂得多。电视片根据制作目的、表现手法、呈现风格的不同可以分出很多种类型，每种类型都有自己独特的情感表达方式。这些电视片不仅对于解说的基调有不同的要求，而且对于呼吸与声音的控制也有不同的要求，这些都是相互关联的，而新闻播音的要求则较为单一。另外，电视片解说要配合画面，画面与解说是融为一体的。如果出现"两张皮"的现象，就会减损电视片的传播效果，这就要求解说声音要跟随画面的变化而变化：如果画面丰富多彩，具有很好的表现力，那么解说的声音就要相对弱一些；如果画面单一，受众需要经过详细解读才能明白画面表达的内容，那么解说的声音就要强一些；如果画面是滚动的字幕，解说基本上与广播播音的用声相近。

播音发声的特点要求播音员能够运用胸腹式联合呼吸法调节呼吸，使得气息顺畅、均匀、深浅适中，运用自如①。对于电视片解说来说，呼吸要求扎实、深入。首先要掌握胸腹式联合呼吸法的要领，牢记六个字：两肋开，气到底，即从口鼻同时吸入气流，两肋向两侧扩张，同时腰部感觉渐渐变紧，小腹控制加强。这时最要紧的是小腹要能够保持住，即"腹壁站定"。

二、电视片解说的共鸣控制

播音发声的特点决定了它的共鸣方式是以口腔共鸣为主，以胸腔共鸣为基础的声道共鸣方式②。

人类发声的共鸣包括头腔共鸣、口腔共鸣和胸腔共鸣。头腔是发高音时主要的共鸣器官，产生头腔共鸣的生理结构位置是在鼻腔上方，这种共鸣色彩明亮而集中。在解说中如果头腔共鸣使用不当就会使声音过于明亮、尖利、刺耳。发中音时，主要共鸣器官为口腔和咽腔。声音通过声带附近肌肉、软骨和气息的传送，沿着硬腭向上齿背方向推送。这时，声波随着气息的推送离开喉咽部分流畅向前，在口腔的前上部分引起振动，即在硬腭前部集中反射，鼻腔有打开、畅通的感觉，这种共鸣使声音明亮且靠前。发低音时，主要共鸣器官为胸腔。胸腔共鸣也叫基本共鸣，我们播音时发出的每个音都有它的参与。

---

① 吴弘毅. 实用播音教程：第一册 普通话语音和播音发声［M］. 北京：中国传媒大学出版社，2002：263.

② 吴弘毅. 实用播音教程：第一册 普通话语音和播音发声［M］. 北京：中国传媒大学出版社，2002：386.

我们试发一个音，将手放在胸部，就会感到震动。电视片播放中由于以画面为主，解说为辅，所以声音不能过高，如果过高就会对画面造成挤压感，发声应以中低音区为主，如果画面丰富，表现力强，则强调低音区的使用，这时发声要求小而集中，加强胸腔共鸣，对声音进行美化。

三、虚实结合的发声方法

虚实结合的发声方法就是以扎实的气息为依托，发出介于实声和虚声之间的声音。具体方法是运用胸腹式联合呼吸法，找到呼吸支点，用气息来支持发音，这样发出的声音不但响亮、悦耳，并且具有伸缩性和色彩变化。虚实结合的发声方法发出的不是一种固定的声音，而是富于变化和表现力的声音，声音的变化随着画面的变化而变化。前面提到过，有些电视片的画面语言表达已经比较到位，解说的部分就要弱处理；反之，如果画面的镜头语言比较简单，则解说的部分要加强。如《动物世界 · 北极熊的故事》，这样的一段解说声音就需要弱处理。

地球上没有比北极的雪地更荒凉、更寒冷、更具敌意、更不利于生物生存的地方了，但是对于北极熊来说，这里却是天堂。

北极是一片被冰雪覆盖着、被大陆包围着的大海，但是这里并不永远都是冬天，每个季节都会带来很多变化，这些都是北极熊所必须适应的。北极冰山上的生命开始苏醒了。

这样的弱处理是由《动物世界》的节目题材决定的。当人类将摄像机伪装成石头、鸟巢、乌龟等来拍摄动物的世界时，最重要的，也是最令拍摄者担心的就是如果动物被惊扰，那么所有的拍摄计划都要泡汤。在这样的环境中，人类是偷窥者，所以在解说的时候也要像耳语一般。这样的弱处理要求虚实结合的声音偏虚化。

相反，如果画面内容比较单调，解说的部分就要加强。如《考古中国 · 王者归来》之《天下第一陵》，拍摄的内容是秦始皇的陵墓，但是由于陵墓并没有被完全发掘，秦朝距今时日久远，加之秦朝历史较短，国家一直处于比较动荡的状态中，留下来的史料及可供拍摄的古迹极少，使得画面较为单调，这样的作品在播出的时候就需要强化解说的部分。

1978 年 4 月，美国《国家地理》杂志在主要位置，以近十页的篇幅刊登了系列介绍中国秦始皇陵的文章。文章提到，如果能破解秦始皇陵地宫的秘密，那将是有史以来最大的考古发现。这篇文章还绘制了大量的插图，把秦始皇陵地宫比喻成东方的神秘宫殿。秦始皇陵园被称为中国历史上最大的帝王陵墓。

这是《天下第一陵》的开头片段，画面第一个镜头是美国《国家地理》杂志的封面，第二个镜头为杂志内的文字，之后为一组想象中秦始皇陵的绘画，可见兵马俑、龙船、修筑陵墓的工作场面等。在片头字幕推出后，出现了我们经常在历史教科书中看到的秦始皇的画像，其间使用了影视作品与秦始皇画像的叠画以及一些不知出处的考古发掘的画面。这样的一组镜头,如果不加解说,无法构成一个完整的影像意义表达。因此,这样的作品在播出时,就要加强解说的部分,具体到声音的处理上,要使用虚实结合且更偏实声的方法进行创作。

第三节　理解画面与解说的关系

一、解说与画面的和谐统一

(一)纪录片画面与解说

不同类型的纪录片画面与解说的关系不同。电视是视觉的艺术,这是一个不能否认的事实。科学家通过实验得出结论:"比较视觉、听觉刺激的情绪唤醒作用,可知视觉刺激的情绪唤醒幅度明显大于听觉。"①美国爱荷华大学的一项新研究发现,人们对听到的事物的记忆比较不牢固,反而更能记住看到的或者感觉到的事物,也就是说"听觉记忆不如视觉记忆牢固"。所以从人的生理属性上来讲,对画面的接受是第一位的。并不是所有的纪录片都有解说,很多著名的纪录片导演都十分排斥使用解说词,甚至认为优秀的纪录片解说词越少越好。这从一个侧面告诉我们:在纪录片中,画面更为重要。很多有经验的撰稿人都是先看素材画面,然后再撰写解说词。这样做有一个好处,那就是凡是镜头语言已经充分表达的地方,解说词可以省略;镜头语言没有表达清楚、没有表达完整的地方,再用解说词加以补充。镜头语言有待发掘,可以引申出趣味盎然的联想之处,解说词应该加以烘托处理;镜头语言可以挖掘出深刻的哲理,留有余味之处,解说词应将之深化。总之,解说词的撰写应该与画面相融合。

(二)政论片画面与解说

政论片与纪录片则刚好相反。对政论片而言,画面只是论证观点的论据,哪怕是一些纪录电影或是纪录片的片段,用于不同的政论片中可以表现出完全不同的观点。在政论片中,解说是占主导地位的。解说要有力量,用声要实,以达到掷地有声的目的,正如格里尔逊所言,"用类似上帝的声音灌输创作者想让观众知道的东西"。政论片的生产过程也与纪录片迥异,政论片是先有论点,也就是先确定这个片子的宣传目的是什么,再围绕论点收集影像论据,整理作为论据的纪录影像,理顺逻辑关系,撰写解说词。录制政论片解说词一般是在画面编辑之前,但也有很多导演为了增强政论片视觉艺术的表现力,在编辑画面之后再配解说词。

---

① 刘霞. 视觉、听觉刺激的情绪唤醒作用及对微表情识别的影响[D]. 太原:山西医科大学,2013.

（三）电视栏目画面与解说

电视栏目生产周期较短，一般都是日播节目，许多编导为了赶进度采取先配解说再贴画面的工作流程。这就要求解说员在没有画面支持的情况下找到画面感。但解说员即便是在这样的工作流程中，也最好先过一遍素材画面，以便确定解说的基调、节奏等。可见，了解电视栏目制作的工作流程对于解说工作来讲十分重要，对于解说的基调把握有很大帮助。因为这在很大程度上决定了解说员在创作中的位置和方法，是主还是辅，是实还是虚，是议论还是叙述，这些都要在解说前就做到心里有数。

无论是纪录片、政论片，还是电视栏目，解说与画面都属于一部片子，所以千万不可以在解说中将解说和画面处理成“两张皮”。解说员要积极主动配合画面，准确把握情感基调，追求解说与画面的和谐统一。

二、解说与画面的对位

（一）内容的对位——宽对和严对

对位：解说与画面的段落、位置相吻合。

宽对：解说与片子的大段落与小层次相吻合。如画面为“土楼”的一段，又可分为：土楼的外形、土楼的建筑材料、土楼的防卫措施、土楼的实用价值、土楼的影响等五个小层次。

严对：解说与片子中的某一具体景物、人物严格对位。如“剽悍的哈尼族小伙子也打起了鼓，跳起了舞”。需要注意的是，严对不能为快而快、为慢而慢，应当快得合理、慢得有味。

（二）基调的对位

1. 与片子的目的、风格相贴切

相同的内容，创作目的不同，便会产生不同的基调、不同的表达样式。相同样式的片子，创作方式、手段不同，也会有不同的表达风格。总之，解说必须与片子的目的、风格相符，解说员应当选择适当的表达手段准确地表达片子的目的和风格。

2. 与画面的情绪、气氛相和谐

以画面的情绪、气氛为表达的依据可以更好地体现画面与解说的对位性。例如，《中华之剑》的解说词：“这位缉毒者在立下一等功之后，却不得不隐姓埋名、背井离乡，这在今天的现实生活中，似乎是难以想象的。”在表达时情绪要凝重。

有时，为了追求表达的更高境界，画面与解说还可以体现出对立性。例如，《中华之剑》的解说词：“在这个领奖会上，一位老侦察员笑着对我们说：‘除非我们牺牲了，人们才会真正地认识我们。’”虽然画面的内容是喜悦的，但解说却应表达出悲伤的情调。

（三）节奏的对位

1. 与镜头的运动方式、景别、场景相适应

解说不仅要与画面的情感、内涵相依，也要与画面的表现形式相合。例如，《一个讲不完的故事》的解说词："找到了，终于找到了，那不就是20年前曾经照顾过我们的好阿姨吗？"画面的不同景别、不同镜头，甚至不同色彩，都应用不同的语言进行处理，形成不同的音高、音量、音长、力度和色彩。

2. 与音乐的情绪、节奏协调

解说时，解说员要了解配乐的风格、情绪、节奏，与音乐的衔接一般遵循高接低送、快接慢送、强接弱送的原则。

（四）与音响效果、同期声的衔接

音响效果：不仅可以营造真实的环境，也可以表达人的思想感情、情绪气氛、心理状态，具有一定的象征性。解说与音响配合时，要注意音响的性质、作用和位置。

同期声：解说与同期声的衔接要平滑顺畅，不要突兀。

第四节 纪录片解说

一、准确讲述——真实、质朴、自然

纪录片美学观的奠基者之一维尔托夫开创了"电影眼睛派"，提倡镜头应该如同人眼一样"出其不意地捕捉生活"。著名的纪录片导演塔尔科夫斯基认为，导演的本职工作就是雕刻时光，将时间烙印在胶片上。他说："我至今仍无法忘怀出现于20世纪的那部天才之作、揭开电影序幕的影片——《火车进站》……这部经典作品只有半分钟长，呈现一节月台沐浴在阳光中，淑女绅士来回走动，火车从画面的深处直接驶向摄影机……那正是电影诞生的时刻，它不只是技术问题，也不只是一种再现世界的新方法，而是一种全新的美学原则终于诞生。"纪录片是对时间和真实存在的记录、烙印和保存。从这个意义上说，纪录片不是艺术，更不是象征；它是现实，是历史，是世界的原初状态，是本质①。这一美学本质决定了纪录片追求真实、质朴、自然。

纪录片解说的功能主要是讲解画面中的故事，讲述感是纪录片解说的第一要求。如《像我这样的小可爱》是一部记录了五个可爱的小宝贝从出生到两岁成长历程的纪录片，其中一段解说词如下：

---

① 周文. 世界纪录片精品解读[M]. 北京：中国广播电视出版社，2010：3.

阿加特、安娜、玛艾、亚历克西和马克桑斯都是脊椎动物，属于哺乳纲、灵长目、人科、智人种。换句话说，阿加特、安娜、玛艾、亚历克西和马克桑斯是人类的孩子。这些人类的孩子已经度过了生命中最初的两年，那是一段令人惊奇的冒险旅程，我们见证了他们从诞生到牙牙学语的全过程，他们的身高增长了一倍，体重增加了三倍，他们的身体发育了，意识成长了，社会能力也逐渐形成，他们已经开始了对各自身份的追寻。接下来，让我们一起分享他们的成长故事。

这段解说词强调对画面的解释说明，讲述的状态接近看图说话，只是这幅图是活动的画面。很多同学找不到解说的状态，可以先从看图（定格画面）说话开始练习。以下一段为《法门地宫的秘密》解说词：

这是地宫中的第三道石门，门上彩绘浮雕是身着铠甲的金刚力士，在佛的世界中他们是护法的勇士。在这里，他们守护着什么呢？第三道石门后是地宫的中室，一鼎硕大的汉白玉灵帐几乎把中室占满了，灵帐顶端罩着三件用纯金螺纹和丝线交织而成的袈裟，旁边还放着一双金丝绣鞋。

我们可将其分解为几个定格画面进行讲解，体会纪录片解说的讲述感。在讲述的过程中，如同看图说话一样，有些事物要明确所指，即前文所讲过的"严对"。如《像我这样的小可爱》中，阿加特、安娜、玛艾、亚历克西和马克桑斯都是有所指的孩子，在解说中要一一对位；在《法门地宫的秘密》中，石门、汉白玉灵帐、袈裟、金丝绣鞋要一一对位。

二、融入故事——用心灵拥抱画面

当我们走进纪录片，我们就会走入另一个世界。这个世界包罗万象，充满着意想不到的情节，闪烁着神秘的光芒，引领我们随着镜头去了解深邃的历史或是探索未知的未来。

为了研究和教学的方便，我们将纪录片分为以下类型：(1)政治事件类纪录片，如《万隆会议》《诺曼底登陆》《抗战》等都是讲述政治事件的来龙去脉；(2)人物传记类纪录片，如《最后的山神》《像我这样的小可爱》《齐白石》等记录了一个或是一群人的人生历程；(3)动物类纪录片，如《北极熊的故事》《迁徙的鸟》等记录了动物生活史；(4)考古探秘类纪录片，如《天下第一陵》《法门地宫的秘密》《三星堆》等记录了人类考古的发现过程和研究成果；(5)人文风情类纪录片，如《大金湖》《香格里拉》《西藏的诱惑》等记录了美丽的自然风光和迷人的人文风情；(6)艺术创作类纪录片，如《丝绸之路的歌声》《电影传奇之望乡》等记录了艺术作品的创作过程；(7)生活类纪录片，如《舌尖上的中国》《寿司之神》等记录了丰富的饮食文化。每种类型的纪录片都有着不同的基调，在解说的过程中要加以详细辨别。如政治事件类纪录片解说要庄重大气，因为讲述的事情是在过去发生的，要有带入感；人物传记类纪录片在解说中要有人文关怀，尤其是伟人的纪录片，在解说时一定要有"人味"，切忌处理出"神化"色彩；动物类纪录片解说则要走进动物的世界，热爱动物、了解动物，赵忠祥老师在这方面作出了很好的榜样，他解说的《北极熊的故事》完全将自己融入了熊的世界，使受众感受到了熊的饥饿、熊的无奈、熊的母爱；考古探秘类纪录片解说在把握基调时要突出神秘的色彩和探索的精神，一层一层将秘密揭开；人文风情类纪录片解说要把握画面的诗情画意，突出意境；艺术创作类纪录片解说在处理时大多要浓墨重彩，强调这类作品的艺术感染力，传达出艺术作品给人们心灵带来的震撼；生活类纪录片解说则要娓娓道来、生动自然。现在有些解说员在创作过程中千篇一律，配什么片子都是一种味道，这是不对的。

要想解说好一部纪录片，其实最重要的就是走进片子，融入故事，用心灵拥抱画面。可以用以下纪录片节选做解说练习。

像我这样的小可爱（上）（节选）

阿加特、安娜、玛艾、亚历克西和马克桑斯都是脊椎动物，属于哺乳纲、灵长目、人科、智人种。换句话说，阿加特、安娜、玛艾、亚历克西和马克桑斯是人类的孩子。这些人类的孩子已经度过了生命中最初的两年，那是一段令人惊奇的冒险旅程，我们见证了他们从诞生到牙牙学语的全过程，他们的身高增长了一倍，体重增加了三倍，他们的身体发育了，意识成长了，社会能力也逐渐形成，他们已经开始了对各自身份的追寻。接下来，让我们一起分享他们的成长故事。

当他们投生到这个世界上时，在所有哺乳动物中，除了有袋类动物的幼崽，人类的婴儿是最脆弱的，刚刚降生的他们还非常娇嫩，还没有准备好，他们必须凭借自己的力量、天赋和已经掌握的惊人本领来最终完成这一大自然的作品。新生儿生下来就会走，这是一种奇特的返祖现象，远古进化早期灵长类动物的幼崽为了躲避捕食者而具备的能力，这种现象在婴儿诞生三个月后就会消失。

人类是白天活动的动物，但是婴儿还不知道这一点。一周大的玛艾每天大概要睡20个小时，她的睡眠分为深睡眠，又称安静睡眠，以及轻睡眠，又称活动睡眠两种。深睡眠时，大脑控制身体的生长活动，释放生长激素；轻睡眠时，大脑会产生梦境并调节基础功能，身体上也许活动频繁，但婴儿实际上还在熟睡之中。

突然，15天大的安娜脸上出现了需要和难过的表情。婴儿会哭出声让人听到，她的生存就取决于这种能力。婴儿几乎没有能量储备以维持37度的体温和呼吸肌的工作，她每天要长30克，这意味着她的进食量要达到自身体重的五分之一，而这相当于一个成年人每天吃进10公斤的食物。不论是母乳还是人工喂养，哺乳是母亲和婴儿之间最亲密的时刻，两者融为一体，沉浸在浓浓的爱意之中。

像所有的哺乳动物一样，从一出生开始，婴儿就能辨认出乳头溢出的奶味。他会凑上前，紧紧地抓住并依偎在旁边。母亲产后最初几天分泌的乳汁被称为初乳，是高度浓缩的，富含糖分、脂肪、蛋白质以及丰富的免疫抗体。母亲会自动调整乳汁的多少及成分，以满足新生儿的需要，母子之间的紧密联系不仅是心理上的，也是生理上的。

在黑暗的子宫里待了9个月之后，新生儿迎来了五彩缤纷的新生活。出生几天之后，婴儿就可以看见眼前30厘米以内的东西,这正是哺乳时婴儿和母亲面孔之间的距离,其他的地方就是一片模糊了。婴儿的凝视与其说是视觉的标志,不如说是语言的一种早期形式,他会用深深的注视来吸引母亲的注意,也会用恳求的目光唤起父亲的怜爱。注视已经成为一种交流和沟通的形式,这就是为什么哺乳动物年幼时眼睛会比较大的原因。

两个半月大的阿加特身高已经长了10厘米,所有的生长纪录都是在这个时期创造的,阿加特的生命中将不会再经历如此迅速的变化。当阿加特的妈妈对她滔滔不绝的时候,同时也是在促进她大脑的发育,婴儿和母亲在一起的每一刻都是一种交流、一种语言的启蒙。全世界的新生儿都会发出同样的咯咯声。今天,亚历克西第一次用奶瓶喝奶,明天他的妈妈就要回去上班了,年轻的父母正在为此做准备,父亲要练习给孩子喂奶。对亚历克西来说,食物的概念是和他的母亲联结在一起的。今天,他必须学着把二者区分开来。亚历克西已经发现,不论自己多么娇嫩和脆弱,他还是可以让这个世界服从于他的意志,他只需要祭出自己唯一拥有的武器——眼泪。

哭泣可以作为一种警告信号来表示难过、孤单或是饥饿,以及寻求安慰、表达恐惧或是释放紧张情绪。在这个时期,哭泣是婴儿唯一自主的语言,很快,哭泣的次数会变少,代之以其他的交流方式。总有一天,孩子将会理解他的母亲也有自己的母亲,在这个亲缘链条上有几千个人,而这个孩子是最新的一环。血缘关系对其他动物来说无关紧要,但是人类,从文化上讲,传宗接代的意义要先于繁殖的本能。

北极熊的故事(上)(节选)

地球上没有比北极的雪地更荒凉、更寒冷、更具敌意、更不利于生物生存的地方了。但是对于北极熊来说,这里却是天堂。

北极是一片被冰雪覆盖着、被大陆包围着的大海,但是这里并不永远都是冬天,每个季节都会带来很多变化,这些都是北极熊所必须适应的。北极冰山上的生命开始苏醒了。

现在是4月了,这只熊已经在雪下面的洞里过了整整一个冬天,但是它并不孤独。幼子们是在12月出生的,现在已经4个月大了,它们做好了迎接外面世界的准备。这儿的温度常常在零下35摄氏度,但是毛茸茸的皮毛能够帮助它们抵御刺骨的严寒。

整个冬天,其他的北极熊仍在寒冷的冰面上捕猎,但是冬季太漫长了,海豹是很难找到的。最重的时候,一头公熊和10个人一样重,但是当这只北极熊度过冬季后,它的体重便轻了许多。环斑海豹,北极海豹中最小的一种,是北极熊美味的食物。但是成年的海豹非常有经验,并且警惕性很高,一旦发现一点儿危险,它们就会跑到别的地方。然而海豹却要为小海豹操心,由于没见过北极熊,小海豹不知道危险。北极熊的这次捕猎没有成功。

把这些幼子带到洞外,让它们适应北极的温度是需要花一些时间的。虽然它们有厚厚的皮毛,但是它们那个年龄的皮毛几乎起不了作用,只有母熊奶水的营养和能量才能帮助它们御寒。

当小熊长得足够强壮的时候,饿得快要不行了的母熊终于带它们离开了洞穴。它们打算进入冰下那个非常危险的世界。由于冰的情形每年都在变化着,海豹的分布状况也就成了未知数。北极熊只能行程上千公里,去寻找一个最佳的捕猎地点。它们沿着冰面相撞而形成的冰脊寻找猎物,在被雪覆盖着的环绕的冰脊的背风处,就是海豹养育小海豹的地方。小海豹被隐藏在雪下面看不见的地方,以度过寒冷的冬天。

第五节 政论片解说

虽然有时面对的是相同或类似的纪实影像片段,但解说员的用声状态在纪录片与政论片中是完全不同的。如由中共中央宣传部组织,中央电视台和学习出版社联合摄制的五集政论片《百年潮·中国梦》纵论古今、大气磅礴,全方位、多侧面地展现了以习近平同志为总书记的党中央,着眼于坚持和发展中国特色社会主义,提出了中华民族伟大复兴的"中国梦"这一重要战略构想。该政论片充分反映了"中国梦"释放的强大号召力、感染力。第一集《百年追梦》中有这样一段解说词:

1840 年的鸦片战争,无疑是中国人心中永远的痛。西方列强一巴掌把大清帝国打落谷底,从此国门洞开,风雨交加……

1872 年,李鸿章在《复议制造轮船未可裁撤折》中哀叹曰:"臣窃惟欧洲诸国,百十年来,由印度而南洋,由南洋而中国,闯入边界腹地,凡前史所未载,亘古所未通,无不款关而求互市。"

落后就会挨打。帝国主义列强蜂拥而至,灾难深重的中国内忧外患,无约不损、无战不败,神州陆沉、山河破碎,中华民族到了危如累卵、大厦将倾的时刻。

而文献纪录片《真实甲午》同样描述了这一段历史,但是在解说词的撰写上完全是另外一种风格:

这一天,刘公岛上阴云低布,冷雨潇潇,不算开阔的威海湾海面上,两种截然不同的场面,反差极为鲜明。一边是日军编队从威海北口徐徐驶入,舰上的日本水兵欢呼雀跃,伴随着军乐疯子般地庆祝胜利,日本海军联合舰队司令长官伊东祐亨下令他的旗舰"松岛"号奏起了日本国歌《君之代》;但是在另一边,在刘公岛铁码头,停泊着北洋舰队残存下来的十艘舰艇,北洋舰队的官兵们站在被降下黄龙军旗,又被拆去了武器的军舰甲板上,看着日本人在自己的舰上升起了日本国旗,北洋舰队就这样全军覆没了。

比较这两段解说词,我们不难发现政论片的议论本质以及纪录片客观描述的本质,这两种体裁的电视片在解说的时候要求用不同的发声方法来处理:政论片在解说时声音比较高亢嘹亮、掷地有声;纪录片的解说则偏于描述,中性客观、娓娓道来。可以用《百年百年潮·中国梦》第一集《百年追梦》的解说词进行练习。

百年潮·中国梦:百年追梦(节选)

解说:2012年11月29日,这是一个普通的日子,北京风和日丽,长安街车水马龙,天安门广场游人如织……

上午10点,中巴车缓缓驶入巍峨矗立的国家博物馆,历史在这一刻将带给我们怎样的憧憬与期待呢?

国家博物馆庄严厚重,展厅四壁的浮雕从四大发明到北京奥运,沉沦与抗争交织,奋斗与崛起辉映,鲜活地再现了泱泱华夏源远流长的文明史。

中国共产党第十八次全国代表大会刚刚闭幕半个月。此刻,中共中央总书记习近平和中央政治局常委李克强、张德江、俞正声、刘云山、王岐山、张高丽等,正流连于大型展览"复兴之路"展板前,凝神静思,探幽涉远,犹如在穿行一条长长的历史隧道:从鸦片战争到甲午海战到戊戌变法,从孙中山领导辛亥革命摧毁封建帝制到毛泽东带领中国共产党和中国人民创建中华人民共和国,邓小平、江泽民、胡锦涛,一代又一代共产党人披荆斩棘、攻坚克难,开辟和发展中国特色社会主义道路……一路高蹈宏略、波澜壮阔,回响着中华民族伟大复兴的铿锵脚步声。

在我国改革开放和现代化建设踏上新征程的重要时刻,在国家博物馆这一极具象征意义的地方,在中华民族的历史文化殿堂,习近平向全世界庄严昭告了中国梦——

(同期声)

习近平:我以为,实现中华民族的伟大复兴,就是中华民族近代最伟大的中国梦。因为这个梦想,它是凝聚和寄托了几代中国人的夙愿,它体现了中华民族和中国人民的整体利益,它是每一个中华儿女的一种共同期盼。

我坚信,中国共产党成立一百周年时,全面建成小康社会的目标一定能够实现;我坚信,中华人民共和国成立一百周年之时,把我国建成富强、民主、文明、和谐的社会主义现代化国家的目标一定会实现;我更坚信,中华民族伟大复兴的梦想一定会实现。

解说:这是党的十八大之后,中共中央政治局常委们别开生面的集体亮相、深谋远虑的集体发声——无疑,这是一次历史承诺,更是一次政治宣示。

一个伟大的历史性事件,也许就在看似寻常之中,开始悄悄地萌动了……

(采访)

《求是》杂志社社长李捷:中国梦提出来以后,无论是国内还是在世界上,都产生了非常好的反响,那么大家也就自然会问,这个梦是从哪里来,又向哪里去?这是大家非常关注的一个问题。

解说:以习近平同志为总书记的党中央,坚持和发展中国特色社会主义,鲜明宣示实现中华民族伟大复兴的中国梦,反映了近现代以来一代又一代中国人的美好夙愿,进一步揭示了中华民族的历史命运和当代中国的发展路径,指明了全党全国各族人民共同的奋斗目标,坚定了中国共产党的执政理念,为中国特色社会主义理论注入了新的内涵,对于团结动员全体人民开辟现代化事业新境界,具有重大而深远的意义。

（采访）

中共中央文献研究室副主任孙业礼：中国梦核心就是实现中华民族的伟大复兴。它的基本内涵就是实现国家富强、民族振兴、人民幸福。中国梦是国家的、民族的，归根到底是人民的梦。要理解中国梦，首先要理解它提出的背景，为什么要提出这么一个概念呢？

解说：中国梦和党的十八大提出的“两个一百年”奋斗目标是紧密相连的：到2020年，在中国共产党成立一百年的时候，实现国内生产总值和城乡居民人均收入比2010年翻一番，全面建成小康社会；到本世纪中叶，也就是中华人民共和国成立一百年的时候，全面建成富强、民主、文明、和谐的社会主义现代化国家。为实现这样伟大的目标和任务，需要一个核心概念来阐述它，也需要有一面精神旗帜来激励人民的斗志，激发社会正能量。而中国梦的提出，既生动形象又富有感召力，中国梦昭示的是中华民族的一种血气、一种骨气、一种志气！

第六节　电视专题栏目解说

栏目这个名词来源于专栏，“栏”是报纸编辑的一个基本构成单位。西方早期的报纸在刊印新闻时，每行的排版由报纸的左端一直排到右端，然后再另起一行由左向右排，直到新闻排完。这样的报纸阅读起来极不方便，读者要不断由左向右转动头部，在转行时还容易看错行。于是，有人就将报纸版面分隔成几个竖长条块，每个竖长条称为一栏。有时，内容相近或有某种联系的几条新闻编排在一起，在栏上加标题就成了栏目。栏目如果相对固定，又有作家定期供稿，这个栏目就成了专栏。专栏一般都有固定的名称和位置，具有一定的独立性。

后来，这一概念被电视所采纳。电视栏目将一些或一组题材、内容、性质、功能目的或形态相近的小节目纳入一个定期、定时长的某时段中播出，并将这一定期、定时长播出的某时段冠以名称，这一冠名播出时段的节目我们称为电视栏目。电视栏目是电视台每天播出的相对独立的信息单元，有固定的名称、固定的播出时间、固定的栏目宗旨。如中央电视台在20世纪五六十年代播出的栏目有《电视新闻》《祖国各地》《新人新事新气象》《文教节目》《新书介绍》《科技节目》等。中国电视事业经历了“文革”十年曲折发展后，到1976年终于迎来了自己的春天，《文化生活》《体育之窗》《祖国各地》《世界各地》《外国文艺》等栏目相继开播，电视事业开始焕发出勃勃生机①。中国第一档主持人栏目《为您服务》1983年开播，十年后的1993年，中央电视台开始提出电视栏目主持人化，每一个栏目都要有自己的主持人，并形成自己独特的主持风格和特点，与受众建立一种特

① 张庆，胡星亮. 中国电视史[M]. 北京：中央广播电视大学出版社，1996：40－50.

殊的关系①。电视栏目主持人化改变了原来电视栏目的结构,电视专题节目由结构完整的专题片变为由主持人进行串联的一系列小专题。在这样的结构中,原来专题片中评述的内容大多由主持人来完成,小专题中描述性和叙述性的内容大多由解说来完成。解说这样的电视片时,语言要自然朴实、娓娓道来。同时,因为这些小专题要与主持人评述相衔接,所以要注意起承转合不可过于突兀。

有时,在主持人节目中也有较为完整的电视片,主持人只录开头语和结束语。有些纪录片节目,如《人与自然》《魅力纪录》等播出的是完整的纪录片,还有一些主持人节目播出的是较为完整的专题片。在这样的电视专题节目中,解说的部分往往与同期声相衔接,如:

《夕阳红》:彭奶奶的选择(节选)

(同期声)

彭容先:我快乐的就是那个工作,不做就不快乐。

庞川:没有工作就不快乐,这么多人没有工作,那人家也不快乐?

儿媳:算了,随便她。从此以后,互不干涉,就这么简单。走,走人。

解说:这位老人叫彭容先,今年已经七十岁高龄了。在她周围的几个人,是她的儿子、儿媳以及女儿们,从大家聊天的语言和表情中,可以明显地感觉到,这次聊天的气氛并不融洽。

(同期声)

儿媳:算了,不说了,我受够了。

彭容先:我不教了,我说了的。

儿媳:你不做不行,那你就自己去弄吧,看你弄出个什么样来。

女儿:叫你不教,你就不教了嘛!

彭容先:不教,我表了态的,不教了。看表现嘛。现在孩子又不多,只有三四个人,我不教就行了嘛。

解说:为什么会这样呢?彭容先老人和孩子们之间究竟发生了什么事情呢?

他叫庞川,是彭容先老人的大儿子,现在在城里开门市做生意,一说起母亲的事情来,庞川就有点着急。

(同期声)

庞川:家里的活,我们也不需要她做。在鹿邑县的时候,我们伺候她,她要搬,今天下午就可以进城,明天就可以在成都待着,不需要去做那些事情,没有那个必要。那个人,人生几十年一辈子,老是劳累操心,说实在的,我们后人在外面跑,脸上都是无光的。知道的,(认为)你的父母精神好,很能干,不错;不知道的,他说你这个儿子在城里不管你们,太不孝顺了。我们又不需要她挣钱,又不需要她养家。说实在的,我们在很多地方都

① 白谦诚,胡妙德.中国荧屏第一人——沈力[M].北京:中国广播电视出版社,1999:5.

脸上无光。当然，从中国的传统来说，她那是发挥余热，是个光荣的事情，说大一点，就是一个光辉的事业。

解说：从儿子的话里，我们能听出那种子女对母亲的关心和孝顺，但另外，还多了一些无奈和抱怨。

（同期声）

孩子的读书声。

这样的专题片往往用纪实的手法拍摄，与纪录片非常相似，但记录的过程又不够完整，画面不能构成较为完整的故事，于是中间加了大量的解说以连接采访和纪实片段。这样的专题片很多内容不是通过镜头来展现的，而是通过解说来完成的，也就是说，解说的部分往往画面较为单调，如果不加解说就不能构成完整的意义系统，因此，解说的部分需要加强。同时，由于解说不可避免地带入了主创人员的态度，具有主观色彩，所以出现了很多评述性的语言。这样的专题片在解说时要求播音员能够熟练掌握讲述和评述两种语体，能够熟练进行两种语体的转换。可以用以下两段专题片的节选进行练习。

夕阳红：彭奶奶的选择（节选）

（同期声）

孩子的读书声。

解说：今年已经七十岁高龄的彭容先老人曾经是一名幼儿教师，站在讲台上教书育人，已经快四十年了。

（同期声）

彭容先：我们的娃娃，各处、各单位都有，各种各样的工作，很多很多的学生，就像二队，十几个大学生都是我的学生。

解说：这间教室很小，桌椅也很简陋，学生也只有三四个人，但彭容先老人上课，却还是有板有眼，非常认真。老人把班上仅有的四名学生，按年龄分成了小班和中班，并对他们进行有针对性的辅导。这个喊得很大声的男孩，名叫闫瑞文，今年只有两岁，他虽然是个小班生，但在彭容仙老人眼里，却是几个孩子当中最机灵的一个。

（同期声）

彭容先：有一只乌鸦在树枝上，含了一块肉。有一只狐狸跑过来，就编了一个故事去骗乌鸦。乌鸦太太，你的羽毛很漂亮，你的歌声听起来非常悦耳，乌鸦经不住夸奖，“哇”的一声唱起来，肉掉了，乌鸦上了谁的当呢？

闫瑞文：上了狐狸的当。

彭容先：对啦。

解说：彭容先老人说自己喜欢孩子，更喜欢教孩子。一站到这三尺讲台前，就有一股使不完的劲。

这间坐落在村子边上的幼儿园，就是彭容先老人在2001年和女儿一手创办的，附近十里八村大多数人家的孩子，甚至是孩子的孩子都曾是彭容先老人的学生。

（同期声）

彭容先：我教了上百人了，这里面有上百个人在这里读过书。我们这里木子乡的十大队、七大队和双庙的，我们这个大队的都在我这里读书。

解说：20 世纪 80 年代初，彭容先老人所在的石宕村要成立小学，而教师要在村里的知识骨干分子中挑选。当时能歌善舞、脾气温和的彭容先也作出了她人生中最重要的一次选择——她报名了。

（同期声）

彭容先：当时我还有点畏惧，因为我怕教不下来，没脸见人。我面子问题很严重，从小面子问题就严重，说话知书达理。再一点，教书教不下来，退下来的话，人家要笑我，最后经过丈夫的鼓励，我就走上了这个道路。

解说：经过层层选拔，彭容先从众多的报名者中脱颖而出。通过当时的四川省达州县中心学校的培训后，彭容先最终成为村里高庙小学的一名民办幼儿教师，那一年她 30 岁，正是风华正茂、意气风发的年龄。彭容先教的是幼儿班，班上的孩子们年纪都很小，那段时间，与其说彭容先是老师，倒不如说是孩子们的保姆更为贴切。

（同期声）

彭容先：因为他们是多生子女时代，大的带小的，大的带完了，就想在学校里坐着听老师的。他们一带就是两三个，都叫到一起来，他们好干活。有抱着的，有背着的。教字母，教他们基本知识。

解说：彭容先老人说，自己这么多年能坚持下来，除了喜欢孩子外，其实还有一个重要原因，就是受了当年一部叫《李双双》电影的影响。这部电影曾在 20 世纪 60 年代风靡全国。电影主人公李双双，性格倔强、心直口快、刚毅热情、敢于坚持原则的作风和性格，深深地影响着彭容先。

一线：两张新钞票（节选）

解说：这是今年五月的一个清晨，家住四川省岳池县新场镇的村民蒋云，此刻内心里突然有一种莫名的不安。已经七点多了，平日里每天六点准时到自己家吃饭的哥哥，今天却没有过来。蒋云决定亲自到哥哥住的地方去叫他，紧闭的卷闸门，屋里一点声音也没有，哥哥难道还没有起床？蒋云一把推开了虚掩着的屋门。

（同期声）

蒋云：当时我就看到，第一眼就看到，我哥哥的身上大概有五箱矿泉水，从鼻子一直到膝盖那个位置。

记者：你把矿泉水搬开看见什么了？

蒋云：看到哥哥身上有血，墙上也有血。

解说：眼前的情景让蒋云的脑袋“嗡”地一下变成了一片空白，这是怎么回事儿？哥哥怎么会突遭不测？这是谁干的？蒋云彻底傻在了现场。几分钟后，他才想到冲出去叫了邻居，并随后向岳池县公安局报了警。

(同期声)

民警刘永森:死者躺在底楼后面那张床上,当时墙上全是喷溅的血迹。

民警何建国:整个现场非常惨不忍睹。

解说:随后岳池县公安局的办案民警对案发现场的情况进行了实地勘察。初步查明,死者名叫蒋明,现年 53 岁,未婚,多年来一直在外地打工,今年春节回到岳池之后,就再没出去,在村子里帮弟弟蒋云照看这家小商店。

(同期声)

蒋云:当时绝对没想到,因为我哥在外头从来是啥事没有,在我们周围,从事生产工作的时候,我哥也没得罪什么人。

主持人:一个为人和善的单身男子,为什么会在一夜之间突遭不测呢?案发地是一家小商店,办案民警的第一感觉是这是一起入室盗窃后被发现转而杀人灭口的案件。可以佐证的是,在案发现场里面,确实是丢失了一些财物,但是随着现场勘验的逐渐深入,办案民警对自己的第一感觉产生了很多的疑问。那么这些疑问到底是什么?这名男子意外死亡的背后究竟有着怎样的隐情?聚焦一线,直击现场。

解说:家住四川省岳池县的村民蒋明被弟弟发现死在了卧室里,警方初步怀疑,这是有人入室盗窃,被蒋明发现后继而选择了杀人灭口,但是随着现场勘验的逐渐深入,办案民警觉得案件的性质也许并非这么简单。

(同期声)

中队长龙伟:死者案发的那个房间里面,整个现场都显得特别平静。

民警刘永森:现场没有什么异常的地方,是一个很平静的现场,没有过多的翻动的痕迹,也没有过多的互相打斗的痕迹。

解说:现场很平静,三位参与勘验的民警都不约而同地提到了这一点,但是,一个涉嫌入室盗窃的犯罪嫌疑人如果在盗窃的过程中,被房屋的主人发现,势必会产生一番激烈的搏斗,这样的犯罪现场通常情况下都不该是这样平静的。与此同时,办案民警还注意到案发现场丢失的财物主要是锁在抽屉里的大约两千块钱,至于摆放在柜台前的一些值钱的东西则基本没动,这同样跟普通的入室盗窃犯罪不太一样。

(同期声)

中队长龙伟:按照以前农村小卖部被盗的规律,如果是小孩的话,至少小吃零食他肯定要拿走;如果是大人的话,他还会拿走比较值钱的香烟,但是我们发现,烟柜里的烟是没有动过的。

解说:那么犯罪嫌疑人的作案动机到底是什么?这成了困扰办案民警的第一个难题。

(同期声)

中队长龙伟:从我们的直观感觉来说,这个人应该是在(蒋明)进房间门的时候(跟进去的),动静应该不是很大。

民警刘永森：没有撬门也没有翻窗，还有一个可能就是进屋的这个人也有他家的钥匙。

中队长龙伟：这个人到底是怎么进去的呢？他和被害人是什么关系呢？这个是我们首先需要调查核实的。

解说：根据办案民警的了解，被害人蒋明在事发前的那个晚上，先在弟弟家吃饭，后来又到对面的邻居家聊天，直到夜里将近十点钟的时候才回去睡觉。犯罪嫌疑人能够在夜里十点以后和平地进入蒋明的房间，说明这个人很有可能跟他关系非常密切。而随后办案民警对案发地所处的空间位置的分析也佐证了这个观点。

思考题

1. 什么是政论片？
2. 你认为解说与画面之间应该是何种关系？
3. 举例说明纪录片按照内容不同可以分为哪几类。

第十三章 播音主持体态语

心理学家艾伯特·赫拉别恩通过研究表明:从人们获得信息的渠道来看,11%的信息是通过听觉获得的,83%的信息是通过知觉获得的,要精确地表达一则信息应该是"7%的言语+38%的声音+55%的表情和动作等无声语言"。由此可见体态语在传播信息中的重要性。

第一节 播音主持体态语概述

一、播音主持体态语的概念

在节目主持中,口语不是播音员主持人唯一与受众沟通交流的工具,其身体的动作形态也可以辅助有声语言表达情感、传递信息,这种身体行为,即表情、动作、空间距离等就是播音主持体态语。

二、播音主持体态语的作用

电视的视觉特征决定了它不能像广播那样,只是单纯地依赖有声语言传递信息,体态语作为沟通情感、传递信息的重要工具,与有声语言一起担负着传播信息的重任,体态语在电视节目主持中具有重要作用。

(一)传播信息

不同的节目设置体现出不同的宗旨、不同的目的,针对不同的受众,显现出自己的特征。播音员主持人的工作就是与采编及技术人员一起通过自己的有声语言与体态语体现出节目的宗旨和特征,满足受众的需求。不同内容的节目,播音员主持人可以使用不同的体态语来帮助表达,如少儿节目主持人的体态活泼可爱、新闻节目主持人的体态端庄大方、社会服务节目主持人的体态优雅舒展、娱乐游戏节目主持人的体态活跃夸张等。

人类学家曾经编制了一幅显示一位讲话者手臂动作的实例图,根据这幅图可以看出,讲话的核心或者重音都与手势上的高峰一致,也就是说,体态语和语言的重音基本上是吻合的,这两种表达手段在节奏方面的协调一致,强化了语言信息的表达效果。

体态语在帮助播音员主持人传播节目信息的同时,也在传播着自身的信息。人们常说,举手投足之间便可看出一个人的修养。意思是说,人们德才学识的积累会在不经意的体态中表现出来。体态是一个人心灵与机体运行状态的反映。例如,忧郁的心灵与疲惫的机体会使身姿懈怠、两眼无神、肌肉紧张,从而表现出一种消极状态;而快乐的心灵与充满活力的机体会呈现出挺拔的身姿、神采奕奕的眼神、真诚的微笑,从而表现出一种积极状态。积极状态有助于人际的沟通与交流,是节目质量的保证。

(二)审美作用

体态语可以吸引受众的注意,产生审美作用。根据巴甫洛夫学说的原理,如果人脑接受刺激引起的兴奋点经常转移,主体就不容易疲倦,而静止的形象则容易产生抑制效应,难以引起他人的注意。因此,形式多样的运动着的体态语可以使受众不断产生兴奋的感觉,保持注意力集中。受众的注意力集中了,对主持人也会形成一种反射,有助于二者之间的交流。

三、播音主持体态语传播的制约因素

任何事物的发展都受到主客体因素的制约,从播音员主持人自身的角度来考量,制约播音主持体态语传播的主要因素有心理因素、习惯因素、身体条件、个人修养、语境、电视节目制作手段、受众等。

(一)心理因素

心理状态的好坏直接影响到一个人情绪的好坏,进而又会影响一个人体态语的表达。良好的心理状态会使一个人的情绪高涨,激发出一种积极情感,使人进入积极状态,而这种积极状态有利于体态语的表达;反之,懈怠的心理会减弱情绪,使人出现消极状态,在这种状态之下表现出来的体态语必然也是消极的。科学研究表明,心理的变化会使大脑血液的温度和皮肤的温度产生变化。心理不愉快温度就会升高,心理愉快温度就会降低。而温度的高低影响着肌肉的运动状态,温度降低肌肉就会放松,温度升高肌肉就会相对紧张。肌肉放松时呈现出的体态是自然舒展的,而肌肉紧张时体态会变得僵硬、呆板,甚至不听使唤。因此,心理因素是决定体态语表现的重要元素。

(二)习惯因素

因为遗传、成长环境、职业等的不同,每个人养成了不同的行为习惯:或严谨,或懒散,或优雅,或粗鄙……不同的行为习惯使人表现出具有不同特点的体态语,不同的体态语传达出不同的信息。

(三)身体条件

身体条件包括生理因素和身体素质。

由于遗传和生长发育等生理因素的影响,造就了人们不同的身体结构。生理因素从一定程度上控制了体态语的表现力，如驼背的人不可能表现出挺拔之姿，X 形腿或 O 形腿也无法走出优雅之态。许多观众很喜欢新闻节目主持人张泉灵，但是觉得唯一不足的是她老是扬着下巴说话，让人觉得有点“居高临下”。通过网上交流才知道，她的颈椎天生就有些缺陷，没有自然的生理弯曲，以至于造成了观众的误解。

身体素质影响着身体的展现。人类是在大脑神经的控制与支配之下，以骨骼为支架，以关节作为轴或支点，以肌肉为原动力来实现运动的。它们的力量、弹性如何就成为人体运动是否灵活可控的关键。而加强这些部位的灵活性、伸展性，可以增强身体的活力。良好的身体素质是形成良好精神状态的动力，也是体态语准确、协调、自然的保证。身体素质差会使动作的有效性大大降低，不可避免地影响到身体的活力，制约体态语的有效表达。

（四）个人修养

个人修养包括职业修养和审美修养。

职业修养是指播音员主持人对本职业相关知识的认知能力。这种认知能力包括专业知识、职业态度、业务能力等。有的播音员主持人在主持节目时因为对稿件内容不熟悉或驾驭不了稿件内容，嘴里条件反射式地读着提词器上的字，眼神空洞、呆板；有的播音员主持人不论播报什么内容，脸上总是挂着职业性的微笑，体态语没有为具体内容服务；还有的播音员主持人在较为严肃的访谈节目中为了拉近与嘉宾的距离，用手拉扯对方的身体等。这些电视屏幕上常见的体态行为都属于缺乏职业修养的表现。可见，职业修养制约着体态语的表达能力。

审美修养是指播音员主持人对美的感受力和创造力。美包括形式美和内容美，形式美是指播音员主持人的面容美、姿态美，内容美则指一个人的德才学识良好，只有形式美和内容美有机统一的美才是最具感染力的美。播音员主持人的工作便是一项能让受众产生愉悦之感的创造美的工作。体态语还可以反映出一个人的“礼貌”，这是一个人修养的外化表现。这种礼貌影响着受众的接受程度，大多数受众喜欢平等、谦虚、宽容、礼让、态度优雅的播音员主持人。

（五）语境

语境包括宏观语境和微观语境。宏观语境主要指民族语境、地域语境、社会语境、时代语境等；微观语境是指节目的类别、内容以及节目制作场景。

虽说体态语具有跨文化的特点，但不可否认的是，体态语在一定程度上还是受到不同民族文化、不同地域、不同社会环境、不同时代背景的制约。以空间语言为例，中国人口众多，个人可支配空间较少，社会环境重亲情、讲关爱；而美国地广人稀，个人可支配空间较大，社会环境崇尚个性自由、尊重个性。因此，美国人对空间距离的要求就比中国人要大。在与美国人打交道时如果以中国常用的空间语言为准，就可能让对方觉得不舒服，感觉没有受到尊重。

不同节目类别的特征以及不同的节目内容决定了播音员主持人体态语的表现形

态。以新闻节目为例,其节目特性决定了播音员主持人的体态语应以简洁、端庄大方为主。但是在不同类型的新闻节目中,体态语的表现也会有所不同:以播报类为主的节目主持人与演播室访谈节目主持人相比较,体态语的要求更为简洁、规范,以使用面部表情为主。在同一档新闻节目中,播音员主持人的体态语也会因为内容不同而有所差异。

节目的场景也限制着体态语的形态。一般在大的场景中,受众关注播音员主持人的身姿;在小的场景中,受众更关注播音员主持人的表情。在浪漫温馨、严肃庄重、快乐开心等不同的场景中,播音员主持人的体态也应作出相应的调整。

(六)电视节目制作手段

电视节目播音员主持人是在摄像机前工作的,电视节目制作手段也间接影响着体态语的表达效果。以摄像机为例,摄像机的拍摄方向、拍摄高度和所取景别都制约着播音员主持人体态语的表现。正面机位如果构图不好,可能使播音员主持人看起来非常呆板;机位角度不好,会使播音员主持人在看提词器时眼神不能居中;俯拍、仰拍角度不好,会使播音员主持人显得过于压抑或高高在上。在景别方面,远景关注播音员主持人的身姿,近景更关注其神态。因此,电视节目制作手段也是制约播音员主持人体态语的重要因素。

(七)受众

根据不同的性质,受众也有不同的分类。以性别区分,可分为男性和女性;以年龄区分,可分为老年受众、中年受众、青年受众、少年儿童受众;以文化程度区分,可分为高等教育文化受众、中等教育文化受众以及一般受众;以专业性质区分,可分为专业受众和普通受众……不同的受众有着不同的审美特点、心理需求和接受习惯,这些也是制约播音员主持人体态语的重要因素。

播音员主持人的工作目的就是为了娱乐受众、服务受众、引导受众。受众的相似性和互补性制约着节目内容,节目内容制约着主持人的语言,而主持人的语言就包括体态语。

第二节　播音主持体态语的运用原则

一、准确性原则

准确是体态语的生命。如果体态语失去了准确性,就无法正确、有效地传播信息。播音员主持人体态语的准确性一般体现在以下两个方面:

(一)说明性体态语表达准确

说明性体态语是播音员主持人使用频率较高的一种体态语。如指示方向、比划大小等。播音员主持人在说明事物时一定要准确：如果嘴上说的“这里”是左边，而手指向右边；嘴上说的“上边”，手却还指在中间；嘴上说着多么“大”，手势却拘泥小气，表现出“小”的意思等，都属于体态语使用错误。

（二）情感表露准确

播音员主持人应该根据节目内容正确表达情感信息。体态语与口语内容产生矛盾，势必会使受众对播音员主持人情感的真实性产生怀疑，这属于体态语使用的严重失误。

二、统一性原则

播音员主持人在节目主持时，体态语要与这些因素相和谐。

（一）体态与心理和谐统一

身体的各部位姿态受大脑的控制，而大脑又是心理的反映，体态与心理是相互作用、紧密联系的。在现实生活中，人们往往喜欢作出一些体态以掩饰自己的心理。例如，有些播音员主持人对于新闻知识“知之甚少”，但是为了表现出专业性、权威性，故意对体态进行控制，挺直身躯，面部故作庄重。殊不知体态语具有真实性的特点，主持人空洞的眼神及面部过僵硬的肌肉会泄露心理的秘密，即使是再高明的体态语使用者也会因体态的一些细微变化而反映出其心理状态。

（二）体态与语境和谐统一

语境对体态语的表现具有制约作用，播音员主持人的体态表现与口语表达一样，要注意语境的要求。不能为了自我表现而忽略节目语境，造成体态语与语境脱节，导致节目目的含糊不清，影响传播效果。

（三）播音员主持人之间和谐统一

因为认知、性格、习惯等不同，播音员主持人个体之间的体态呈现肯定存在差异，因此在节目主持过程中，主持搭档之间的体态语配合应和谐统一，否则也会影响传播效果。

三、美感原则

在审美活动中，客观存在的美在审美主体身上所引起的愉悦感受和欣赏、评价等心理活动和心理过程被称为美感。在电视播音主持中，播音员主持人的体态语表达应符合受众的审美心理，受众通过对播音员主持人体态语的欣赏和感知而产生情绪上的体验。但是，强调播音员主持人的美感并不意味着矫揉造作，而应该追求一种“天然去雕琢，清水出芙蓉”的效果。具体来说，播音员主持人应做到干净利落、简洁优美、和谐统一。

四、个性化原则

每个人的生理结构不同、心理素质不同、文化认识不同，反映在体态语上也各有千秋，这就是所谓的个性化。个性化是播音员主持人生存发展的生命力，但个性化也要建立在符合本民族文化与社会环境、节目内容与形式特征以及受众的接受心理上。播音员主持人如果只是建立在个人的认知基础上而忽略了语境与受众进行体态语的表达，那么他在主持中是不可能有“立足之地”的，这是由播音员主持人的工作性质决定的。

第三节　不同类别的体态语

体态语是一个庞大复杂的表达系统，根据身体构造对体态语进行分类，可分为表情、手势、身姿以及因体位变化产生的空间语言。

一、表情

表情是指发生在颈部以上的能反映内心变化的动作、状态和生理变化，如挤眉弄眼、眉飞色舞等。表情其实就是感情或情绪的外在表现形式。

美国学者克特·W.巴克通过研究发现，光是人的脸就能作出25万种不同的表情。世界上著名的面部表情解读者、心理学家保罗·埃克曼认为，人类面部各部位能传达出6种最明显的表情，即愤恨、悲伤、恐惧、惊讶、厌恶和快乐。法国作家罗曼·罗兰认为：“面部表情是比嘴里说的话更复杂千百倍的语言。”心理学家的研究表明，人们在传播信息的总量中，有55%的信息是靠面部表情来传达的。

在面部表情中，最能迅速、仔细、明显地传递信息的是目光与笑容。

（一）目光

眼睛直接受大脑神经的控制，可以反映出人的各种复杂的心理活动及情感，因此人们常说：“眼睛是心灵的窗户。”中央电视台主持人沈力也曾说过，主持人“一靠语言，二靠眼神”。

播音员主持人面对镜头时，使用较多的是注视的目光。注视易与他人产生较强的交流感，但是有两点值得注意：一是有些新闻播音员过于依赖提词器，造成眼神呆板；二是眼神空洞，与播报内容不符。

我们知道，每个人的生理构造不尽相同，所以在使用提词器时，播音员主持人首先要找到适合自己的位置，找到能与受众目光平行的提词器上的点。在看提词器上的文字时，不要死盯着滚动的一个个字，可以把文字看得虚一些，由点扩大到面，头部随眼神的移动而做细微的、让人不易觉察的移动，这样眼神就不会呆板了。

在与访谈者谈话时，视线应该接触对方的面部，接触时间应占全部谈话时间的30%～60%。接触时间过长，会让被访者不自在；接触时间过短，会让被访者以为主持人对谈话者及谈话内容不感兴趣。

在主持有现场观众的节目时，主持人可以使用环视法、点视法、虚视法等。在节目开场时,主持人可以使用环视法,目光扫过全场,向全场的观众打个招呼,观察现场情况;点视法就是将目光集中投向某一角落或某一受众;虚视法即主持人的目光扫视全场,好像是看着每位受众的面孔,实际上谁也没看,只是为了制造主持人与受众之间的一种交流感,弥补因为环视和点视而使部分受众感觉受到冷落的缺陷。

(二)笑容

笑容能促进人与人之间的交流,是人际沟通最好的通行证。科学家研究发现,微笑能使流向大脑血液的温度和皮肤的温度下降,缓解身心的紧张,从而为自己营造一个自信、坦然、愉悦的心理环境。笑容是播音员主持人最基本的体态语,它不仅能美化播音员主持人的形象,促进与受众的沟通与交流,同时又能够由外及内地为播音员主持人创造一个良好的心理环境。

笑容的形式多种多样,不同的笑容有不同的语言色彩,传达出不同的思想感情。因此,播音员主持人在使用笑容时应注意,既要自然真实,又要切合语境、讲究分寸。

二、手势

手势是一种十分复杂的体态语,是人类重要的辅助性交际工具。人类在使用有声语言之前,曾有很长一段时间使用手势或主要使用手势进行交流。此后,人类才发明并使用有声语言。在语言的创造中,双手起到非常重要的作用。正因为如此,人类在交流中,通过双手来表达的意义较其他部位都多而且复杂,在许多社会心理学家和传播学学者看来,手势的表现力仅次于脸。手势一般可分为掌势、指势、臂腕势三类。

(一)掌势

1. 敞开的手掌

这种掌势受众可以看见掌心。伸直和开放的双臂、敞开的手掌多被认为是坦白和诚恳的象征。

2. 掌心向上的"乞讨式"

这种掌势能让人产生一种亲近感和平和感,使用者也较易受到他人的尊重。

3. 掌心向下的"指令式"

掌心向下,从视觉上给人一种下压和下按的感觉,容易使人产生反弹和抵触的情绪。这种掌势能否达到目的、产生效果,往往取决于使用者的身份和地位。

4. 切掌势

单掌或双掌做刀切状,表现出一种坚定性和强调性。

5. 搓掌式

在非寒冷的天气中,一个人如果有搓手的现象,那一定代表着某种意义。搓手速度慢,眉头紧锁,表示犹豫不决;搓手速度快,表示期待、跃跃欲试。

6. 鼓掌

鼓掌一般表示欢迎、喝彩、赞赏,有时也可以调节节目的节奏。

7. 握手

握手是礼仪,表示友好。当然,不同的握手方式也会表达出不同的意思。

8. 握拳

一个人如果用握拳加强语气,就会使对方感到压力。达尔文认为,握拳代表决心、愤怒,可能是非善意的举动。

(二)指势

掌势与指势的区别:掌势的表达需要手掌加手指,而指势的表达主要使用手指。人的手指能够表达很丰富的信息。播音员主持人经常使用的指势有“十指交叉式”和“塔尖式”。

1. 十指交叉式

十指交叉式就是两只手交叉在一起。这种指势跟不同的表情配合代表不同的含义:跟泰然自若、面带微笑的神态配合,代表自信;跟沮丧的神态配合,代表沮丧、紧张、矛盾。

2. 塔尖式

塔尖式就是将左手的五指和右手的五指分别指尖相对或相交,做成近似塔尖的形状,根据塔尖的指向可以将这种指势分为上耸式、下耸式和外耸式,自信的人常使用这种指势。“上耸式”往往是大脑自我感觉良好时下意识作出的指势;“下耸式”虽然也是自信思维的下意识表现,但往往是在碰到比自己更优秀者时作出的让步指势;“外耸式”相比较而言则是自信思维下的平等意识的表现。

(三)臂腕势

臂腕势是指通过手腕和手臂来表达一定的思想、心理和情绪的动作。最常见的就是双臂交叉,这种姿势通常表示防卫、拒绝、抗议,但是它在特定的语境中出现时,如配以快乐的表情时,也可以表达出另外一种意思——快乐、洋洋得意。

手势类型繁多,表意不同,主持人在使用时要遵循自然和谐、准确简练的原则。

三、身姿

身姿是指以躯干为主体的身体各部位作出的各种姿态和动作,主要包括站姿、坐姿、蹲姿、走姿等。

(一)站姿

站姿是人体最基本的姿态。我们假设在两耳之间连一条横线,称为头轴,在两肩之间连一条横线，称为肩轴，在两髋之间连一条横线，称为髋轴，连接这三轴的脊椎称为主轴，那么三轴与主轴相交成为一个主体。一般意义上认为，三轴完全平行时，站姿最为端庄挺拔，但也易造成僵直生硬之感。因此，播音员主持人既要挺拔精神，又要避免三轴完全平行，以使整个身姿舒展自然。

正确的站姿是：头正，下颌收；挺胸，收腹，立腰，两肩自然下垂；脚腕关节和膝关节感觉向上拉开，两腿并拢自然伸直，两脚脚跟靠拢，脚尖分开约三十度呈小“八”字，两膝并拢伸直与脚尖相对，脚趾与脚跟同时踩住压地，避免端肩、塌背、缩脖、凸肚、松腰、两腿打弯等影响美观与精神的体态出现。总之，站立时应有一种由整个脊椎延伸至头顶的向上拔起的“悬梁感”。

具体到不同的节目类型、不同的节目场景中，主持人的站姿有不同的“松紧度”：在主持晚会时，挺拔的程度要高些；在其他诸如谈话类节目中，主持人的站姿就可以放松些。但这里所谓的紧和松都应适度，既要有整体向上的挺拔感、平衡感，也要自然协调、舒展大方。

（二）坐姿

坐是臀部挨在座位上，支撑整个上半身，双腿前伸弯曲下垂的身体姿势。坐的着力点在臀部，因此很容易把全身的重心都放在臀部而导致身体松懈。这种松懈虽然代表心态放松，但是在正式的社交场合却显得不够礼貌。正确的坐姿应该是：两肩放松、腰背直立、舒展自然。

入座时，身体降低，将臀部落在座椅的前半部，切忌撅臀，也不宜将身体的力量靠在椅背上，否则会给人造成自以为是、懒惰涣散的印象。

坐定后，两肩放松，身体朝向交谈者。这时男士的双膝可稍稍分开，显得稳重豁达，但开度不能过大，更不可把裆部朝向对方；女士的双膝应自然并拢，小腿一前一后分开或两脚并拢略斜双腿而坐，这样的坐姿显得较为端庄优雅。

同站姿一样，坐姿也会因节目内容、形式、场景的不同而不同。在大型晚会上，因为电视画面有“远取其势”之原则，所以坐姿相对要规整些；但在一些比较欢快、活泼的节目中，主持人的坐姿就可以轻松许多，男主持人甚至可以跷起二郎腿。无论怎么说，主持人的坐姿都应松弛不松懈、舒展不僵硬、优雅不做作。

（三）蹲姿

蹲姿在节目主持中不太常见，但在一些特定的场景、面对一些特殊的人物时也需要使用。例如在主持有小朋友参加的节目时，为了创造一个平等的情境，主持人往往会选择蹲姿拉近与小朋友的关系。

蹲姿的控制要领主要在腿和腹部。蹲姿需屈腿，屈腿后，如果把重力平均放在两条腿上，全身就会有往下坐的感觉，很不雅观。这时应该让两只脚一前一后，前脚全掌着地，后脚前掌着地，脚跟抬起，重力放在后脚上，腰部有控制地向上用力，这样既能保持一种优雅的体态，又可保持积极向上的状态。

(四)走姿

走姿即行走姿态。正确的走姿是:两臂以肩关节为轴心,以大臂带动小臂自然摆动,幅度一般不超过中腹线,挺胸抬头,目光平视或面向受众,两腿在一条直线的左右两侧并排交替前移,膝关节正对前方,步履轻松稳健而富于节奏。一般来说,男性的走姿应矫健有力,女性的走姿应轻盈优雅。

总体来说,人的站、坐、蹲、行是身体各个部位配合在一起表现出的身体姿态,使用时要遵循"自然协调、舒展规范"的原则。

四、空间语言

空间语言也称为人际距离。在传播活动中,人们常利用不同的距离间隔、方位趋向表达不同的含义和态度。

每个人的身体都有固定空间,不仅如此,人们对身体周围的空间也有一定的需求。如果他人进入了自己的需求空间,就会让人觉得不舒服或者不安全。一个人需要的空间究竟有多大? 因文化、环境、性格、性别、年龄的不同会有所区别。一般来说,西方人比东方人需要的空间大;男人比女人,青年人比儿童、老年人需要的空间大;性格内向者比性格外向者需要的空间大。

(一)根据距离间隔的不同,空间语言可分为:亲密距离、个人距离、社交距离、公共距离

亲密距离:一般认为在1米以内的距离都属于亲密距离,这个距离容易让人接触,但是如果关系并不亲密的人处于这种距离中会感到紧张和不安。在节目主持中,这种空间语言的使用一般适用于需要温暖与安全的人群,距离的解除有利于他们放松心情、敞开心扉。

个人距离:在1米至2米之间,这个距离表示友好。在这个范围内,人们可以观察到对方的表情变化,显示出一定的亲密程度,可以进行某种程度的私人交往。这个区域较适宜开展轻松亲切的活动。

社交距离:一般在1.5米至2.5米之间。这个距离所表现出来的关系比前两种要疏远些,用社会学的说法就是"事本主义",即以事为中心,公事公办。在这个区域内活动交往的人们彼此之间不一定熟悉。

公共距离:一般大于2.5米的距离就是公共区域。这个区域表示一种疏远关系,人们甚至已经看不清或看不到对方的面部表情,更多地只能从对方的身姿中进行判断。在大型综艺节目、专题晚会节目中,主持人与现场观众的距离即为公共距离。基于这一区域的特点,主持人更应加强体态语的表意功能。

(二)根据方位趋向的不同,空间语言可分为:开放式、封闭式、相向式、平行式

开放式:开放与封闭是相对的,开放式是指有利于交谈者放松心理,有利于扩大交谈范围的体态。一般交际双方位于160度角以内的位置,身体有前倾感。

封闭式:个体或群体独处时所采取的态势,表示不愿受他人干扰。表现形式一般为侧身超过 90 度角,身体有后仰感。

相向式:面对面的形式,表示竞争关系,谈判、辩论时多选择此态势。

平行式:肩并肩的形式,表示合作关系。一般地位相等、目的相同的人常使用此种态势。

在节目主持中,主持人不仅要注意距离间隔的把握,还要注意方位趋向的把握,考虑到受众的潜在参与心理。

(三)根据空间高度的不同,空间语言可分为高位和低位

高位和低位是相对而言的。高位一般被认为代表着权势大、地位高,处于高位的人无形中会产生优越感,处于低位的人易产生心理劣势。人们一般在情绪高涨时习惯把身体升高,情绪低落时把身体降低。

总体来说,空间语言的使用要注意平等礼让的原则,与受众平等、与访谈对象平等。在出现不平等的客观因素时,主持人可通过调整距离、趋向、高度等手段进行弥补。

在实际工作中,导播往往运用不同机位和景别增加节目的观赏性,播音员主持人只掌握空间语言的一些基本理论还不够,还需要与导播、摄像进行沟通与配合,这样才能使空间语言的使用更加合理,在传播过程中产生最佳效果。

第四节　提升体态语修养

一、提升体态语的解读能力

(一)掌握丰富的体态语表达方式

明确基本情感(喜、怒、哀、乐)与基本态度(赞扬、不满、喜欢、批评),以及这些情感和态度的不同表达方式及规律,掌握本行业适用的体态语。

(二)注意观察阅读

观察是重要的积累经验的手段。生活中的普通人和电影电视中人物的体态行为都可作为观察的对象。通过仔细的观察,体会他们运用了哪些动作、表情来传情达意。阅读有关书籍,从他人的研究成果中丰富自己的体态语。总之,我们要在日常生活中注意总结他人的体态语及自身的体态语表现,使自身的体态语更加完美。

二、提升体态语的表达能力

(一)在实践中提高体态语的表达能力

体态语表达能力的形成分为三个阶段:分解练习——掌握局部动作阶段;磨合练习——动作的过渡阶段;巩固练习——动作的完善阶段。

（二）运用科学的练习方法

为了使体态语更具艺术感染力、更具适应性，播音员主持人应对体态语进行训练。如学习、模仿善用体态语者的动作体态，体会其含义。通过录像或者对镜练习的方式，观察自己的动作情况，有问题及时分析并改正。

思考题：

1. 什么是播音主持体态语？结合实例，分析体态语在播音主持中的作用。
2. 举例说明体态语的传播效果受到哪些因素的制约。
3. 结合实例，分析播音主持体态语的运用原则。
4. 为什么说"眼睛是心灵的窗户？""笑容是人类沟通最好的通行证？"
5. 结合实例，分析空间语言的使用原则。
6. 结合体态语传播现状，谈谈如何提升体态语修养。

第十四章　主持人形象塑造

第一节　主持人形象塑造概述

主持人是媒体的代言人,他们的形象既影响信息的发送效果,也影响受众的信息接收效果。因此,主持人形象塑造十分重要。

主持人形象塑造是依据节目形态定位和客观条件,运用多种设计手段,对主持人的屏幕形象(服装、发型、面部化妆等)进行视觉优化。

形象是由身体(如高矮、胖瘦、面容等)和其他附着物(如衣服、饰物等),以及气质、言行等非物质化因素共同构成的。虽然身体受生理条件的限制,通常不易改变,但可以通过美容、化妆进行修饰,而身体附着物的变化余地则更大,主持人可以通过选择得体的衣服、饰物装饰自己,提升气质,给人好感,对于提高节目的传播效果有重要的作用。

一、主持人形象塑造的规律

据资料统计,主持人的形象对节目的收视率有相当大的影响。电视台投入大量人力、物力,精心策划、认真制作的节目,很可能由于一位主持人的形象问题而失去受众。对美的追求人人都有,但到底什么样的美才是适合自己的美呢?对于主持人来说,美的形象塑造应结合自身特点,并符合电视美学以及节目的要求。

(一)彰显节目定位

优秀的电视节目主持人是连接节目与受众的桥梁,是节目意图、内容和情感的直接表达者。作为一档节目的标志,主持人的屏幕形象必须彰显节目定位,即根据节目宗旨、内容涵盖、形式风格等来设计主持人形象。比如新闻节目主持人的形象,代表了新闻的真实性,任何复杂、夸张的修饰都会影响新闻节目的可信度。因此,新闻节目主持人的形象应该以职业风格为基础。文艺类节目的定位多与欢乐、喜庆、热闹等因素有关,因此,主持人服装可以适当艳丽、语言也可以更加活泼幽默。再如生活类节目,因为定位于普通百姓的日常生活,主持人的整体形象应该生活化,表情亲切自然,语调平缓舒畅。这些节目主持人之所以能给受众以美的享受,就是因为遵循电视美学的规律,即使自身条件并不是非常出众,但就是能让受众感受到他们独特的魅力。

(二)符合审美要求

2002年“红河”杯首届电视节目主持人形象设计大赛给参赛者和电视行业从业人员很多感触。他们意识到,美丽不仅靠技巧塑造,更重要的是靠对美的感悟和不断深入的认识。当时作为嘉宾的赵忠祥也很有感触地说:“美是由遗憾构成的。”正如他回忆说,18岁时,在天安门广场现场直播国庆盛典的他穿着一身与其年龄、气质极不协调的中山装出现在屏幕上,当时自认为这身中山装威严庄重,比穿着棉服参加中央电视台招聘时感觉精神、帅气多了。殊不知,这身中山装与播出画面极不协调,影响了传播效果。而后,1979年,中国代表团第一次访美,作为随行记者的赵忠祥已经是一名经验丰富的主持人了,他用台里特批的120元置装费定做了一身西装,买了两条领带和一双皮鞋,外加从广播合唱团管服装的大姐那里软磨硬泡借来的一身西服,携陪伴自己走过10年的中山装,在美国的转播报道中潇洒风光了一个月。

简而言之,主持人的形象塑造是个人综合素质的体现,与节目的质量和生命力息息相关。为此,主持人应当注重自身潜力的挖掘和基本素质的训练。当然,在电视传播过程中,媒介和节目是第一性的,主持人是第二性的,主持人的个性特色只有符合节目的整体风格,才能展现出成功的个人形象。

二、主持人形象塑造的三个方面

作为一种呈现在公众眼前、具有一定代表性的视觉形象,主持人应该从整体上进行形象设计。

(一)发型

发型是形象塑造的重要组成部分。它是人们表达个性的方法之一,也是个性和感情之间的可视联系。发型设计的要素主要是发长、刘海、发色等,款式一般有直发、卷发等。

发型受社会文化观念和人们的审美需求等影响。总体来说,头发长度不同,给人的印象也不同:短发积极向上,给人以干练的感觉;中长发则给人以温柔、易亲近的感觉。女主持人的发型多以短发为主,干练又不失品位。

(二)妆面

原始社会中,人们化妆是为了保护自己;而在现代社会,人们化妆是为了使自己更加美丽。研究表明,在通过化妆所形成的形状、质感、色彩等众多要素中,色彩对于形象的塑造占70%~80%。

过去黑白电视只要单纯地考虑明暗对比,而现在则强调色彩形象塑造。色彩形象塑造大体可以分为三个阶段:基础色相、不同脸型的轮廓色相、考虑到形象造型的强调色相。在大众传播的影响下,主持人的妆容不再单纯地以色彩修饰为主,而是更多地关注皮肤的自然表现以及与整体造型的完美融合。

(三)服饰

服饰对形象有着巨大的影响,服饰的材质、设计以及细节的不同,可以展现出多种形象。服饰对塑造个人形象和品格具有重要作用,如主持人端庄的服饰能在提高节目可信度的同时给受众留下美好的印象。

新闻节目主持人的服饰不可以过度华丽,应以能给予受众信任感的服饰为主;娱乐节目比新闻节目多了几分自由,可以以青春、时尚的服饰为主;社教节目主持人的服饰搭配最好能给受众带来亲切感。可见,主持人的服饰应根据节目需求进行组合搭配。

第二节　主持人形象塑造方法

主持人形象塑造讲究风格与美感,成功的造型不是随随便便就可以完成的,是要靠知识、修养与主观努力一步步实现的。现代心理学有"印象管理"的概念,指的是控制自我社交过程中留给他人印象的方法与技巧,简单地说,就是控制留给他人的印象。主持人形象塑造其实就是"印象管理"的有效工具,主持人应该重视印象管理,把形象塑造当作工作和生活中一件重要的事情。

一、面部化妆基础理论

化妆是指人们通过使用各种化妆品和工具,按照一定的化妆步骤和技巧,对面部五官及其他部位进行描画、渲染,从而达到美化形象的目的。

(一)化妆的解剖学依据

人的面部生理结构是化妆造型研究的核心问题之一,面部解剖学是矫形化妆的生理基础,也是人物化妆造型的理论依据。

1. 面部骨骼

人的面部骨骼共14块,除下颌骨能活动外,其他骨骼都是固定的。其中与化妆造型有关的面部骨骼有额骨、鼻骨、颧骨、颞骨、上颌骨和下颌骨等,这些骨骼在光照下形成阴影和高光区(如图14-1所示)。一般来说,化妆必须符合面部骨骼的真实生理结构,并在此基础之上进行修饰,扬长避短,这样化出的妆才具有美学效果。

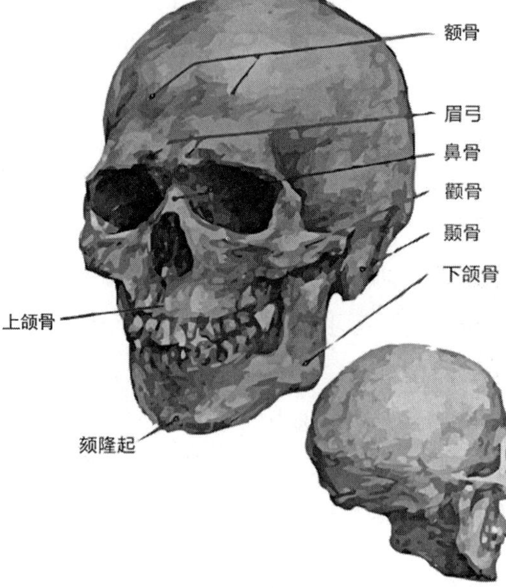

图 14-1　人体面部骨骼

2. 肌肉长势

肌肉附着于骨骼上，在面部凹陷处尤为丰满，与骨骼一起形成面部的造型特征。但肌肉与骨骼不同，它常年处于变化之中，受外界因素的影响较大，如饮食、运动、表情、年龄及健康状况均会影响人体肌肉的发展趋势。人体面部肌肉主要有：额肌、眼轮匝肌、鼻肌、笑肌、咬肌等（如图 14-2 所示）。

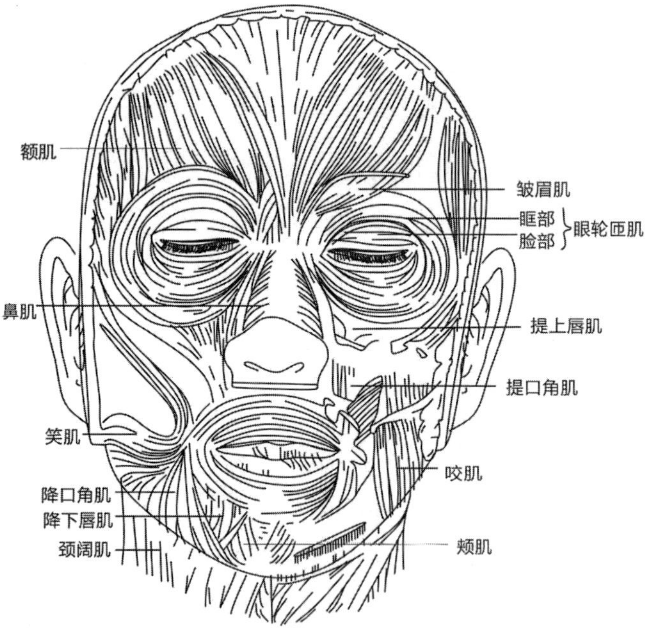

图 14-2　人体面部肌肉

（二）化妆的素描学依据

主持人上镜化妆用的是绘画化妆法，即利用绘画的方式和原理，如明暗层次、线条造型、色彩变化等，调整面部比例、改变肤色，塑造上镜形象。素描的基本功在其中发挥着不可替代的重要作用。首先，素描绘画利用明暗色调的变化规律表现立体感及空间感的技术手段，在化妆造型中同样适用。如果将人的头部看作立方体的话，那么脸部就可视为三个面——正面及两个侧面。我们选择不同明度的粉底，可以塑造立体的视觉效果：脸部的内轮廓打高光，外轮廓用暗影收缩。其次，在素描绘画中，发现比例、运用比例是入门的基础，而主持人面部化妆实际上就是发现美的构图和重建美的比例，这与素描的要素——点、线、面有关。其中最值得研究的是黄金分割比：人们发现无论用何种度量方法计算，人类的头顶到眉毛的距离与眉毛到下颌的距离比为黄金分割比，从鼻尖到嘴唇的距离与嘴唇到下颌的距离也为黄金分割比。美学家根据这种美的比例，将人的完美脸型定为“三庭五眼”。主持人依据这种比例进行化妆造型，诠释对形象美的理解和感悟。最后，完成主持人的形象塑造需要有强烈而敏感的构图观念，在造型过程中要有整体思维，包括对年龄、性格、气质等的综合考虑，并依据节目内容选择适合的造型元素。构图作为一种真正的造型能力，是形象塑造的基石。

1. 脸型的分类

鹅蛋脸：特征是整个脸部宽度适中，从额部、面颊到下巴线条修长秀气，整个脸形状如倒立的鹅蛋。这是女性理想的脸型，也是化妆师化妆造型的理想脸型。

圆形脸：特征是整个脸部长宽相近，从正面看脸型较短，脸颊丰满圆润，颧骨不明显。

方形脸：特征是整个脸部长宽相近，但下颚横向宽出，方正平直，与圆脸不同。

申字脸：特征是颧骨突出，下巴尖细，额头窄小。

国字脸：特征是脸部方正，线条硬直，状如“国”字。

由字脸：特征是腮部宽大而额部窄小。

了解了自己的脸型之后，便可根据自己的情况进行修饰，以便达到美化形象的目的。

2. 脸型美的标准

“三庭五眼”：“三庭”即从发际线到下颌分为上庭（发际线至眉线）、中庭（眉线至鼻底线）、下庭（鼻底线至颌底线）三部分；“五眼”即从正面看，脸的宽度（两耳孔间的距离）等于五只眼睛的宽度。近年来，随着人们审美的变化，又出现了“四眼半”的提法，即脸的宽度等于四只半眼睛的宽度。但总的来说，“三庭五眼”是中国传统意义上脸部美的标准（如图 14-3 所示）。

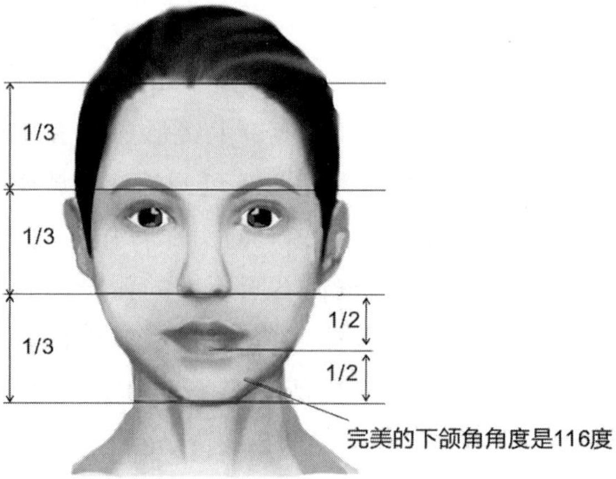

图 14-3　三庭五眼

(三) 化妆的色彩学依据

我们之所以能辨别丰富多彩的色彩,是因为它们有着不同的色调、明度和纯度。色调表现色彩的种类,明度表现色彩的深浅,纯度表现色彩的鲜艳程度。

1. 色彩的三要素

(1) 色调

色调是色彩的主要特征,表示色彩的种类。同一色调的色彩是指色彩中组成彩色成分的三原色组合比例相同的一系列色彩,它们之间的差别仅仅是明度和纯度的不同,因此,色调相同的色彩在画面中组合时,会给人一种和谐愉悦的感觉。人眼能够分辨的色调在光谱中大约有 150 余种,加上光谱中没有的红、紫之间的 30 余种色调,共 180 余种。因此,化妆造型中对色彩的选择余地非常大。

(2) 明度

色调相同的色彩仍有明暗、深浅之分,简单来说,明度可以理解为色彩的亮度。明度在色彩的三个基本特征中有较强的独立性,纯度高的色彩明度不一定高。在色彩混合过程中,白色加得越多则明度越高,黑色加得越多则明度越低。受视觉生理特征的影响,人眼虽然不能准确判断某种色彩明度的高低,但对色彩明度的变化很敏感,并且能够比较精确地判断色彩明度的差别。

(3) 纯度

色调相同的色彩除了有明度上的差别外,还有纯净程度之分,即色彩的纯度。

色彩的纯度越高,给人的视觉印象越鲜艳。在所有颜色中,三原色的纯度最高,鲜艳程度也最高,间色次之。这种纯度的高低主要是因为色彩中彩色成分与消色成分(黑色成分和白色成分)调和比例的变化:彩色成分越多,色彩的纯度越高,因此,没有消色成分的三原色纯度最高;消色成分越多,色彩的纯度越低,因此,没有彩色成分的黑色和白色的纯度最低。色彩纯度的高低还与色彩的明度有密切的关系:明度增大或减小时纯度都降低，只有明度适中时，色彩的纯度最高。因此，化妆造型中选择色彩时，要把纯度与明度结合起来考虑。

2. 色彩的情感特征

人类在长期的生活中，往往将色彩与一定的事物相联系，赋予色彩一些相关的情感特征。如将色彩与太阳、海水等事物相联系，感觉色彩有冷暖感，就将偏红色的色彩称作暖色，偏蓝色的色彩称作冷色；将色彩与棉花、白云、生铁等事物相联系，感觉色彩有轻重，即亮色轻、暗色重。这种人为赋予色彩的情感特征，虽然各人有不同的感受，但长期的社会实践使多数人对某种色彩形成了大致相同的视觉心理定式，如热情温暖的红色、壮丽明快的黄色、和平宁静的绿色、理智深沉的蓝色、纯洁明亮的白色、深沉凝重的黑色等。

3. 色彩的社会观念

不同国家和民族由于受自然环境、社会状况和文化传统的影响，对色彩的视觉心理具有不同的好恶和习惯，形成了极富地域特征的社会观念。色彩的这种社会观念是地理、气候、政治、经济、文化、宗教、历史传统等综合作用的反映。中国人热爱红色并将红色视为吉祥和幸福的象征，习惯将红色用于节庆日，同时，也十分喜爱黄色，视黄色为崇高和权威的象征。中国的国旗和国徽，以红色为底，以黄色为图案，显得庄严、肃穆。以前，人们服装的色彩流行蓝色、青色。改革开放以后，随着观念的转变，人们对色彩的看法有了很大变化，各种颜色的服装都有人穿，人们对颜色喜爱的范围也越来越广。

4. 色彩的组合手法

不同色调、明度和纯度的色彩诉诸人们的视觉心理感受是不同的。红、橙、黄、绿、青、蓝、紫是纯度最高的“有彩色”的色彩，给人以单纯、突出、强烈、富于个性、青春活力和热情奔放的感觉；黑、白、灰是低纯度的“无彩色”的色彩，给人以含蓄、中庸、素雅、平和、温文尔雅和富于理性的感觉。但生活中绝对的纯色是很少的，更多的是高纯度与低纯度、有彩色与无彩色组合后的色彩。人们看到组合后的色彩时，眼睛总是在各色块之间跳跃，这种跳跃不断更换着人们对色彩的感受，是一种运动而非静止的审美。因此，色彩的组合可以模拟和再现生活的复杂与世界的和谐，使形象设计的空间更富于运动和变化。

5. 色彩与化妆

色彩在化妆造型中具有修饰、改善人的外貌的作用。不同肤色、发色、体型、年龄、性别的人对色彩的适应度并不相同，我们必须了解和选择适合个人特征的色彩，强化、调和色彩对个人的融洽度，达到形象设计的最佳效果。

(1)肤色对色彩的选择

人类肤色的差异很大，不同肤色适合不同的色彩。在自然光线下，用一张洁白的纸衬托在手腕和手掌的下方，观察确定自己的肤色。如果是偏粉红色皮肤，适宜色彩的范围就很广，选择黑色、白色以及彩色度较高的纯红、纯蓝、纯绿、深紫、淡紫色的效果都很好；如果是偏灰白色皮肤，选择彩色度不高的中间色如柔白、中蓝、淡粉红、蓝红、蓝绿、灰绿、玫瑰棕、中紫红、淡紫的效果较好，黑色以及彩色度较高的鲜艳华丽的色彩不太适合；如果是偏白色皮肤，可以选择的色彩最多，高彩色度和低彩色度的色彩都较适宜；如果是偏黑色皮肤，应该选择明度暗沉、彩色度较低的颜色，当然，高彩色度和高纯度的色彩也可能会令皮肤较黑者有一种异国情调，但要慎重选择；如果是偏黄色皮肤，适宜选择低明度和对比强烈的色彩，柠檬黄和紫色不太适合。

(2)发色对色彩的选择

在自然光线并且不化妆的情况下，对着镜子看一看自己的头发，确定自己的发色。如果头发颜色较深，呈炭黑色、蓝黑色或银灰色，选择色彩的范围就比较大，纯白、黑色以及纯蓝、纯绿、鲜红、柠檬黄、紫色等高彩色度的颜色均可，但不宜选择棕色、橙色和金色；如果头发颜色的基色为灰色，呈亚麻色、鼠灰色、浅棕色或深棕色，应该选择纯度较低的柔白、灰蓝、中蓝、蓝绿、浅柠檬黄、西瓜红、深玫瑰、淡粉色，而选择黑色、橙色和金色效果不佳；如果发色偏淡黄色、金黄色、草莓色、金棕色，则可以选择深棕、蓝色、黄绿、橙红、金黄、咖啡色、橙色、金色，而选择黑色、粉红、紫色效果不佳；如果发色呈金棕色、铜色、深金黄、红色，则可以选择乳白、杏色、橙红、紫色、亮金色、桃粉色，而选择黄色、浅黑、紫色效果不佳。

(3)体型对色彩的选择

胖体型，适宜用明度低的深色或具有后退感的收缩色，利用错觉，达到收缩体型的目的，避免用明度高的浅色或具有前进感的膨胀色、接近饱和度的强色以及发光的衣料。瘦体型，适宜用明度高的浅色或具有前进感的膨胀色，利用错觉，达到放大体型的作用，避免用明度低的深色或具有后退感的收缩色。筒型体型，适宜选择较复杂的色彩，使人眼花缭乱，弥补体型的不足，忌用单色无花衣料。矮小体型，适宜选择淡而柔和的色调，最好上下衣同色，对比不宜太强烈，在上衣下裤(裙)色彩面积的分配上，要尽量加大下身面积，增加修长感。

(4)年龄对色彩的选择

不同年龄的人对色彩的喜爱各有不同。幼儿、少儿喜爱鲜艳的色彩，明度、纯度和彩色度高的颜色都很适合他们，显得活泼可爱。青年人思想活跃，接受新事物快，是流行色的积极响应者和实践者，他们对色彩的选择往往是多变的。一般而言，色彩趋向于热情、明快。中年人已形成稳定的色彩审美习惯，各方面都比较成熟，不易被流行色左右，服饰的色彩趋向端庄、典雅、稳重的中间色，喜爱用同类色彩来搭配组合。老年人机体和生理都进入衰退阶段，因此选择高明度、暖色调的色彩，能显得有朝气、年轻一些。当然，传统的庄重打扮，选择明度低、冷色调的色彩也能达到较好的效果。

(5)性别对色彩的选择

人们对色彩的喜好与运用带有明显的性别特征。一般而言，男性往往选择稳重沉着、彩色度偏低的色彩，色彩变化比较小；女性常常选择高彩色度、高明度、高纯度的鲜艳色彩，色彩的变化比较大。

二、化妆与光源

妆面的表现与光源的关系也是化妆中不可忽视的重要因素，不同的光源可以使妆容产生不同的变化。

（一）光源的相对色温

谈到光源，就一定离不开色温，光源的色温用开尔文（K）来表示。从视觉角度来说，色温越高，偏蓝的趋势越明显；色温越低，偏橙黄的趋势越明显（如表 14-1 所示）。色温仅仅是指光的视觉特征，并不直接反映摄影或电视效果。

表 14-1　常见光源的相对色温

光源	色温
摄影灯	3200K
日光（晴天）	5400K ~ 5800K
日光（阴天）	6800K
烛光火焰	1850K

1. 冷光源

一般在办公室、会议厅、学校使用的荧光灯，色光偏蓝，属于冷光源。当冷色系的物体被荧光灯照射时，色彩的明度和纯度会提高；当暖色系的物体被荧光灯照射时，色彩的明度和纯度会降低。这种光源有扩散作用，人在荧光灯下，脸色较为苍白，肌肤纹理较粗，容易暴露面部缺陷，同时面部阴影会减少，显得面部较平。在冷光源下化妆时，应选择自然、透明、偏白的底色，慎用蓝色，因为使用不当会有浑浊的感觉。

2. 暖光源

一般在摄影棚、咖啡厅、酒吧等娱乐性场所使用的是低明度的荧光灯，色光偏橙黄，属于暖光源。在这样的光源下，人会产生柔美、温暖的感觉。面部瑕疵不明显，光线在面部形成的阴影明暗柔和、立体感强。在色彩选择上，金色、紫色、黑色等效果表现力强；在色彩的使用上，浓重的色泽会给人华丽、富贵、神秘的感觉。

3. 自然光

自然光是天然的可见光。晴朗的天空，色光偏蓝，面部显得较平；有雾的清晨、多云的天气，面部显得比较柔和、优美。中午直射光下，妆面的缺点容易暴露出来；傍晚黄昏时，光线偏蓝、偏暗，使用棕色系妆面效果比较好。在自然光中要根据光照射的角度、强弱来化妆，利用光源对化妆造型进行补充和美化。

以上光源与化妆的关系均为常规的情况，如要制造个性、特殊的效果，则可打破常规。

（二）照明光源与拍摄效果

1. 自然光的拍摄

在自然光下拍摄比较适合化自然妆，浅褐色在自然光下可以达到最佳效果。粉底可以选用比原肤色稍浅的颜色，最好避免使用过深的颜色。可选用略带珠光的眼影，如用暗色调的眼影反而会使眼睛看上去更小。再用眼线和鼻阴影加深局部轮廓，这样整个人的形象看起来会鲜明、突出。

2. 室内的拍摄

在摄影棚的灯光下拍摄，化妆时可以使用稍深的色彩，如果粉底过白或过亮，会使人的面部在屏幕上显得过大或浮肿。在摄影棚拍摄时，应选用质感好的化妆品，注意面部的立体感。

在电视录像中，皱纹、雀斑和面部的其他瑕疵会比较明显，因此，可以选择无光泽感的化妆品。为增加皮肤的光泽可使用稍红些的腮红涂抹在面颊处，表现出皮肤的红润效果，注意不要使脸部与颈部的色差过于明显。

3. 室外的拍摄

在室外拍摄时，理想的光线在晴天 9:00 ~ 10:00 和 15:00 ~ 17:00，此时的光线最接近标准的日光色温。化妆时，注意顺光即可。

（三）化妆与色光的协调

化妆是一种视觉造型，在不同的灯光下效果不同。因此，化妆应与色光相协调。

化不同的妆应选不同的灯光，灯光的位置、色温、色彩应与拍摄场面相似。灯光的颜色与化妆的颜色相似，可以提高妆色的纯度，若与妆色为互补色，则会使化妆的明度、纯度下降。假如妆色不含有任何一种组成它的灯光色的成分，那么这个妆色会显得灰或黑。

粉红色光会使冷色变灰，暖色纯度增加。大红色光对任何妆都有破坏作用，在这种红光下，除了深肤色，几乎所有的色调都会消失。紫罗兰色光会使橙色、红色变得更红，因此，在紫罗兰色光下不论粉底还是腮红都不能用太多的红色。绿色光会使妆面变灰，因此，尽量不要在绿色光下化妆。肉色、粉红色和浅稻绿色光对化妆的影响较小，并且能使化妆有较好的效果。不纯的琥珀色也是化妆师喜爱的色光之一，因为它能提高粉红色和肉色色调，使妆面显得生动。

对于化妆来说，暖色光比冷色光好，浅色光比深色光好，接近肤色的光效果最好。

三、面部化妆方法

（一）化妆工具与化妆品

要掌握丰富而巧妙的化妆技术，首先应对化妆工具及化妆品的种类和用途有一定了解。常用的化妆工具和化妆品见表 14-2、表 14-3。

表 14-2　常用的化妆工具

化妆工具	用途
海绵扑	涂抹粉底的专业工具,利用海绵扑可以推开不均匀的粉底,使粉底和皮肤更加贴和。
粉扑	用于涂拍定妆粉,一般呈圆形。专业粉扑背后有一半圆形夹层或一根宽带。在定妆后,化妆师可以用小手指勾住粉扑背面的带子做衬垫,以免蹭花已经化好的妆。
修眉刀	用来刮掉杂眉,使眉型更加流畅完美。在选择刀片时要选带有防护的,可防止刮伤皮肤。
弯眉剪	修理较长眉毛的小剪子。修剪时先用滚刷将眉毛梳理整齐,然后进行修剪。弯眉剪还可用于修剪美目贴和假睫毛。
美目贴	主要用来调整眼型。
化妆刷	包括眉刷、眼影刷、唇刷、腮红刷、清洁刷等,使妆面更干净、均匀。
睫毛夹	使睫毛更加卷翘、自然。
假睫毛	用于修饰整个眼部,使睫毛看起来更浓密、卷翘。

表 14-3　常用的化妆品

化妆品	用途
调理液	可调理皮肤的色调。如皮肤过白,可用米色或粉色调理液调理;如皮肤偏黄,可用紫色调理液调理;如皮肤偏红,可用绿色调理液调理。
粉底	分为液状、乳状、膏状等,由于质地不同,所表现出的皮肤质感有所不同。其中膏状粉底遮瑕效果很好,可以改变原有的肤色和肤质。
定妆粉	又称散粉,专业定妆用品。
修容饼	用于调整面部立体感。
粉饼	定妆用品。体积小、携带方便,适合外出补妆。
眼影	用于对眼部周围的修饰,有珠光和亚光之分,珠光眼影可体现光泽与色泽,亚光眼影能更好地体现色彩。
眼线笔	黑色比较常用,能很好地调整眼型,突出眼神,画出非常精细的线条。笔一般要削成扁的鸭嘴状。替代品包括眼线膏、眼线液等。
睫毛膏	修饰睫毛的用品,分为纤长型、浓密型、透明型等。
眉笔	画眉用的美容化妆品,用时削成鸭嘴状,突出眉的自然。
腮红	突出面部的气色与质感,有粉状、膏状、液状三种类型。
唇线笔	用于描画不同的唇型,也可防止涂完唇膏后溢出。
唇膏	有亚光和有光泽两种质地。亚光口红改变唇色能力最佳,有光泽的唇膏可使唇部看起来更加盈润。可直接涂抹或用唇线笔先勾画唇线,再均匀涂抹上色。

图 14-4

(二)化妆的基本步骤

洁面:用温水湿润面部,取适量洗面奶或清洁霜在手心充分起泡,在面部由里向外打小圈圈按摩片刻,然后用水冲净(如图 14-4 所示)。

化妆水:滴数滴于手中或化妆棉上,从下向上轻拍于面部,感觉有点黏涩时,说明化妆水已被吸收。

乳液或营养霜:取适量乳液分别点在额头、两颊、鼻头和下巴,用食指和中指的指腹将其抹匀,方向是由下而上,由里而外。抹完后,用双手轻拍面部,让皮肤自然吸收,形成一层保护膜。

调理液:常用的有绿色、紫色两种。绿色调理液可调整偏红的肤色,紫色调理液可调整偏黄的肤色。用调理液之后,肤色会显得白皙、透明,上粉底时较有质感。

上粉底:在面部化妆造型中,上粉底是关键。用接近自己肤色的基础底色调和的粉底色调最能表现皮肤的天然质感。用比天然肤色深二三度的粉底均匀地涂于面部外轮廓处。从外向内,由深至浅均匀地涂抹,根据不同的造型要求,和基础底色自然地糅合在一起。同样,对于需要提亮的部位,如鼻梁、额头中部、下眼睑沟、下巴、眉弓骨处,应用比基础底色明亮二三度的粉底打底,使整个面部看起来和谐、自然。上粉底的方法:用海绵取适量粉底以打点的方式使其布满整个面部,再采取拍擦的方式将粉底抹匀。接近发际线和下颌底线时,要逐渐减少用量,防止边缘处不自然。

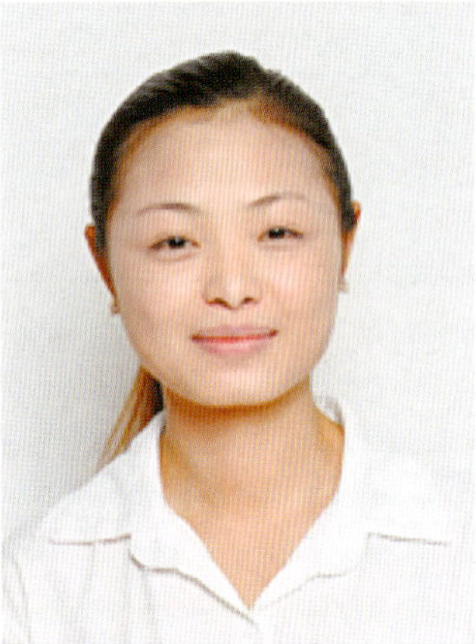

图 14-5

定妆:它是保证妆面持久、干净的关键步骤。方法:用粉扑蘸上定妆用的散粉轻轻揉开,然后轻轻按压面部。千万不可在面部揉擦,这样会破坏妆面。面部定妆的一般顺序:首先固定外轮廓,然后是额头、下颌及内轮廓。防止脱妆的关键:在鼻部、嘴部及眼部周围小心地定上粉,因为这些部位运动较多,易出现皱纹,如不注意定妆,容易脱妆(如图 14-5 所示)。

眼影:眼睛是心灵的窗户。眼影可以增强眼部的立体结构,同时也能表现整体的化妆风格。眼影色彩的选择要综合考虑服饰色、发色、肤色、眼睛色以及眼部特点等诸多因素。眼部有两个高点:一个是眉骨,另一个是眼球中央,二者之间有一凹陷称眼睑沟。要表现眼部的立体结构,可在眼睑沟处用咖啡色、驼色、烟蓝色或褐色等深色眼影表现凹陷感,在眉骨处和眼球中央用白色、淡粉色、淡黄色等淡色眼影表现突出感。令眼睛深陷的眼影色称为“结构色”,在结构色的内侧和外侧作晕染的柔和的颜色称为“晕染色”。眼影要和眉毛、鼻侧影柔和地连接,从整体上塑造出自然美丽的眼部(如图 14-6 所示)。

眼线:化妆时在上下眼皮边沿画的线条就是眼线。眼线的粗细比例一般是"上七下三"或"外七内三"。上眼线由内眦角画向外眦角,逐渐加粗,至外眦角处上翘或下垂,使眼睛有增大和拉长的效果。下眼线相对较细、较淡,也是由内眦角至外眦角逐渐加粗,与上眼线交汇时可以合角,也可以不合角。在化妆时,画眼线可增加眼睛的魅力(如图 14-7 所示)。

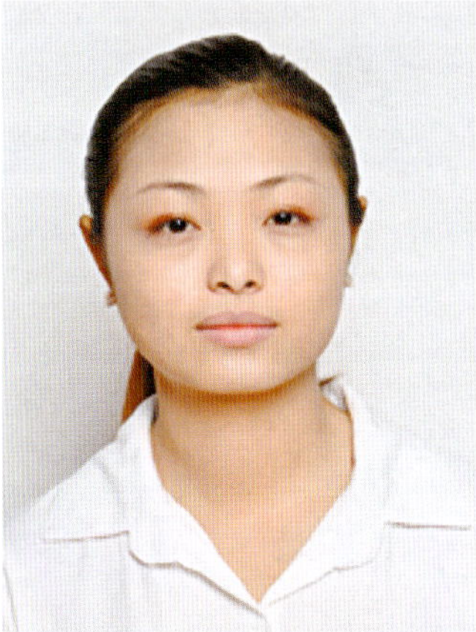

图 14-6

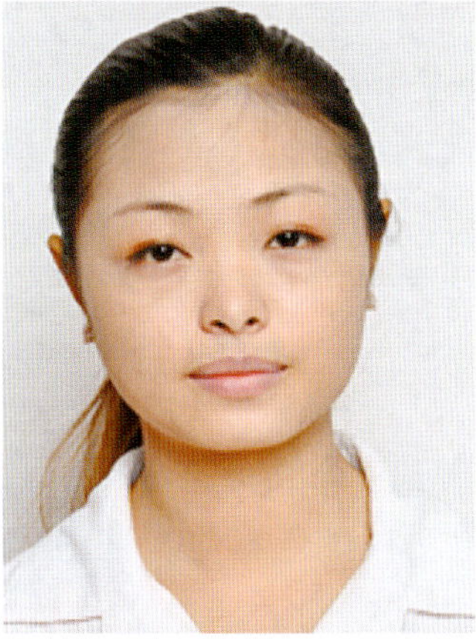

图 14-7

睫毛膏:涂睫毛膏可以增加眼睛的生动性和立体感。方法:用睫毛夹夹住睫毛根部,向上翘起,停留数秒后,放松后退,再夹住睫毛中部,然后再夹梢部,让睫毛形成自然的上翘曲线。夹睫毛时注意不可用力过猛,否则会折断睫毛。刷上睫毛时,先将外眼角轻微拉开,使睫毛呈扇形,再用睫毛刷轻刷睫毛的下部,从根部起尽量向上刷;刷下睫毛时,可用睫毛刷竖向涂抹(如图 14-8 所示)。

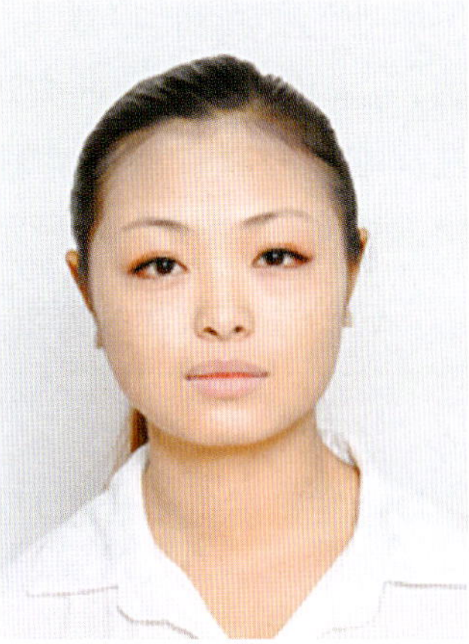

图 14-8

眉笔:如果把眼睛比作一幅美丽动人的图画,那么眉毛则是这幅图画的画框。在面部化妆造型中,眉毛相对于其他五官来说是最易改变脸型的。眉毛的描法是上浅下深,两头(眉头、眉梢)浅,中间深。要表现眉毛的特点,可以选用柔和自然的灰色、棕灰色、棕褐色等。眉笔应削成鸭嘴形,以便于细致地描画,表现出眉毛的质感(如图 14-9 所示)。

腮红:使用腮红可使皮肤看上去健康红润,给人以生机勃勃和精神焕发的感觉。腮红最好选择与口红、眼影相似的颜色。腮红使用得当,还可以修正脸型。由于东方人面部较平坦,使用腮红时不能由内轮廓向外轮廓涂抹,而应适当加深外轮廓,然后向内轮廓逐渐过渡,最终融为一体,这样才能表现出面部的立体效果。腮红一般扫在颧骨和颧弓下凹陷的结合处,还可利用余下的腮红轻扫面部外轮廓,从而达到和谐柔美的整体效果(如图 14-10 所示)。

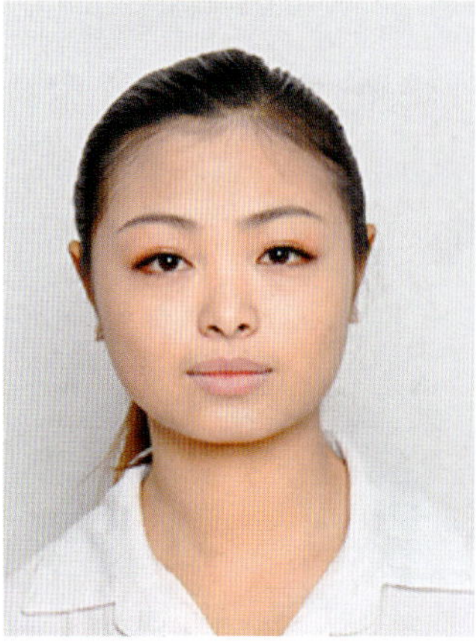

图 14-9

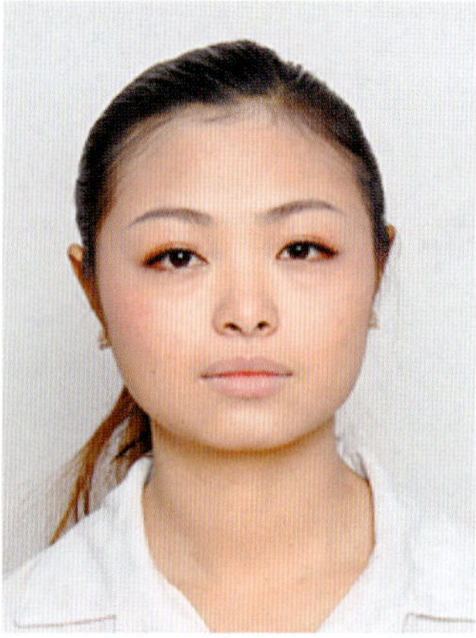

图 14-10

唇膏:使用唇膏可增强面部的活力,是面部化妆最为关键的点睛之笔。唇膏色彩应与肤色、腮红、眼影、服装色协调统一,并根据不同的年龄、场合、个性作出正确选择。涂唇膏之前,先用唇线笔勾画出理想的唇型,再用唇刷取唇膏均匀地填满。上唇处于背光面,可涂得略深些;下唇处于受光面,可涂得略浅些。要想使唇部更具立体感,可采用双色涂抹的方法。为了突出嘴唇的结构,可以选择略深的唇膏涂抹嘴唇外缘,再用略浅的唇膏涂抹嘴唇的中间(如图 14-11 所示)。

图 14-11

(三)主持人化妆要求

1. 五官端正

电视是贴近生活的艺术,要求主持人具有形象美。就美学原理而言,人面部形象的美感在于:一是匀称、对称、协调;二是五官分布符合“黄金分割”“三庭五眼”的规律。

2. 轮廓鲜明

主持人的形象是通过电视屏幕展现到观众面前的,因此化妆要注意“上镜”。这里需要注意两个问题:一是整个面部轮廓和五官要鲜明;二是面部轮廓的立体感要强。

3. 清新大方

主持人的化妆应该不露痕迹,既起到修饰的作用,又给人舒服自然的感觉,而要想达到这种经过提高的“自然”效果,就需要运用化妆来精心修饰。

四、主持人发型设计

发型设计是一门综合艺术，影响发型的因素：一是头型、脸型、肤色、五官、年龄；二是着装、个人喜好、季节、实用性与时代性。造型师应综合考虑以上因素，为主持人打造具有亲和力的屏幕视觉形象。

（一）头型与发型的搭配

头型与发型搭配得当，不但可以使面部看上去和谐亲切，而且能美化身型比例（如表14-4 所示）。

表 14-4　头型与发型的搭配

头型	发型搭配
头型大	不宜烫发，最好剪成中长或长直发，刘海不宜梳得太高，最好能盖住一部分前额。
头型小	头发要做得蓬松些，长发最好烫成蓬松的卷发，但头发不宜留得过长。
头型长	两边头发应吹得蓬松些，头顶部不要吹得过高，应使发型横向发展。
头型尖	头型的上部窄、下部宽，不宜剪平头，可以剪短发烫卷，顶部压平一点，两侧头发向后吹成卷曲状，使头型呈现椭圆形。
头型圆	刘海可以吹得高一点，两侧头发向前吹，但不要遮住面部。

（二）脸型与发型的搭配

发型与脸型的配合十分重要，搭配得当，可以表现此人的性格、气质，使人更具有魅力（如表 14-5 所示）。

表 14-5　脸型与发型的搭配

脸型	特点	发型搭配
鹅蛋脸	标准脸型	一般的发型都比较适合，并能达到和谐的效果。
圆脸	娃娃脸、温柔可爱	较多的发型都能适合，注意发型顶部加高或收紧两侧头发。
长方脸	板正、严肃	应避免将脸部全部露出，刘海尽量侧分，两侧头发应制造出蓬松感，不宜留长直发。
方形脸	缺乏柔和感	可留长一点的发型，脸颊侧面的头发适当卷曲。
由字脸	显胖	头发长度超过下巴两厘米为宜，向内适当卷曲，增加脸部的长度。
菱形脸	颧骨高、宽，不柔和	重点考虑颧骨突出的地方，用头发修饰一下前脸颊，把额头头发做蓬松，拉宽额头比例。

（三）五官与发型的搭配

发型设计与主持人五官的视觉观感有着直接联系，五官的缺陷，如鼻梁高、鼻梁低、大耳朵、小耳朵、宽眼距、窄眼距等，都可以在发型设计时设法弥补。鼻梁高做发型时，将头发柔和地梳理在脸部两侧，从侧面看可以缩短头发与鼻尖的距离；鼻梁低应将两侧的头发往后梳，使头发与鼻子距离拉长。大耳朵不宜剪平头或太短的发型，应留盖耳长的发型，且要蓬松；小耳朵不容易夹头发，所以太多、太厚的头发不宜夹在耳朵上。宽眼距头发应做得蓬松一点，不宜留长直发；窄眼距两侧发型可以做成不对称式。

（四）体型与发型的搭配

体型与发型搭配得当，可以突出人物的性格、气质，调整身材此例，使人看上去匀称、协调（如表 14-6 所示）。

表 14-6　体型与发型的搭配

体型	发型	举例
瘦长形	身材瘦长的人，脸型、颈部多数也是瘦长的，可采用两侧蓬松、横向发展的发型。	 
肥胖形	一般颈较短，头发不宜留长，最好采用略长的短发式样，两鬓服帖，后发际线修得略尖。	 

续表

体型	发型	举例	
短小形	适合留短发，如留长发，则应在头顶部扎马尾或是梳成发髻，尽可能将重心向上移。		
高大形	不宜留短发，可根据个人脸型喜好选择中长发。		
溜肩形	发型要在肩颈部周围形成丰盈的发量，不宜留短发。		

五、主持人服饰搭配

服装的选择对主持人出镜来说十分重要：如果选择了与自己协调的服装，就能对自己的形象起到烘托作用，增强语言表达的感染力；如果没有选对服装，不仅会干扰视听、分散受众的注意力，还会影响自己主持的心理状态。

(一)领型的选择

主持人出镜一般采取的是坐姿和站姿。如采用坐姿,主持人被注意的部分就集中在上半身,而领型又是最靠近脸部的,具有很强的装饰性和修饰性,对一个人的形象有很大的影响,所以在选择领型时,一定要根据自己的脸型和脖颈来选择,起到美化和修饰脸型的作用。

1. 脸型

(1)圆脸

不适合圆领,也不适合方形领,前者会显得脸更圆,后者由于对比度太大而更突出了脸圆,所以最好选择V字领、U字领,使圆脸从视觉上来说变得修长一些。

(2)长形脸

不适合过低的方形领,也不适合V字领,最好选择开口高一些的圆形或船形领,以增加脸部的横向比例,使脸显得圆润、丰满一些。

(3)鹅蛋脸

一般不选择V字领,因为这种线条向下的三角形领会使脸的下部显得更窄,与上半部分形成明显的对比,可以选择开口浅一些的方、宽或船形领,使较尖的脸型下部显得圆润、柔和一些。

(4)申字脸

不宜选择桃心领、方形领、上翻领,否则会使颧骨变得更高、更宽,可以选择一字领或线条较平滑、舒展的领型,柔化脸部线条。

(5)由字脸

不宜选择一字领和方形领,否则会增加脸的下部的宽度,使脸的上部显得更窄、更尖。选择U形领可以使脸部线条显得圆润、柔和一些。

(6)方形脸

不宜选择一字领和方形领,否则会使脸型显得更加呆板、硬朗。选择开口稍低一些的桃心领,可以改变脸型过于方正、偏短的感觉。

2. 脖颈

(1)脖颈细长

脖颈细长的人适合圆领、高翻的衬衫领,视觉上对细长的脖子起到收缩的作用。还可以在脖颈处系一条与服装颜色搭配的小丝巾,不仅可以起到点缀的作用,还能美化、修饰细长的脖颈。

(2)脖颈粗短

适合V字领或是领口偏大一些的领型。穿衬衫时最上面的2到3颗扣子最好不扣,这样可以起到拉长、延伸脖颈的作用。

(二)图案的选择

主持人对服装图案的选择也是需要注意的问题。由于电视的扫描行数一般是625

行，清晰度不高，复杂、精巧的细节不容易被表现出来，所以应该选择一些线条比较简单、清晰度高、颜色比较单一的图案，不要选择窄条纹、小细格、小碎花或者由不同颜色形状组成的图案，这些在电视上显示出来都是比较模糊的、杂乱的，会使主持人干净、简洁、端庄的形象大打折扣。

（三）颜色的选择

主持人上镜服装色彩的选择要考虑以下几点因素：

主持人服色与自身条件的关系；

主持人服色与节目定位的关系；

主持人服色与环境色的关系；

主持人服色与嘉宾服色的关系。

不同的色彩会给人不同的心理感受。比如，红色给人热情开朗、积极向上的感觉；粉色给人浪漫、温和的感觉；橙色给人健康、温暖、活跃的感觉。在选择色彩的时候应考虑到它的象征意义。比如，新闻节目主持人的服装可以选择沉稳、知性一些的颜色，像蓝色、灰色、白色、绿色等；而生活节目主持人的服装可以选择温馨、柔和一些的颜色，像粉色、黄色等；少儿节目主持人的服装可以选择可爱、活泼一些的颜色，像黄色、橙色、粉色、红色、绿色等；娱乐节目主持人的服装可以选择活泼、有冲击力，搭配上对比度大一些的颜色，像橙色、黄色、红色等。

对颜色的选择除了与节目本身的定位相契合外，还要与自身的肤色相协调，这样才会让自己显得健康、有活力，否则会使自己看起来气色不好、没精神。所以，平常要多观察自己是穿冷色系的颜色好看还是暖色系的颜色好看，找到适合自己的颜色。

另外，主持人还要注意了解节目的环境背景以及同场嘉宾的着装情况，防止上镜时出现撞色、撞衫等问题。

（四）服装风格

服装风格是视觉在人们心中的一种反映，包含着丰富的社会生活体验和文化艺术沉淀。

1. 端庄典雅的风格

端庄典雅的风格，总给人以优雅、庄重、落落大方的感觉。一套剪裁合体、用料考究、做工精巧、承袭传统造型的西装，一款尽显女性曲线美的旗袍或拖地长裙，都可呈现出这种风格。

2. 成熟稳重的风格

成熟稳重的风格，总是给人以稳重、矜持、干净利落的感觉。一套工艺讲究、剪裁合体的西装，一套款式简洁、没有复杂装饰的套装都可呈现出这种风格。

3. 活泼随意的风格

活泼随意的风格，总是给人以轻松、自由、休闲、生机勃勃的感觉。T 恤、夹克配以休闲裤或牛仔裤，T恤、套头毛衫、对襟开衫与A字裙或七分裤、八分裤相配，高领毛衫与修身的小脚裤或阔腿裤相配，都可展现这种风格。另外，像带有卡通形象或字母、条纹的时装化运动装，也能给人以轻松、活泼的感觉。

4. 时尚风格

时尚风格没有固定的搭配原则，有些甚至是反传统的创意风格，服装款式随着流行的变化而变化。

风格是无形的，也是有形的。说它无形，是由于它不能用准确的词语来下定义，没有固定的模式，即便有模式也是相对的；说它有形，是因为风格需要用有形的物来表现。如何把握好服装款式与形象风格的关系，使自己的形象既符合节目的需要，又能展现自身的风格特点，是主持人需要思考的问题。

六、不同节目主持人形象塑造

（一）新闻类节目主持人形象塑造

新闻类节目必须遵循新闻传播规律，依据节目的定位来传播信息、引导舆论。这就要求新闻节目主持人衣着严谨，服装职业化，色调简单明快。如中央电视台的《新闻联播》《新闻调查》等节目，男主持人都是清一色的西装领带，女主持人则以中性色的职业装为主。新闻节目的男主持人在化妆时，应该表现出男性的力度，过于夸张的修饰会使男性形象带有脂粉气；新闻节目的女主持人在化妆时，应该以自然、写实的风格为主，宜淡不宜浓（如图14-12、14-13所示）。

图14-12

图14-13

（二）生活服务类节目主持人形象塑造

生活服务类节目关乎百姓的日常生活，节目形式轻松活泼，主持人的着装一般比较生活化。如中央电视台的《前沿》是一档由男女主持人共同主持的生活服务类节目，主持人的服饰色彩明亮、柔和。男主持人摒弃了传统的白衬衣，而选择淡蓝、浅绿、粉色的衬衣，再搭配相应的领带；女主持人则以休闲的套装为主，使男女主持人在服饰色彩上更加协调统一。看似漫不经心，实则精心搭配，给整个节目增添了浓厚的生活气息。生活服务类节目主持人不要选择晚会上常用的盘发或过于隆重的发型，在化妆上应该以淡妆为主，与人们生活中常见的妆容相协调，这样才会使主持人更具有亲和力（如图14-14至14-17所示）。

图14-14

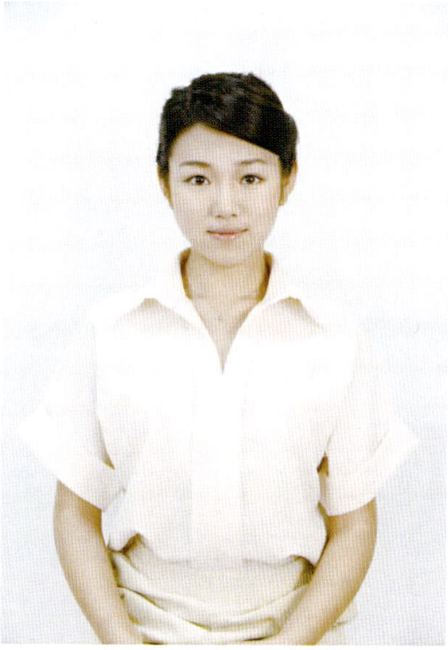

图14-15

图14-16

图14-17

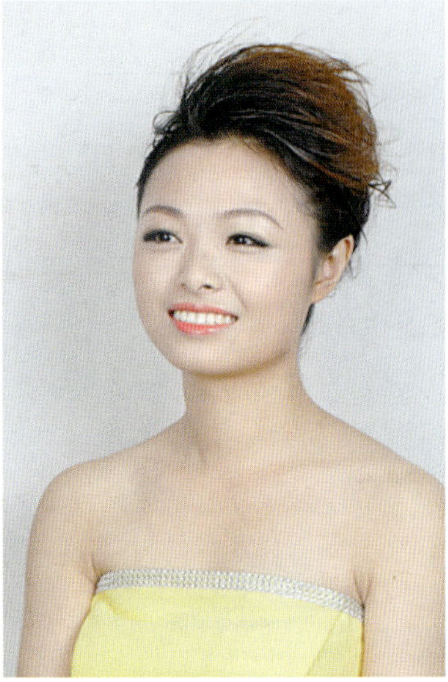

图 14-18

（三）综艺娱乐类节目主持人形象塑造

综艺娱乐类节目突出的是娱乐功能，节目主持人的造型本身就是一个看点。受众可以通过主持人了解流行趋势，有些受众还会模仿主持人的穿着打扮，所以综艺娱乐类节目主持人在着装上可以更时尚或稍带夸张的效果，以展现靓丽、青春的外形。此类节目主持人在化妆上可以适当夸张一些，在发型和服装上也可以多一些变化，但在造型上不能过于媚俗。作为一名电视主持人，在仪表上还要讲究自然、亲切。恰如其分的体态以及自然舒展的神情，既能表情达意，又能让受众赏心悦目（如图 14-18 所示）。

思考题：

1. 为什么主持人形象塑造必须彰显节目定位？
2. 主持人如何运用色彩的情感特征塑造自身形象？
3. 化妆如何与色光相协调？
4. 新闻类节目主持人形象塑造有哪些要点？

后 记

《播音主持艺术简明教程》由浙江传媒学院播音主持艺术学院多位教师集体编写。教材撰写的分工如下:第一章播音主持概说、第二章普通话语音与发声由杜晓红撰写;第三章语言表达内外部技巧、第六章播音主持的前期准备由王一婷撰写;第四章播音员主持人即兴口语表达由童肇勤撰写;第五章播音员主持人的语用策略由石艳华撰写;第七章新闻播音主持由王贞撰写;第八章现场报道由倪琦珺、李海宏撰写;第九章社教服务节目主持、第十二章电视片解说由韩梅撰写;第十章综艺娱乐节目主持由张晓燕、金叶撰写;第十一章体育节目主持由李斌撰写;第十三章播音主持体态语由邱蔚撰写;第十四章主持人形象塑造由蒋育秀撰写。

衷心感谢老师们在繁重的教学科研之余,挤出时间参与《播音主持艺术简明教程》的编写;衷心希望本教程能对播音与主持艺术专业的学生及广大播音主持艺术爱好者、初学者有所裨益;衷心希望教程中有些创新观点能给播音主持理论的进一步完善和发展提供依据。最后,恳请读者对本教程的不当之处提出宝贵的意见。

主编

2018 年 8 月 5 日

图书在版编目(CIP)数据

播音主持艺术简明教程/杜晓红主编. -- 北京:中国传媒大学出版社,2018.9(2021.8 重印)
播音与主持艺术专业“十三五”规划教材 21 世纪播音与主持艺术专业简明教材
ISBN 978-7-5657-1936-3

Ⅰ.①播… Ⅱ.①杜… Ⅲ.①播音—语言艺术—高等学校—教材 ②主持人—语言艺术—高等学校—教材 Ⅳ.①G222.2

中国版本图书馆 CIP 数据核字(2017)第 036848 号

播音主持艺术简明教程
BOYIN ZHUCHI YISHU JIANMING JIAOCHENG

主　　编　杜晓红
策划编辑　赵　欣
责任编辑　赵　欣　张　笛
特约编辑　高卓毓
责任印制　阳金洲
封面设计　拓美设计

出版发行　中国传媒大学出版社
社　　址　北京市朝阳区定福庄东街 1 号　　邮　　编　100024
电　　话　86-10-65450528　65450532　　传　　真　65779405
网　　址　http://cucp.cuc.edu.cn
经　　销　全国新华书店

印　　刷　三河市东方印刷有限公司
开　　本　787mm×1092mm　1/16
印　　张　黑白 14.75　彩插 1
字　　数　335 千字
版　　次　2018 年 9 月第 1 版
印　　次　2021 年 8 月第 2 次印刷

书　　号　ISBN 978-7-5657-1936-3/G · 1936　　定　　价　55.00 元

本社法律顾问:北京李伟斌律师事务所　郭建平